마케팅은 미로를 빠져나가는 게임과도 같다.

히트상품은 어떻게 만들어지는가

최고의 마케팅
디렉터가 공개하는
히트 상품 탄생의
리얼 다큐멘터리

· 김재영 지음 ·

한스미디어

이 책을 먼저 읽어본 마케팅 대가들의 한마디

✤ 　　　　내가 이 책에서 발견한 것은 제품을 개발하는 과정 곳곳에 녹아 있는 저자의 불같은 열정이었다. "열정을 품을 때 단순한 '제품'에서 '작품'으로 만들 수 있다"고 강조한 저자의 글에서 마케팅이 무엇인지를 느낄 수 있을 것이다.

- 김은정, 보령메디앙스 부회장

✤ 　　　　가공된 지식에 뒤덮여 그럴듯한 논리와 이론만을 쏟아내는 책들은 현실의 비즈니스 세계와는 동떨어져 있다. 그러나 실제 경험자가 다큐멘터리 형식으로 집필한 책은 깊은 통찰과 마케팅 원리들을 스스로 깨닫게 한다. 왜냐하면 현장의 생생한 숨소리를 느낄 수 있기 때문이다. 진심으로 일독을 권한다.

- 구자일, 코멕스 회장

✤ 　　　　이 책은 현장의 냄새와 숨소리가 생생하게 느껴지는 책이다. 마케팅 현장에서 수행한 사례들을 시간과 공간의 흐름 속에서 다큐멘터리처럼 생생하게 전개해나가고 있다. 한 편의 소설을 읽는 듯하다. 여기서 지혜와 통찰을 얻을 것이다.

- 여준상, 동국대 경영학과 교수

✤ 　　　　오랜 기간을 거쳐 저자가 체득한 현장 경험과 노하우를 한 권의 책으로 공유할 수 있다는 것은 나와 같은 브랜딩 서비스 종사자에게 있어서 실로 큰 축복이다. 더욱이 저자는 자타가 공인하는 국내 최고의 마케팅 디렉터이다. 일선에서 뛰고 있는 브랜드 마케터들에게 반드시 읽혔으면 하는 바람이다.

- 박영미, 소디움파트너스 CBO

✢ 저자는 항상 '차별화'를 가장 소중한 생활 철학으로 삼고, 남들과 다른 시각을 갖고 때로는 다른 선택을 하는 것을 통해 성공에 이르는 지름길을 만들어냈다. 책 속에서 차별화의 본질을 알게 될 것이다.

― 허원무, 부경대 경영학과 교수

✢ 저자가 강조하였듯이, 비즈니스에 필요한 지식은 몇 번의 강의와 몇 권의 책으로 얻어지는 것은 아니다. 이 책은 이론서가 아닌 실천 지침서로서, 저자가 직접 경험하고 몸에 밴 마케팅 철학을 실천하여 성공한 사례들을 엮어놨다. 이런 유형의 책은 아마도 최초가 아닌가 생각된다.

― 조경수, 롯데푸드·파스퇴르 사업본부장

✢ 마케팅 부서에서 일하고 있는 많은 사람이 한 번은 반드시 읽어보아야 할 책이다. 마케터로서의 마음가짐과 자세, 가치관, 패러다임이 어떤 것이어야 하는지 알 수 있기 때문이다. 많은 사람이 마케터를 하나의 환상으로 생각하고 있는데 그 길이 얼마나 험난하고 고난의 길인지도 이 책은 여실히 보여주고 있다. 많은 마케터들에게 새로운 희망과 꿈을 주고 마케터로서의 역량 향상에 큰 도움을 줄 것이라 확신한다.

― 윤태섭, 샘표 마케팅 이사

✢ 흥미진진한 소설을 읽듯 단번에 읽어 내려갔다. 수십 년 세월에 묻혀 있던 상품들의 기획과 마케팅 과정을 이토록 상세하게 정리한 저자에게 경외감마저 느낀다.

― 원은주, ROYAL CANIN 마케팅 이사

✤　　　　이렇게 생생하고 열정 넘치는 책은 정말 오랜만에 만난다. 판에 박힌 논리로 전개해나가는 책과는 근본적으로 다르다. 글의 행간에서 지혜와 통찰을 느낄 수 있다.

– 양윤재, 닐슨컴퍼니코리아 상무

✤　　　　저자의 과감하고 새로운 도전의 과정에서 이론과 실무적인 노하우, 전략적인 그림까지 이해할 수 있었다. 나를 포함해 이 책을 읽는 독자라면 큰 충격과 함께 소중한 깨달음을 얻게 될 것이다.

– 고경표, 제주항공 마케팅 팀장

✤　　　　저자가 마케팅 현장에서 수행한 사례들을 중심으로 책을 집필하겠다고 했을 때 마케팅 현장의 성공 사례뿐만 아니라 실패 사례도 함께 생생하게 전개해나가는 것이 좋겠다고 제안한 적이 있다. 꼭 필요하지만 그러한 책이 아직 없기 때문이다. 집필 과정에서 많은 이야기들을 나누었지만 출간 전 원고를 받아서 읽어보니 너무도 완벽하게 그간의 과정을 담아내고 있었다. 다시 한 번 놀랐다. 이 책 속에 숨어 있는 지혜와 아이디어들은 현장에 있는 마케터들에게 분명 큰 도움이 될 것이다.

– 이상훈, 원진 뷰티메디컬 그룹 부사장

✤　　　　우스갯소리로 들리겠지만 이 책에서 제시하는 마케팅 사례들을 따라만 해도 반은 성공할 것 같다. 너무나 생생하고 가슴에 와 닿는다. 책 곳곳에서 일상의 원리들을 찾아 비유적으로 적용하여 전개해나가는 저자의 예리한 통찰을 느낄 수 있었다.

– 정창모, SK경영경제연구소 수석 연구원

✤ 　　　저자의 높은 마케팅 식견과 지식에 또 한 번의 배움을 얻을 수 있었다. 특히나 중요한 의사결정의 순간에 주변 현상에서 동일한 원리를 찾아내는 과정은 정말로 드라마틱하다. 저자의 지혜와 통찰에 경의를 표한다.

― 김민현, 암웨이 마케팅 팀장

✤ 　　　글을 읽다 보니 새카만 후배로 저자와 함께 일하던 모습이 생생히 떠오른다. 왜 그 당시 그러한 방법들이 기획과 마케팅에서 사용되었는지 뒤늦게나마 깨닫게 된 것도 감사한 일이다. 마케팅에 입문하는 후배들에게 꼭 일독을 권하고 싶다.

― 배민경, 원앤트 디자인 실장

서문

책으로 읽는 마케팅 다큐멘터리: 그곳에 답이 있다

마케팅 혁신의 조련사: 연간 5000억 매출의 금자탑을 세우다

나는 23년 동안 소비재 마케팅 업무에 종사해오고 있는 외골수다. 마케팅 혁신의 조련사로서 신제품 혹은 죽어가는 브랜드를 단련하여 혁신의 본질을 보여주었다. 그동안 큰 성공도 있었고 많은 실패도 있었다. 큰 성공을 거둔 브랜드를 기준으로 보면 어림잡아 연간 매출액이 5000억 원 정도에 이른다. 아마도 여러 소비재 산업에 걸쳐 큰 성공과 다양한 경험을 한 마케터는 그리 흔치 않을 것이다.

이렇다 보니 특히 여성 고객들은 원하든 원치 않든 내가 만든 제품들을 쇼핑할 때마다 접하지 않고는 배겨낼 도리가 없을 것이다. 대부분 한 번쯤은 사용해봤거나 계속 사용하고 있을 것이다. 그만큼 우리의 생활 속에 깊숙이 침투해 있는 제품들이다.

주말이면 나는 아내와 함께 대형마트로 쇼핑을 간다. 쇼핑이 끝나고 매장에서 나올 때쯤이면 아내는 항상 입이 삐쭉 나와 투덜거리곤 한다. 왜냐하면 내가 만든 제품들을 여기저기 찾아다니느라 아내와 함께 쇼핑을 하지 못하기 때문이다. 나의 관심은 쇼핑이 아니라 내가 가꾸어온 제품들로 향한다.

때로는 후배 녀석들과 함께 매장을 한 바퀴 돌면서 누가 시키지도 않았고, 또 그 녀석들이 원하지도 않았는데 내가 개발한 제품이 진열되어 있는 곳으로 데리고 다니면서 이야기를 풀어낸다. 이 제품을 어떤 배경 하에서 어떤 의도로 출시했고, 어떤 활동을 통해 시장에서 히트 상품이 되었는지 마치 할머니들이 손주들에게 옛날이야기를 들려주듯이 성공 이야기의 보따리를 풀어 놓는다.

이런 활동들은 나의 '열정'에서 비롯되었다. "기술이 열정을 품을 때 작품이 된다"는 어느 광고 속 얘기처럼, 마케터가 열정을 품을 때 단순한 '제품'에서 '작품'으로 만들 수 있다. 그동안 나는 제품을 만들려고 했던 것이 아니라 작품을 만들려고 노력해왔다.

시장은 나의 영원한 연구실이다

SBS 〈K팝스타〉의 세 심사위원이 있다. 이들은 각기 다른 특징을 가지고 있다. 이렇다 보니 이들이 오디션 참가자들을 보는 시각 역시 다르다. 따라서 심사위원들이 운영하는 기획사 소속의 아이돌은 그들만의 서로 다른 특징들을 보인다. 그들은 심사위원들의 특징을 그대로 반영하고 있는 것이다.

비즈니스 세상으로 돌아와 보자. 이들을 마케터라고 한다면, 그들 각자의 차별점이 결국 제품의 차별화에 반영될 것이다. 마케터가 차별성을 가지고 있지 않다면, 그들이 관리하는 제품 역시 차별화를 이루어낼 수 없다고 생각한다.

따라서 나는 항상 '차별화'를 가장 소중한 생활 철학으로 삼고 있다. 남들과 다른 시각을 갖고 때로는 다른 선택을 하는 것이야말로 큰 성공으로 안내한다. 특히 기업에서 근무하면서 이자녹스, 닥터아토Dr.ato 시리즈, 트리오 곡물설거지, 울샴푸 아웃도어 등 여러 히트 브랜드의 성공은 '차별화할 수 있어야 이길 수 있다'는 믿음에서 탄생했다.

일본의 소설가 무라카미 하루키는 스물아홉이 되자 난데없이 소설을 쓰기 시작했는데, 뭔가 쓰고 싶었지만 어떻게 해야 할지 몰랐다고 한다. 그래서 그가 읽었던 미국 책들, 서양 책 스타일, 구조 등 모든 것을 빌려 왔다고 한다. 이를 통해 자기만의 독창적인 스타일이 탄생했다고 스스로 말한다.

비슷하게 나는 차별화의 원천을 관찰에서 찾았다. 나는 길거리나 매장에서 사람들의 행동을 관찰하기를 좋아한다. 아마도 그동안 기업의 마케팅 부문에서 오랜 업무를 수행하는 과정에서 다소는 직업의식과 연관되어 자연스레 형성된 것이라 생각하고 있다.

고객들을 자꾸 만나다 보면 마케팅 활동에 필요한 영감들을 얻을 수 있다. 그래서 나는 시간이 허락할 때면 여기저기 돌아다니는 것을 즐긴다. 내 눈에 들어오는 모든 것이 관찰의 대상이기 때문이다. 벼룩시장도 가고, 동네 슈퍼도 가고, 새로 생긴 매장도 가고, 시끌벅적한 동네 재래시장도 간다. 생활용품뿐만 아니라 화장품, 패션, 액세서리 등 닥치는 대로 본다. 언제나 하나라도 더 보려고 노력한다. 때로는 지하철을 타고 다니며 사람 구경을 하면서 어떤 소비 행태를 보이는지 유심히 관찰한다.

왜? 그곳엔 내가 알고 싶은 답이 있기 때문이다. 그래서 시장은 나의 영원한 연구실이다. 늘 새롭고 독특한 것을 찾아 끊임없이 움직이는 나의 두 눈과 내가 본 것들을 차곡차곡 저장하는 나의 두뇌. 이것들이 새로운 영감의 원천을 제공한다.

마케팅 다큐멘터리를 보여주다

지난해 4월에 부산 부경대학교에서 허원무 교수의 주관으로 경영학과 학생들을 대상으로 특강을 한 적이 있었다. 마케터로서 내가 마케팅 현장에서 걸어온 길에 대해 꾸밈없이 이야기 보따리를 풀어놨다. 특히 그들에게 생생한 현장의 냄새와 숨소리를 전달해주고 싶었다. 그래서 내가 수행한 마케팅 사례들을 중심으로 다큐멘터리처럼 생생하게 강의해나갔다. 이를 통해 그들에게 마케팅이 학교에서 배우는 것처럼 환상이 아니라는 것을, 그 길이 얼마나 험난하고 고난의 길인지를 알려주고 싶었다.

그로부터 얼마 지나지 않아 학생들로부터 여러 통의 메일을 받았다. 그들이 보내온 메일의 주 내용은 이렇다.

그때의 특강이 너무 감동적이었다. 강의했던 마케팅 사례들을 좀 더 깊이 있게 듣고 싶다. 그러면서 함께 마케팅 사례에 대해 토의를 해보고 싶다는 것이었다. 아마도 마케팅 사례의 전 과정에서 궁금한 점들이 많았던 모양이었다. 그리고 그때 강의 내용이 부족했던 모양이었다. 물론 2시간의 특강으로 마케팅 현장의 실상을 보여주기란 쉽지 않겠지만…….

이 사실을 허 교수께 알려주었다. 그러고는 나 스스로 어떻게 그들의 바람을 충족시켜 줄 수 있을까에 대해 고민하고 있었다. 며칠 후 허 교수께서 한 통의 메일을 보내왔다. 내가 현장의 마케팅 사례를 직접 수행한 당사자로서 다큐멘터리처럼 생생하게 책으로 출간했으면 좋겠다는 의견이었다.

사실 이런 연유로 이 책을 출간하기로 했다. 오랫동안 직접 수행한 현장의 마케팅 사례들을 다큐멘터리처럼 생생하게 정리하여 세상에 내놓는 것은 여러 측면에서 의미가 있을 것이다. 현장의 마케팅 사례들을 제3자의 시각에서가 아니라 마케팅 현장을 직접 수행하고 진두지휘한 당사자가 시간과 공간을 초월하여 현장의 냄새와 숨소리까지 책에 담는다면 독자들은 글의 행간에서 노다지를 채굴할 수 있을 것이다.

책에는 두 종류가 있다. 하나는 글 속에서 진리, 통찰, 의미, 지혜 등을 찾아낼 수 있도록 해주는 책이고, 다른 하나는 지식을 주입하는 책이다. 특히 비즈니스계에 몸담고 있는 독자들은 단순히 지식을 주입하는 책이 아니라 전자와 같은 책을 원할 것이다.

　가공된 지식에 뒤덮여 그럴듯한 논리와 이론만을 쏟아내는 책들은 줄 없이 줄타기를 하는 재주꾼과 같다. 그러나 실제 경험자의 입장에서 생산해낸 책은 그 책 속의 내용들을 함께 생각하는 기회를 제공함으로써 깊은 통찰과 마케팅 원리들을 스스로 깨달음으로 인도할 수 있을 것이다.

　그동안 마케팅 현장에서 수행했던 활동을 기록해두었던 메모를 먼지 가득히 쌓인 서재에서 꺼내어 함께 공유하고자 한다. 이 메모에는 숨은 진실의 이야기들이 때 묻지 않고 고이 간직되어 있다. 지난 23년 동안 마케팅 현장에서 활동하면서 내가 지금껏 처리해왔던 다양한 업무들, 그동안 들인 많은 노력들, 그간의 모든 어려운 결정들, 관찰을 통한 아이디어 발견 과정들, 창피한 실수들, 다양한 에피소드 등을 책 속에 담고자 했다.

　나는 MBC 예능 프로그램인 〈무한도전〉을 즐겨 본다. 물론 재미있어서다. 〈무한도전〉의 팬이 되면서 단순히 재미있는 것 이상으로 항상 새로운 소재를 들고 나오는 것에 매료되곤 한다. 마케팅을 업으로 하는 나는 이러한 〈무한도전〉이라는 다큐멘터리에서 진실의 원리를 찾는다.

　〈무한도전〉은 첫 방송이 2005년 4월 23일이었다. 〈무한도전〉은 국내 최초 리얼 버라이어티를 표방하고 있다. 이러한 〈무한도전〉은 정해진 포맷이 없이 '아이디어나 연출'로 녹이는 방식으로 전개된다. 시청자들은 인위적이지 않고 리얼 다큐멘터리 형태로 전개하는 내용에 공감하고 같이 몰입한다.

　〈무한도전〉과 같이 나는 가능한 마케팅 현장에서 눈으로 보고 느끼고 경험한 사례들을 다큐멘터리처럼 생생하게 쓰기로 했다. 또한 단순히 마케팅 현장에서 경험담을 소개하는 것에 그치지 않고 마케팅 전문가로서 쌓은 경험과 이론으로 재해석하여 누구나 이해할 수 있도록 정리했다. 따라서 이 책에는 곳곳에 지혜와 통찰이 담겨 있다.

이 책을 통해 독자 여러분은 다음과 같은 도움을 제공받게 될 것이다. 특히 경영학을 공부하는 학생들은 생생한 마케팅 사례들을 접하는 좋은 기회를 얻게 될 것이다.

첫째, 이 책에서 설명하는 마케팅 사례들은 문제해결을 위한 의사결정 과정들을 다큐멘터리처럼 생생하고 촘촘히 보여주고 있다. '알다'의 히브리어는 '야다'다. '야다'의 본래 뜻은 단순히 관람해서 아는 정도가 아니라 깊은 관계를 맺고 참여한 경험으로 아는 것을 의미한다. 마찬가지로 이 책은 독자들에게 생생한 간접 체험으로 인도하여 그 결과 실제 참여한 경험을 통해 이룩한 지식과 같을 것이다.

둘째, 시간과 공간을 넘나들면서 전개해나가는 과정들을 독자들이 직접 수행하듯이 '다른 사람'의 입장이 되어 각자의 문제점에 대한 해결책도 도출해볼 수 있을 것이다.

셋째, 이 책에서 소개하는 사례 속에는 혁신적 아이디어들이 가득하다. 따라서 생생한 사례들을 통해 우리 눈앞에 직면한 여러 상황을 새롭게 바라볼 수 있는 다양한 방법들을 발견하게 될 것이다.

비즈니스에 필요한 지식은 몇 번의 강의와 몇 권의 책으로 얻어지는 것은 아니다. 이 책은 이론이 아닌 실화에 바탕을 둔 실천 지침서다. 이제 이 책을 통해 독자들은 간접 경험, 풍부한 아이디어, 통찰력 등을 얻을 수 있을 것이다.

차례

이 책을 먼저 읽어본 마케팅 대가들의 한마디 • 004
서문 책으로 읽는 마케팅 다큐멘터리: 그곳에 답이 있다 • 008
프롤로그 판을 뒤집는 자, 최후의 1인이 된다 • 020

CHAPTER 1 고객을 향해 전문가 선언하기
화이트케어: 미백 전문 브랜드를 출시하다

다시 시작한 화장품 사업: 락희 동동구리무에서 드봉으로 • 033 | 변화의 소용돌이: 방문판매에서 화장품 할인점으로 • 035 | 드봉을 뛰어넘어: 양적 성장에서 질적 성장으로 • 036 | 성공의 열쇠: 히트 상품만이 유일한 돌파구다 • 037 | 전문가 선언: 단품의 미백 전문 브랜드로 승부하다 • 038 | 이름이 뭐예요?: 티 없이 하얀 피부, 화이트케어 • 045 | 제품 기능의 진화: 등급화된 숫자를 확장자로 도입하다 • 047 | 히트 상품: 조직을 춤추게 하다 • 049 | 좌절된 화이트케어 투웨이케이크: 그저 그런 브랜드로 전락해버렸다 • 050

CHAPTER 2 경쟁의 판을 바꾸어 새로운 표준 만들기
이자녹스: 무리를 벗어나 '오로지 나만의 길'을 가다

이자녹스는 '퍼스트 펭귄'을 닮았다 • 055 | 브랜드 단명을 초래하다 • 057 | 열망: 한국형 크리스찬디올 브랜드를 만들자 • 063 | 소통과 공유: 개방형 혁신을 시도하다 • 065 | 제품 혁신: 시즌 제품을 탈피하고 피부 타입별로 혁신하다 • 069 | 이름이 뭐예요?: 파리보다 아름다운 여자, 이자녹스 • 073 | Do < Not Do: 과잉 마케팅에서 역심리 마케팅으로 • 080 | 새로운 표준을 창조한 혁신 브랜드로 인정받다 • 086 | 이자녹스의 장수 비밀: 익숙함에 새로움을 입히다 • 089

CHAPTER 3 끈질기게 한 놈만 패기

뜨레아: 타깃은 한 사람, 오직 '당신'을 위해 만들다

드봉과 아모레의 소비자 인식: 20대와 30대 이후로 갈리다 • 099 │ 한 놈만 패기: 30대에 집중하다 • 101 │ 젊은 엄마의 로망: 늘 애인 같은 아내 • 104 │ 이름이 뭐예요?: 뜨레아 • 107 │ 디자인: 고급 이미지를 부여하다 • 108 │ 시장침투 전략: 특정 아이템에 집중하다 • 109 │ 30대 시장의 교두보를 마련하다 • 110 │ 성공을 거두었지만, 소수 집중이 아닌 만능의 착각에 빠지다 • 111

CHAPTER 4 대안제품 콘셉트 만들기

더 히스토리오브 후: 경쟁적 대립 이미지를 창출하다

화장품다움의 문화 만들기: 최초의 여성 임원을 영입하다 • 123 │ 한국의 미 발견: 그 중심에 한방화장품이 있다 • 124 │ 경쟁적 포지셔닝 전략: 대립 이미지를 창출하다 • 125 │ 더 히스토리 오브 후 탄생: 궁중비법의 고품격 한방화장품을 표방하다 • 128 │ 깨지기 쉬운 브랜드 자산: 브랜드 신비감을 유지하다 • 129 │ 더 히스토리 오브 후의 성공요인: 명품 브랜드 관리의 원칙을 따르다 • 133 │ 프리미엄 마케팅의 가장 중요한 공식: 'Do < Not Do'하라 • 134

CHAPTER 5 작은 시장에서 빅 브랜드 만들기

닥터아토 시리즈: 통합 브랜딩을 구축하다

유아 비즈니스의 확실한 넘버원: 보령메디앙스•139 ｜ 그러나 작은 비즈니스: 빅 브랜드를 만들자•140 ｜ 바로 그거야! 아토피•143 ｜ 아토피에 대한 역발상: 관점을 바꾸다•145 ｜ 타깃 확장 및 제품 혁신: 타깃과 제품에서 아토피의 경계를 넓히다•148 ｜ 이름이 뭐예요?: 피부사랑 닥터아토! 피부지킴 닥터아토!•149 ｜ 전사적 IMC 활동: '피부평화' 캠페인을 전개하다•152 ｜ 히트 상품에 대한 간절함: Go! Go! Medience•155 ｜ 히트 브랜드: 회사의 운명을 바꾸다•156

CHAPTER 6 사용자가 아닌 구매자의 심리 자극하기

우리아기 물티슈: 브랜드 네이밍에서 표적고객을 표현하다

유한킴벌리의 독주뿐, 그러나 기회는 무한대•165 ｜ 시장으로 다가가기: 나만의 길을 가다•166 ｜ '물티슈 = 1회용 가제 손수건'이다?•167 ｜ 이름이 뭐예요?: 우리아기 물티슈•168 ｜ 자연을 담은 디자인: 친환경의 개념을 담다•169 ｜ 빅 히트: 닥터아토 시리즈의 매출을 주도하다•169 ｜ 다시 주저 앉은 물티슈: 흔하면 지는 것이다•170

CHAPTER 7 낡은 브랜드에 새 생명력 불어넣기
트리오: 부활의 화살, 실버블릿 제품을 출시하다

트리오는 지는 해였다 •175 | 트리오를 위기에서 구하려면 •177 | 부활의 화살: 실버블릿 제품을 출시하다 •178 | 이름이 뭐예요?: 트리오 곡물설거지 •180 | 환골탈태: 패키지로 브랜드 이미지를 강화하다 •185 | 콘셉트가 전부: 콘셉트가 보이는 브랜드는 마케팅 비용을 줄여준다 •187 | 트리오2.0: 부활의 노래를 부르다 •190 | 주방의 모든 것: 트리오3.0 •194

CHAPTER 8 틈새 브랜드의 시장규모 키우기
울샴푸: 중성세제의 사용용도를 넓히다

동원참치, 피죤, 우루사의 공통점은? •201 | 시장의 1등, 하지만 여전히 배가 고프다? •203 | 제품 명칭으로부터 비롯된 사용용도의 함정에 갇히다 •204 | 사용용도 확대를 위한 학습의 위계 단계를 바꾸다 •206 | 울 전용 세제 이미지 탈피하기: 사용용도를 아이콘화하다 •208 | 사용용도 확장을 위한 커뮤니케이션: '울세제'에서 '옷의 원형을 보호하는 중성세제'로 •214 | 또 다른 시장 확대 전략: 큰 시장으로 분가시키다 •216

CHAPTER 9 새로운 틈새시장 개발하기

울샴푸: 아웃도어 시장으로 분가하다

질레트 비너스: 남성 제품을 여성 제품으로 확장하다•221 | 새로운 시장기회를 찾다•223 | 제품개발: 아웃도어 의류용 세제를 공동 개발하다•224 | 이름이 뭐예요?: 울샴푸 아웃도어•225 | 디자인: 활동적인 아웃도어 이미지를 구현하다•227 | 결핍 전략을 활용하여 사용성을 높이다•229 | 아웃도어 시장의 형성: 후발주자들이 몰려온다•231 | 남은 과제: 유명인과 공동 브랜딩을 추진하다•233

CHAPTER 10 이전에 없던 새로운 속성 만들기

아이린 자연초: 똑같은 속성을 경계하다

그냥, 피죤: 게임의 룰을 바꿀 수 있는가?•237 | 새로운 전략 아이린2.0: 혈통 좋은 한 마리의 개에 집중하다•243 | 소비자는 익숙하면서 새로운 것을 원한다: 식초 섬유유연제•245 | 섬유유연제에 식초를?•246 | 이름이 뭐예요?: 자연에서 온 피부에 좋은 초, 아이린 자연초•249 | 의미 있는 실패: 아이린 자연초는 아직은 작고 덜 익은 토마토다?•249 | 섬유유연제 그리고 향: 아이린3.0, 체험적 이미지의 향을 담다•251

CHAPTER 11 공동 브랜딩을 통한 시너지 창출하기

조성아 루나: 메이크업 아티스트와 공동 브랜딩 전략을 펼치다

시작하면서: 때로는 직접 참여하면서, 때로는 조언하면서 •257 | 새로운 채널에의 도전: 화장품이 홈쇼핑에서 가능할까? •258 | 왜 색조 전문 브랜드에 초점을 맞추었는가? •259 | 브랜드 개발: 메이크업 아티스트 브랜드를 표방하다 •260 | 이름이 뭐예요?: 메이크업 아티스트 조성아와 만나다, 조성아 루나 •263 | 메이크업 아티스트 조성아: 마케팅 활동에 직접 참여하다 •267 | 대박! 대박! 대박!: 매진 행렬이 계속되다 •268 | 고객이 아닌 팬이 존재한다 •270 | 그러나 미래 대응의 부족: 오프라인의 전문 숍으로 진출하다? •273

CHAPTER 12 사소한 곳에서 차별화하기

클로켄: 패키지 디자인을 혁신하다

첫째 날 느낀 생각들: 전사적 조직에 마케팅 문화를 심다 •279 | 코멕스는 '밀폐용기 전문회사'다? •283 | 안정된 유통 경로와 제휴: GS홈쇼핑과 함께하다 •285 | 보관만 하는 밀폐용기는 이제 그만! •286 | 이름이 뭐예요?: 클로켄 •288 | 한 곳의 차이: 패키지 디자인에 혁신을 담다 •289 | 패키지 디자인: 새로운 표준을 만들다 •292 | 좋은 제품 출시한다고 저절로 히트되는 것이 아니다 •293

에필로그 마케팅, 그 여정은 계속된다 •299

주석 •300

프롤로그

판을 뒤집는 자, 최후의 1인이 된다

지금 지하철역은 '공사 중' vs. '변신 중'?

지하철역에서 오랫동안 공사를 진행하고 있었다. 어느 날 지하철역에서 지상으로 이동하고 있는데 '우리 역은 변신 중'이라는 글이 내 시선에 들어왔다. 매우 신선했다. 그동안 너무 익숙하게 보아왔던 '우리 역은 공사 중'이란 글과는 너무나 대조적이었다. 승객의 입장에서 느낀 감정은 이랬다.

'우리 역은 변신 중'이란 글을 보면서 바쁜데도 불구하고 조금도 짜증스럽지가 않았다. 반면 '우리 역은 공사 중'이라는 안내판을 보면 공사로 인한 통행의 불편한 점 때문에 짜증스러울 때가 있었다. 때로는 혼잣말로 중얼중얼 거리며 불평을 쏟아내기도 했었다.

그러면 왜 다른 느낌을 받은 것일까? 그동안 전형적으로 보아왔던 '우리 역은 공사 중'은 화자(시공업체)의 입장에서 고객에게 양해를 구하는 방법이다. 반면 '우리 역은 변신 중'은 청자(승객)의 입장에서 그들을 배려하고 그들의 눈높이에 맞추어서 공사 상황을 설명하고 있다. 사실 '공사 중'이나 '변신 중'이나 모두가 승객들에게 지하철역의 편의성을 제공하기 위해 공사를 한다는 점에서는 동일하다. 똑같은 상황임에도 불구하고 승객들에게 엄청난 인식의 차이를 준다. 전자는 짜증스럽다. 그러나 후자는 나를 위해 공사를 진행하고 있다는 생각에 불편함을 어느 정도는 참을 수 있다.

그러면 여기서 무얼 말하려고 하는가? 관점의 차이다. 누구의 관점으로 보느냐에 따라 동일한 상황도 결과는 엄청난 차이를 만들어낸다. 이처럼 조금만 관점을 달리하면 고객에게 진정한 가치를 전달하는 차별화를 발견해낼 수 있는 것이다.

마케팅 현장은 차별화와 함께 간다. 차별화가 전부다. 모든 마케팅 활동은 차별화를 위해 존재한다. 차별화 없이는 성공을 기대할 수가 없기 때문이다.

차별화의 저주에 빠지다

이처럼 모든 마케팅 활동은 차별화에 초점이 맞추어져 있다. 그러나 차별화의 본질은 단순히 기존의 것과 다르다는 개념은 아니다. 즉 차별화와 다름은 엄연히 다르다. 넘버원$_{No.1}$보다는 온리원$_{Only 1}$이어야 한다.

그동안 "마케팅은 인식이 전부다"라는 격언처럼, 인식의 관점에서 차별화를 바라보았다. 그러다 보니 허위적이고 가식적인 메시지들을 통해 차별화만을 위한 차별화에 매몰되는 경우도 있었다. 다소 부정직한 제품 정보는 문제가 되지 않았다.

나는 이런 '차별화'를 단호하게 '노$_{No}$'라고 말한다. 단기적으로는 소비자들을 꼬득여서 어필할 수 있겠지만 장기적으로는 결코 승리할 수 없다. 고객들은 그렇게 어리석지가 않다. 아니, 매우 현명하다. 그래서 나는 '인식만을 위한 차별화'에서 벗어나 새로운 표준, 새로운 장르, 새로운 방법 등 새로운 의

제설정agenda setting을 통해 '새로운 카테고리'를 만들어내야 한다고 생각한다. 그것이 '진정한 차별화'이기 때문이다. 한마디로 소비자에게 새로운 관점을 제공하는 것이 진정한 차별화다. 이는 곧 경쟁의 판을 뒤집는 것이다.

나는 항상 조직에서 팀원들과 시장진입을 위해 제품·브랜드에 대해 논할 때 막연히 "이 제품의 차별점이 뭐지?"라고 질문하기보다는 "이 제품이 고객들에게 어떤 새로운 표준을 제공하는가?" "이 제품은 새로운 장르인가?"라고 묻는다. 이것들이 '새로운 카테고리'로 보일 수 있는가, 그래서 고객에게 어떤 새로운 관점을 제공하는가를 평가한다.

이런 평가를 통해 진정한 차별화를 이루어낼 수 있다. 결국 시장에서 소비자들에게 선택받는 제품이 될 확률이 그만큼 높아진다고 할 수 있다.

마케팅 승자의 조건: 의제설정이 답이다

박용후는 자신의 저서 《관점을 디자인하라》에서 "상품은 파는 것이 아닌, 소비자들에게 새로운 관점을 제공하는 것"이라고 강조한다. 여기서 '소비자에게 새로운 관점을 제공하는 것'은 새로운 표준, 새로운 장르, 새로운 방법을 의미한다. 이것은 궁극적으로 제품을 고르고 브랜드를 고르는 본질적·혁신적 기준을 제시하는 것, 곧 '의제설정'이다. 업계의 리더는 그들이 리드할 기준agenda으로 소비자들이 제품과 브랜드를 판단하게 한다.

다음의 예를 보자. 서울우유는 유통기한만 중시되던 유제품 시장에서, 제조일자 표기로 "제조일자를 확인하세요"라는 화두를 던져 신선한 우유의 구매준거를 제시했다. 또한 이마트는 가격 혁명이라는 강력한 핵심 이슈를 선전포고함으로써 경쟁자들을 선도했다.

또 도브의 리얼뷰티 프로그램을 생각해보자. 도브의 리얼뷰티 캠페인은 결코 도달할 수 없는 아름다움을 제시하는 기존 미용 브랜드들의 광고에 진력이 난 여성 소비자들의 감성을 어루만지고 있다. 그리고 특별한 가치를 제시하기 위해 도브는 '평범한 아름다움'을 새로운 표준으로 내세웠다. 도브의 리얼뷰티 캠페인은 현실 속의 여성들에게 자신의 있는 그대로의 모습이 진정으로 사랑해야 할 존재라는 사실을 상기시켜 줌으로써 또 다른 의제설정에 성공했다.

새로운 카테고리를 만드는 것은 브랜드 구축의 지름길이다

의제설정을 통해 새로운 카테고리를 만드는 것이야말로 브랜드를 만드는 지름길이다. 따라서 신제품의 경우 기존 카테고리의 제품이라면 고민할 필요가 없지만 새로운 카테고리를 만들어 수요를 이끌어내야 하는 상황이라면 문제가 달라진다. 한 번 들으면 새로운 카테고리를 쉽게 이해할 수 있어야 한다. 따라서 새로운 카테고리를 규정하는 일은 매우 중요하다.

샘표의 '연두' 이야기를 잠깐 해보자. 마트에 가본 사람이라면 뭔지는 모르지만 "연두해요~ 연두해요~ 요리할 땐 모두 연두해요~"라는 노래를 여러 번 들었을 것이다. 《동아비즈니스리뷰DBR》에 실린 기사를 통해 새로운 카테고리를 만들어가는 과정을 이해할 수 있다. 내용을 요약하면 이렇다.

연두는 출시 초기에 기존 조미료보다 건강에 좋은 것은 물론 콩을 제대로 발효해 음식의 깊은 맛을 끌어올리는 새로운 조미료로 소개했다. 하지만 소비자에게는 그저 '또 다른 간장의 하나'거나 '그래봤자 조미료'일 뿐이었다.

결국 새로운 카테고리를 만들지 못했다. 따라서 새로울 것 없는 간장의 일종, 안 쓸수록 이로운 조미료라는 소비자들의 인식을 깨려면 포지셔닝부터 다시 해야 했다.

연두는 소비자들이 간장이나 조미료에 대해 갖고 있는 식상함 또는 부정적 인식을 파악하고 '더 좋은 간장' 또는 '새로운 조미료'로 밀어붙이는 대신 아예 새로운 카테고리로 전환을 시도했다.

그것은 바로 연두가 '요리 에센스'로 새로운 정체성을 확보하는 것이었다. 이에 '재료의 참맛을 살리자'로 캐치프레이즈를 정하여 정체성을 강화해나갔다.

특히 새로운 정체성을 강화하기 위해 새로움과 호기심을 극대화하는 것을 목표로 했다. CM송의 경우 제품에 대한 설명은 한마디도 없이 그저 "연두해요~ 연두해요~ 요리할 땐 모두 연두해요~"라는 단순한 문구만 반복했다. 사람들은 이 노래를 들으면서 연두가 정확히 뭔지는 몰라도 '요리할 때 넣으면 좋은 것'이라는 사전 인식을 갖게 됐다. 샘표의 성장동력, 연두는 이런 과정을 통해 간장도 조미료도 아닌 연두 고유만의 영역을 개척한 것이다.[1]

이렇듯 새로운 카테고리를 만드는 것이야말로 브랜드 구축의 지름길이다. 전자책 단말기 시장을 보자. 킨들은 2007년 세상에 나온 뒤로 가장 앞서 가는 전자책 단말기로 자리매김했다. 새 전자책 단말기를 출시하는 기업은 '킨들만큼' '킨들보다'라는 단어를 소개 글에 꼭 넣는다.

킨들이 전자책 단말기의 기준이 되어버린 것이다. 구슬이 서 말이라도 꿰어야 보배다. 전자책 단말기도 마찬가지다. 기기 사양이 아무리 좋더라도 일단 책을 읽을 수 있는 기기인지가 중요하다. 이 점에서도 아마존은 높은 점수를 받았다.[2]

비즈니스 세계에서 새로운 카테고리란 지금까지 존재하지 않았던 '새로운 비즈니스 아이디어'나 '영역'을 가리킨다. 그러면 새로운 카테고리를 만드는 것이 그렇게 어려운 일인가. 사실 아무것도 없는 무에서 새로운 카테고리를 창출하는 것이 아니다.

데이비드 아커David Aaker UC버클리대 교수는 "꼭 없는 제품을 만드는 것이 아니다. 경쟁사와 품목이 유사해도 새로운 카테고리를 만드는 데 성공한다면, 독점 산업에 진출하는 것과 다름없는 효과를 누릴 수 있다"라고 했다.[3] 새로운 것은 없지만 새롭게 만들 수는 있다. 맛있는 음식에 들어가는 육수는 거의 다 우리가 아는 것으로 만들어진다. 어떤 맛집에서도 우리가 모르는 재료를 넣지 않는다. 다만 다른 재료들과 섞이고 익혀져 새로운 것처럼 창조해져서 음식에 들어간다. 이 때문에 맛집에서는 재료는 공개해도 익히는 시간이나 타이밍을 말해주진 않는다.

이처럼 카테고리를 새로 만들고 이에 걸맞은 이미지 틀을 구축하면 후발주자라도 소비자에게 전혀 다른 상품이 나왔다는 인식을 심어줄 수 있다. 예를 들어 피자는 기존에는 레스토랑에서 먹을 수 있었다. 그러나 '좀 더 손쉽게 집에서도 피자를 먹고 싶은 욕구'를 반영한, 즉 집까지 배달해주는 배달 전문 피자점이 생겼다. '피자 배달'이라는 새로운 카테고리가 탄생한 것이다.

사람의 욕구와 불만은 끝이 없는 법이다. 별이 생겨나고 사라지듯이 비즈니스 세계에서도 사람의 욕구와 불만, 불편을 해소하기 위해 매일 새로운 카테고리가 탄생하고 낡은 카테고리는 사라진다. 이처럼 비즈니스의 역사는 '카테고리의 역사'라고 할 수 있다.[4]

그렇다면 왜 새로운 카테고리를 만드는 일이 브랜드를 구축하는 지름길이 되는가? 일반적으로 소비자들이 제품을 구매할 때 우선 제품의 카테고리를 먼저 생각하고, 그다음에 브랜드를 선택한다. 소비자들은 카테고리를 먼저 생각하고 특정 카테고리를 선택하면서도 그것을 입 밖에 표현할 때는 브랜드로 표현하는 경우가 많다. 이렇게 되면 사실 그렇지 않았음에도 불구하고 선택하는 과정에서 특정 브랜드가 결정적인 역할을 한 것처럼 보인다.

특히 이러한 단계가 강할수록 해당 카테고리의 전문 브랜드가 되는데, 이를 전형성이 높다고 말한다. A품목을 제시하면 B브랜드를 떠올리고, B브랜드를 제시하면 A품목을 떠올린다.

가령 '피로회복제를 마시고 싶다'고 했을 때 브랜드 이름(예: 박카스)이 그 대화에서 거론된다면 이는 전형성이 높은 브랜드라 할 수 있다. 심지어 스카치테이프나 제록스, 대일밴드는 브랜드 자체가 일반명사처럼 사용되기도 한다. 또한 레드불은 에너지 음료라는 제품 카테고리를, 스타벅스는 고품격 커피라는 제품 카테고리를 장악하고 있다. 이처럼 전형성이 높은 브랜드는 비즈니스 성과에 큰 영향을 미친다.

결국 마케팅 프로그램의 궁극 목표는 바로 제품 카테고리를 선점하는 것이다. 제품 카테고리를 선점하지 못한 브랜드는 약한 브랜드에 불과하다.

많은 경쟁자가 넘쳐나는 비즈니스 세계에서 마케팅 활동을 통해 남과 같은 방법으로 브랜딩하기보다는 독자적인 새로운 카테고리를 만들어 자기 분야에서 으뜸이 되는 것이 최고다. 그것이 훨씬 손쉽고, 빠르게, 무엇보다 영리하게 브랜드를 만드는 방법이라 할 수 있다.

결핍 혹은 작은 불편, 불안: 새로운 카테고리를 찾는 열쇠다

〈왼손을 위한 피아노 협주곡 D장조〉는 라벨이 피아니스트 파울 비트겐슈타인을 위해 작곡한 곡이다. 전쟁 중 오른팔을 잃은 비트겐슈타인은 음악을 포기해야 할 위기를 맞았다. 한 손만으론 피아노를 연주할 수 없다고 믿었기 때문이다. 하지만 라벨은 이 조건을 '결핍'이 아닌 '새로운 형식'으로 받아들였다. 결국 그의 작품은 명곡 반열에 올랐고, 음악이 주는 감동은 손가락 수와 무관함을 증명했다.

휴대용 정수기와 빨대를 결합한 '라이프스트로' 사례는 더 흥미롭다. 저렴하고 단순한 이 제품은 오염된 물을 먹어야 하는 저개발국 아이들에 대한 안타까움에서 출발했다. 그런데 생각지도 못했던 새로운 시장이 열렸다. 각종 재난 현장은 물론 등산, 레저 활동에 나선 이들에게까지 수요가 확대된 것이다.[5]

이처럼 창조는 필요에서부터 나온다. 빨대와 정수기를 결합하는 아이디어가 어떤 절박함에서 나왔을지 상상해보라.

그렇다면 새로운 카테고리를 만드는 아이디어는 어떻게 발견하는가? 그 해답은 일상생활에서 관찰을 통해 쉽게 찾을 수 있다. 우리 주변은 온통 관찰의 대상이다. 누구나 소비자다. 그러므로 소비자로서의 안테나를 민감하게 세우고 생활하기만 해도 새로운 카테고리에 대한 아이디어를 발견할 수 있다. 우리는 흔히 일상에서 조금만 관심을 가지고 관찰을 하면 이런 의문들을 던질 수 있을 것이다.

'이건 뭔가 불편한데 좀 더 편리하게 만들 수 없을까?'
'입구에서 안쪽으로 들어가기에 마음이 놓이지 않아. 이런 종류의 가게는 여자 혼자 들어가기가 쉽지 않은데……'
'너무 비싼 것 같아. 적절한 가격이라면 부담 없이 이용할 수 있을 텐데.'

이런 생각을 했다면 새로운 카테고리에 대한 아이디어의 절반은 완성된 것이나 마찬가지다. 이처럼 작은 결핍이나 불편, 불안을 해소해주는 상품이나 서비스를 개발한다면, 그 상품이나 서비스는 새로운 카테고리로 자리 잡을 수 있다.

관찰: 매가 되어 수출을 헤쳐나가다

축지술에 대해 잠깐 생각해보자. 착지할 지점을 뚫어지게 바라보면 그 지점이 바로 눈앞에 다가온다. 이때 몸을 잽싸게 움직이면 착지할 지점에 서게 된다. 사실 우스갯소리로 들릴 수 있다. 이처럼 축지술의 원리는 먼 곳의 지점을 집중하여 바로 눈앞으로 끌고 와서 착지할 지점으로 날아가게 한다는 것이다.

마찬가지로 관찰에서 어떤 대상을 뚫어지게 바라보면 무언가 보인다. 뚫어지게 바라보면 이전에 근성으로 지나쳤을 때 보이지 않았던 것이 보이기 시작한다. 나태주 시인의 〈풀꽃〉을 큰 소리로 낭독해보자.

자세히 보아야 예쁘다
오래 보아야 사랑스럽다
너도 그렇다

뚫어지게 바라본다는 것은 곧 관찰의 출발이다. 모든 아이디어는 관찰에서 나온다. 따라서 매의 눈을 가지고 관찰하고, 기록하고, 직접 질문하는 것이 필요하다. 《매일경제》〈매경춘추〉란에서 김지녀 시인이 '관찰'에 대해 내린 정의는 이렇다.

사람의 몸이 10할이라면 그중 눈이 9할이라고 한다. 그만큼 보는 것이 사람에게 중요하다는 말이다. 아침부터 잠이 들 때까지, 아니 꿈속에서도 우리는 본다. 가족들, 신문, 신발, 얼굴, 버스, 친구 등등. 열거할 수 없을 만큼 수많은 것들을 우리는 매일 보는 것이다.
어느 날 갑자기 누군가 이런 질문들을 한다고 가정해보자. 집에 오면서 본 하늘은 어떤 색이었습니까? 아버지의 구두가 낡지는 않았나요? 어머니의 립스틱 색깔은 무엇인가요? 질문들 앞에서 대개의 사람들은 답하기를 머뭇거린다. 머리를 긁적이면서 잘 모르겠다고 고개를 저을지도 모르겠다. 분명 우리는 그 모든 것을 보았다. 그런데 왜 선뜻 답을 하지 못할까?

이유는 간단하다. 그 모든 것들을 '잘' 보지 않았기 때문이다. 이때의 '잘'에는 '주의 깊게' '관심 있게' '자세히' '천천히' 등의 의미가 담겨 있다. 이렇게 보는 행위에도 두 가지 태도가 있다. 수동적으로 '보기'와 적극적으로 '보기'가 그것이다.

후자의 행위를 관찰이라고 한다. 모든 지식은 '관찰'에서부터 시작된다는 말이 있듯이, 적극적인 관찰은 평범하고 세속적인 것들을 특별하고 장엄한 것으로 느끼고 생각하도록 만드는 힘이 있다. 아무도 주목하지 않은 대중적이고 일상적인 이미지를 예술로 승화시킨 팝 아트가 대표적인 예다.

이처럼 예술가와 과학자들의 창조나 발견의 특별함은 다름 아닌 사람과 사물에 대한 적극적인 보기와 관심을 통해 이루어진 것들이 대부분이다.[6]

마케터는 고객의 언어에 귀를 기울여야 한다. 그러나 언어의 이면에 있는 진실을 볼 수 있어야 한다. 언어 너머의 진실에 접근하려면 3차원적 대화, 즉 관찰이 필요하다. 이처럼 사람은 말을 들어서는 다 알 수 없고 그와 관련된 사건을 관찰해서 파악할 수 있다. 고객을 전인全人적으로 보려는 노력에서 나오는 대화에서 고객의 마음을 읽을 수 있는 것이다. 이것은 관찰을 통해서만이 가능하다.[7]

따라서 관찰하는 힘을 기르는 것은 생각을 만들어내는 것의 첫 단추다. 미셸 루트번스타인과 로버트 루트번스타인의 저서 《생각의 탄생》에는 13가지 생각도구들이 나온다. 처음 나오는 생각의 도구는 '관찰'이다. "하늘 아래 새로운 것은 없다"라는 말이 있다. 새로울 것 같은 것을 만들어내기 위해 우리는 주변을 관찰해야 한다.[8]

P&G의 예를 보자. P&G는 '살아보기 Living it'라는 프로그램을 통해 자사 직원들을 소비자 자택에 일정 기간 거주시키며 '소비자의 삶' 속에 철저하게 동화했다. 함께 식사하고 쇼핑하며 소비자들이 각자 시간과 돈을 어떻게 사용

하는지, 어떤 제품을 구매하고 어떤 불편함을 호소하는지 꼼꼼히 살폈다. 생활용품 제조업체로서 자사 브랜드 제품이 소비자의 삶과 얼마나 맞아떨어지는지 하나하나 따져본 것이다.

'일해보기Working it' 또한 소비자를 인격적으로 이해하기 위한 방편이다. 직원들이 매장 카운터 뒤에 머물면서 소비자들이 특정 상품을 구매하거나 혹은 구매하지 않는 이유를 파악하고 분석했다. 행여 혁신방안으로 내놓은 것들이 오히려 소비자에게 혼란을 안겨주는 것은 아닌지 살펴봤다.[9]

결론적으로 창의적 아이디어는 시장의 관찰에서 얻을 수 있다. 지금껏 성공한 제품의 아이디어 원천은 관찰에서 나왔다. 외부인의 관점에서 바라보면 사람과 사물을 바라보는 시각이 더 창의적이 될 수 있으며, 여기서 새로운 아이디어를 포착하게 되는 것이다.

CHAPTER 1

[고객을 향해
전문가 선언하기]

| **화이트케어** | 미백 전문 브랜드를 출시하다

화이트케어
미백 전문 브랜드를 출시하다

다시 시작한 화장품 사업: 락희 동동구리무에서 드봉으로

최초의 현대식 화장품 '박가분'은 일종의 파우더를 말한다. 1910년대부터 1930년까지 박가분이 국내에서 크게 유행했다. 그런데 '박가분' 할 때 '분粉'은 쉽게 알 수 있으나 '박가'는 잘 모른다. 박가분을 만든 사람은 바로 박승직이라는 인물로, 그는 서울 송파장을 전전하던 보부상 출신이었다.

뒤이어 1945년 '락희 동동구리무'라는 화장품이 나왔다. 구인회 LG그룹 창업자가 1947년 부산에서 락희화학공업사를 세운 뒤 처음 내놓은 제품으로, 당시 인기를 끌던 '동동구리무' 중 하나다. 동동구리무는 크림의 일본식 발음인 '구리무'를 행상들이 등에 진 북을 '동동' 치면서 팔고 다닌다고 하여 붙여진 이름이다.

이후 LG(이 당시 회사명은 '럭키Lucky'였음)는 화장품 사업에 다시 도전장을 내밀었다. 1981년 기초화장품 분야에서 서독 바이엘스돌프Beiersdorf 사와 '니베아Nivea'를 도입하여 생산하기로 하고 그 이듬해 생산에 들어갔다. 그러나 화장품 비즈니스로서 본격적인 사업은 1984년에 화장품사업부 신설과 함께 '드봉 바이오젠' 브랜드를 통해 시작되었다.

그러나 진출 초기의 화장품 사업은 순조롭지만은 않았다. 그것은 다음과 같은 두 가지 이유에서 비롯되었다.

첫째, 생활용품 전문회사로서 큰 강점을 가지고 있는 것이 오히려 화장품 사업의 성공에 방해요소로 작용했다. 왜냐하면 고객들이 이구동성으로 생활용품과 같은 화장품이라고 평가했기 때문이다. 심지어 '화장품에서 비누 냄새가 난다'고도 했다. 사정이 이렇다 보니 생활용품 위주의 사업구조로 생활용품 이미지와 중복되면서 저가 화장품 이미지로 소비자들에게 인식되었다.

이런 생활용품 문화 중심으로 인한 웃지 못할 이야기도 있다. 생활용품 중심의 사업구조는 대량생산 시스템에 기반을 두고 있다. 하지만 화장품 사업은 다품종 소량생산 업종이다. 그런데 청주 화장품 공장의 생산 능력을 동양 최고라고 자랑한다. 사업의 특성을 감안하지 않고 오직 기초제품 생산 기준으로 생활용품처럼 대량생산 방식만을 계산한 탓이다.

둘째, 생활용품 전문회사로서 슈퍼 등 일반 유통에 익숙해 있었지만 화장품 유통은 방문판매 위주였다. 그래서 단기간에 정착하는 게 그리 쉽지가 않았다. 방문판매의 성공은 조직 문화와 밀접한 관련성이 있다. 조직 문화가 방문판매 문화를 수용할 수 있어야 성공할 수 있다. 그러나 LG는 방문판매 문화를 수용할 수 있는 조직구조를 가지고 있지 못했다.

이처럼 초기에 화장품 사업의 이해 부족으로 LG의 화장품 사업 진출은 많은 어려움에 처했었다. 그럼에도 초기의 시행착오와 함께 끊임없이 다양한 시도들은 계속되고 있었다.

변화의 소용돌이: 방문판매에서 화장품 할인점으로

새로운 기회가 찾아왔다. 86서울아시안게임을 치르면서 여성들의 사회 활동이 활발해지기 시작했다. 또한 아파트 문화가 우리의 전통적인 가옥 형태를 대체하게 되었다. 이러한 결과로 방문판매는 더욱 위축되었다. 왜냐하면 아파트 문화는 전통적 주거 문화와는 다르게 이웃 간 교류를 제한시켰기 때문이다. 가가호호 방문해서 노크해도 문을 열어주지 않는다. 자연히 방문판매는 퇴조의 길을 걸을 수밖에 없었다.

화장품 유통은 전통적 '방문판매'에서 새로이 형성되고 있는 '화장품 할인점'으로 그 지위를 서서히 넘겨주고 있었다. 초기 화장품 할인점의 거래 주체는 도매상이었다. 도매상들은 방문판매 대리점으로부터 제품의 유통기한이 지났거나 끝나가는 제품 혹은 폐업이나 자금 압박 등으로 급하게 처분해야 하는 제품을 저렴하게 구입하여 화장품 할인점에 공급했다. 초기에 화장품 할인점들은 점포 내 별다른 인테리어 없이 제품을 무더기로 쌓아두고 지나가는 고객을 끌어들여 판매하는 형태였다.

이와 같은 거래 형태가 점차 진화하여 정상적인 유통으로 정착하기 시작했다. 즉 도매상들은 방문판매 대리점으로부터 제품을 공급받는 것이 아니라, 메이커로부터 직접 제품을 공급받는 거래로 발전했다. 이러한 변화에 따라 화장품 할인점은 인테리어를 갖춘 매장으로 바꾸어 정상적인 제품을 공급받으면서 소비자들에게 판매하기 시작했다. 이러한 변화의 선봉에 선 회사는 LG였다.

LG는 새로이 태동하고 있는 화장품 할인점을 주의 깊게 관찰하여 전략적 육성이 필요함을 간파했다. 빠른 행보로 LG는 초기 제품인 '드봉 바이오젠'을 대체해 화장품 할인점을 겨냥한 새로운 브랜드 '드봉 미네르바'를 출시했다. 이를 통해 화장품 사업 도약의 기틀을 마련했다.

더욱이 화장품 할인점은 88서울올림픽을 치르면서 급성장하여 시장과 경쟁구조를 송두리째 흔들어놓았다. LG는 1989년도에 이르러 1000억 매출을 달성하게 되었고, 단숨에 화장품 업계 2위 자리에 오르게 되었다. 반면 방문판매를 중심으로 탄탄한 기반을 가지고 있던 한국화장품, 피어리스, 쥬리아, 나드리 등 전통적 화장품 회사들은 규모가 급격히 위축되기 시작했다.

드봉을 뛰어넘어: 양적 성장에서 질적 성장으로

급성장하는 화장품 할인점 시장에서 발 빠른 대응으로 1990년을 기점으로 LG생활건강 화장품사업부는 1987년 이래 매출이 연 67%라는 급성장을 달성하여 조기에 흑자를 실현하는 데 성공했다. 그러나 고객, 채널, 제품 측면에서 업계 1위 태평양과는 여전히 큰 차이를 보였다. 특히 LG 화장품은 30대 이후 고객층, 중·고가대 제품, 그리고 방문판매에서 태평양에 비해 큰 약점을 노출하고 있었다. 또한 브랜드 포지셔닝에서 세분시장별로 적합한 상품이 없었고, 이미지가 혼란되어 있었으며, 브랜드 인지도 역시 미약했다.

한편 화장품 할인점이 급성장하면서 화장품 할인점 시장은 새로운 전쟁터로 변모해가고 있었다. 그 결과 화장품 할인점 시장은 과도한 할인경쟁의 소용돌이 속으로 빠져들게 되었다. 할인경쟁의 폭풍 속에서 브랜드 관리의 개념은 자연히 실종되었고, 3~5년이 지나고 나면 브랜드력이 현저히 떨어져 쇠퇴의 길로 빠져들게 되었다. 그러고는 또다시 새로운 브랜드를 출시했다. 사정이 이렇다 보니 매년 각 회사들은 앞다투어 대대적인 신제품을 선보이며 경쟁의 날을 세워나갔다.

이러한 할인경쟁의 소용돌이 속에서 LG는 단기간에 업계 2위 달성에 성공했다. 하지만 드봉Debon 화장품은 20대 중심의 저가 이미지로 고착화되어 지속적인 성장의 한계에 직면하게 되었다.

이제 LG가 선택할 수 있는 길은 화장품 할인점에서 저가 이미지로 고착화된 '드봉'과 차별화된 새로운 브랜드를 구축하는 일이었다. 이를 위해 새로운 고기능·고품격의 이미지를 표방한 드봉과 분리된 독자적인 새로운 브랜드를 구축하기로 했다. 이러한 필요성에 따라 1990년에 저가 이미지의 드봉 화장품과 단절된 고기능·고품격 이미지의 새로운 브랜드 구축을 목표로 한 새로운 사업조직으로 '럭키라인'을 공식적으로 출범시켰다(기존 사업은 '드봉라인'이라 불렀다). 이렇게 해서 나는 새로운 사업조직 럭키라인의 마케팅팀을 담당하게 되었다. 출범 초기의 멤버로서 피할 수 없는 고난의 행군이 시작되었다.

성공의 열쇠: 히트 상품만이 유일한 돌파구다

그러나 고기능·고품격 이미지의 화장품을 표방하며 출범한 새로운 사업은 2년이 흘렀지만, 좀처럼 드봉 이미지의 굴레에서 벗어나지 못하고 있었다. 드봉과 독립하여 새로이 출시한 아제리스, 리모드 등 신제품들은 기존 드봉 제품과 별 차이가 없었고, 결과적으로 가격만 인상한 모양새가 되어버렸다. 매출 역시 부진했다.

조직원들은 피로감에 점차 의욕을 잃어가고 있었으며, 모두가 다시 드봉 조직으로 돌아가겠다고 아우성들이었다. 차려진 밥상에 수저 한 벌 더 놓으면 된다는 격으로 LG가 하는 사업은 무엇이든 쉽게 성공할 수 있으리라는 막연한 생각들이 이 같은 결과를 초래했다.

더 이상 시간을 끌 만한 시간적 여유가 없었다. 신규 사업을 단기간에 정상 궤도에 올려놓아야만 했다. 그 해답은 하나였다. 그것은 히트 상품 창출만이 유일한 돌파구였다. 히트 상품을 통해 매출과 침체된 조직 분위기를 극복하고, 또한 드봉 이미지의 굴레에서 벗어날 수 있었다.

어떤 경우에도 조직이 위축되어 있을 때 이를 극복할 수 있는 가장 효과적인 방법은 히트 상품의 창출에 있다. 히트 상품만 한 것이 없다. 히트 상품은 조직도 춤추게 하는 법이다.

사업 출범 초기 단지 제품 출시만 하면 성공할 수 있다는 막연한 생각에서 탈피하여 목표를 분명히 설정하였다. 이제 마케팅 활동을 히트 상품 창출이라는 목표에 초점을 맞추기로 했다. 그렇다면 어떤 영역에서 어떤 방법으로 히트 상품을 창출할 것인가? 깊어만 가는 고민으로 잠 못 이루는 나날을 보내고 있었다.

전문가 선언: 단품의 미백 전문 브랜드로 승부하다

신혼부부에게 다음과 같은 제안을 한다고 생각해보자.

LG의 가전 전문매장인 '베스트샵'에 방문한 신혼부부에게 LG 가전제품들로 신혼집을 꾸며주겠다고 하면 어떤 반응을 할까? "말씀은 고맙지만 세탁기만 받겠습니다. 냉장고는 삼성, 김치냉장고는 딤채, 청소기는 한경희 스팀청소기로 들여놓겠습니다." 비록 LG가 전자제품의 빅 메이저이긴 하지만 신혼부부는 각 카테고리의 최고 전문제품을 원한다.

여기서 소비자는 왜 이런 구매 방법을 택할까? 그것은 바로 특정 카테고리의 전문성 때문이다. 사람들은 전문적인 활동이나 전문제품에 몰두하는 기업에 신뢰를 보낸다. 또한 그런 기업을 전문가로 여긴다. 사람들은 전문가들이 더 많은 지식과 경험을 가지고 있으며, 존경받을 가치가 있다고 생각한다. 전문가의 정의가 '특정 분야에서 많은 훈련과 지식을 쌓은 사람'이고 보면 사람들의 이런 생각은 당연한 것이다.

이처럼 '특정 카테고리'를 대상으로 '제품'을 판매하는 전문 브랜드를 구축하면 특정 분야에서 세계 최고가 될 수 있다. 여러 품목을 포함하는 종합 브랜드(만능인)보다는 오히려 전문 브랜드(전문가)로 승부하는 것이 히트화의 지름길이다.

때마침 머드팩, 야채팩 등 단품의 전문 브랜드를 통해 성공한 사례들이 시장에 선보이고 있던 시기였다. 특히 코리아나는 머드팩 출시를 통해 일약 화장품 업계의 큰 주목을 받게 되었다.

전문식당이 승리한다

브랜드의 힘은 선택과 집중에서 나온다. 돋보기를 보자. 돋보기로 햇빛을 모으면 종이를 태울 수 있다. 마찬가지로 회사의 사업 내용이 대상이 되는 고객에게 포커스가 맞춰져 있다면 집중력이 생기고 그것이 회사를 성장시키는 동력이 된다. '뭐든지 다 한다'거나 '종합적인 서비스를 제공한다'는 다각적인 사업 방식으로는 영업하기가 매우 어렵다.[1]

2003년 농림수산식품부에서 발표한 '한국인이 사랑하는 오래된 한식당' 100곳을 보면 대부분 설렁탕, 해장국 등 단일 대표 메뉴로 성패를 건다는 특징이 있다. 한마디로 단일 메뉴의 전문식당이다. 다음의 성공한 식당과 실패한 식당을 비교해서 생각해보자.

조금 떨어진 길을 사이에 두고 마주 위치한 두 식당이 있다. '연남 서서갈비'와 '신촌 삼겹살'. '연남 서서갈비'는 홀이 북적거린다. 그러나 '신촌 삼겹살'은 텅텅 빈다. 그 업소에서는 하느님만 원망할 것이다. 왜 이러시냐고. 누구네는 미어터져 아우성이고 누구네는 파리만 날리게 하시느냐고.

'신촌 삼겹살' 안으로 들어서면 20여 평 되는 식당에 삼겹살 전문집처럼 써 붙인 간판과는 달리 메뉴판에는 된장찌개, 김치찌개, 순두부, 동태찌개, 매운탕 등 다양한 식사 메뉴가 붙어 있다. 저녁 6시가 지났지만 손님이 별로 없었다. 잘될 리가 없어 보였다. 특징도 없고, 분위기도 어설퍼 보였다. 손님은 식당에 들어섰을 때 그 업소에서 풍기는 활달한 분위기, 이를테면 생기가 넘치고 푸짐하고 덜퍽진 분위기가 느껴져야지 썰렁한 기분이 느껴지면 발길을 돌리게 마련이다.

이와 반대로 '연남 서서갈비'는 오직 갈비 하나로 전문화되어 있는 식당이다. 그 집은 문전성시를 이루고 있다. 오직 소갈비 메뉴 하나로 45년 전통이 깃든 서서 먹는 '서서갈비집'이다. 6시에 도착해서 줄을 섰는데 6시 반에 더 이상의 고기 추가가 안 된단다. 하루에 팔 고기의 양이 벌써 다 떨어졌다는 것이다.

그렇다면 왜 이 두 식당의 희비가 확연히 엇갈리는 것인가? 두 식당을 비교하면 결국 전문 메뉴에서 차이가 있다. '신촌 삼겹살'은 메뉴가 아홉 가지나 된다. 일단 메뉴로 올려지면 책임을 져야 하는 것이다. 아홉 가지를 모두 자신 있게 맛낼 수 있는가? 예를 들어 된장찌개는 맛이 좋은데 순두부는 맛이 떨어진다면 어찌할 것인가? 순두부 때문에 된장찌개까지 이미지가 나빠지는 법이다.

전문성이 브랜드 전략의 꽃이다

사람들은 큰 회사나 강한 회사, 유명한 회사만을 응원하고 싶어 하지는 않는다. 누구나 응원하고 싶은 회사는 우직하게 그 분야의 전문가로서 무언가를 달성하려고 열심히 매진하는 회사다. 1회용 면도기로 잘 알려진 도루코,

복사기로 유명한 신도리코 등 이런 회사는 일종의 카리스마가 깃들어 있다. 이처럼 경영자와 직원들이 24시간 일에 몰두하기 위해서, 그리고 많은 사람으로부터 응원받는 존재가 되기 위해서는 회사의 카테고리를 명확히 하는 일이 중요하다.[2]

잭 트라우트의 저서 《차별화 마케팅Differentiate or Die》에서 포지셔닝 방법 중 '전문 브랜드로 승부하라'는 내용이 있다. 마케팅 세계를 보면 훌륭한 차별성을 지닌 전문가가 시장에서 승리를 거둔다는 사실을 알게 된다. 전문 브랜드가 소비자의 인식에 그토록 강한 인상을 주는 이유는 무엇일까?

첫째, 전문 브랜드는 오직 한 제품, 한 가지 혜택, 한 가지 메시지에 집중할 수 있다. 덕분에 마케팅 종사자들은 고객의 기억에 침투할 수 있는 강렬한 메시지를 쉽게 찾아낼 수 있다. 도미노피자는 가정배달만 집중적으로 선전하면 된다. 그러나 피자헛은 독특한 피자 맛과 가정배달, 매장 서비스까지도 선전해야 한다.

전문 브랜드의 또 다른 무기는 소비자들이 그것을 '최고'라고 인식한다는 점이다. 한 가지에만 몰두했다면 그 영역에서만큼은 상당한 실력을 쌓았을 것이 분명하기 때문이다. 타이틀리스트Titleist는 최고의 골프공으로 인식되어 있는 전문 브랜드다. 끝으로 전문 브랜드는 그 영역을 대표하는 '일반명'이 될 수 있다. 전문기업의 최대 목표는 브랜드의 일반화다. 브랜드 명이 제품명에 그치지 않고 그 영역을 대표하는 일반명이 되는 것이다. 제록스는 복사를 지칭하는 일반명이 되었다. "이걸 제록스해주세요." 페더럴익스프레스는 야간 배달을 뜻하는 일반명이 되었다. "이걸 당신한테 페덱스FedEx해 드릴게요."[3]

이처럼 브랜드 명을 제품의 대명사로 만드는 것이야말로 마케팅 전쟁에서는 최상의 무기다. 그러나 이것은 오직 전문 브랜드에게만 가능한 일이다. 이

것저것 만능인 브랜드는 특정 제품의 대명사가 될 수 없다.

국내의 대표적인 전문 브랜드는 '샘표'다. 우리나라 등록상표 중 최장수 브랜드로 '샘표'는 간장의 대명사다. '샘표 주세요'는 곧 간장을 달라는 의미다. 이처럼 샘표는 간장 전문 브랜드로 최고의 위치를 차지하고 있다.

미백 전문 브랜드가 답이다

그동안 제품개발 방식은 주로 연구소에서 먼저 제안하면 이를 바탕으로 마케팅팀에서 검토해서 출시 여부를 결정하는 형태를 취해왔었다. 사정이 이렇다 보니 드봉 이미지의 영역에서 벗어날 수 없었다. 연구소에서 제안하는 콘셉트들은 드봉에서 이미 출시한 제품들이다. 이러한 관행에서 벗어나 독자적인 제품을 개발해보고 싶었다.

따라서 제품개발 방식에 대한 변화가 필요했다. 우선 시장 흐름을 파악하는 일부터 시작했다. 그래서 우리의 풍토와 비슷하고 또한 소비자 트렌드를 서로 주고받는 일본 시장에서 새로운 해답을 찾을 수 있으리라는 막연한 기대감으로 무작정 출장길에 올랐다. 이번만큼은 마케팅 주도로 새로운 콘셉트를 발굴하여 개발해보고 싶었다. 공항에 도착하자마자 젊은이들의 거리, 우리나라의 대학로에 해당하는 하라주쿠로 향했다.

하라주쿠에 도착한 후 먼저 시세이도에서 운영하는 전시 및 체험공간인 '뷰티가든Beauty Garden'으로 향했다. 뷰티가든은 시세이도가 취급하는 모든 제품을 진열해놓고 고객들에게 미용 상담, 체험 등을 수행하는 공간이다.

여러 제품을 구경하다가 나도 모르게 미백 전문제품 '화이티스 EX Whitess

EX 에센스' 앞에 걸음이 멈춰 섰
다. 당시 일본에서는 화장품 기
능성 법이 제정되어 약용 화장
품으로 분류되어 있는 제품이
었다. 국내에서 에센스는 용기

타입이 일반적이었는데, 튜브 타입의 화이티스 에센스 제품은 미백 전문의 약용 제품처럼 느껴졌다. 말이 필요 없는 시각적 이미지가 제품의 특징을 잘 설명해주고 있었다. 그곳에서는 구매할 수가 없었기 때문에 화이티스 EX 에센스를 설명해주는 전단지를 들고 뷰티가든을 나왔다. 그리고 가까운 화장품 매장을 방문하여 제품을 구입했다. 진흙 속의 진주를 발견한 듯, 마음속에서는 묘한 기대감이 벅차올랐다.

숙소로 돌아온 뒤 서투른 일본어 실력으로 제품 특징들을 정리하기 시작했다. 새벽 2시가 훌쩍 넘었다. 좀처럼 잠을 이룰 수가 없었다. 내친김에 시세이도의 화이티스 EX 에센스를 참고하여 우리 풍토에 맞는 제품개발 방향에 대해 스케치하기 시작했다. 먼저 생각해야 할 요소는 제품 구성이었다. 왜냐하면 국내의 미백 화장품은 단품이 아니라 미용 단계별로 여러 품목을 아우르는 종합 브랜드였기 때문이다. 그러나 시세이도의 화이티스 EX 에센스는 단품이다.

사우나의 모래시계를 생각해보자. 하고 싶은 일이 많아도 우선은 그 범위를 좁혀 작은 세계에서 최고가 된 후 어느 정도 브랜드를 확립할 수 있다면 앞으로의 과정이 한층 수월해진다. 즉 하나에 집중해서 도미노 효과를 얻을 수 있다.

도미노 효과는 게리 켈러와 제이 파파산의 공저 《원씽The One Thing》에서 언급된다. 도미노는 일종의 연쇄 반응이다.

줄지어 서 있는 도미노는 각각 일정한 양의 잠재적 에너지를 의미한다. 더 많이 세울수록 더 많은 잠재 에너지를 축적하게 되어 많은 수의 도미노를 세워놓는다면 손가락을 한 번 간단히 튕기는 것만으로도 놀라운 힘을 발생시킬 수 있다. 단 하나, 그것도 제대로 된 하나가 움직이기 시작하면 많은 것들을 쓰러뜨릴 수 있다. 하지만 그게 전부는 아니다.

1983년, 과학자이자 작가인 론 화이트헤드는 《미국 물리학 저널》을 통해 도미노 하나가 줄지어 선 다른 도미노를 쓰러뜨릴 뿐만 아니라 훨씬 더 큰 것도 쓰러뜨릴 수 있다고 말했다. 구체적으로 한 개의 도미노는 자신보다 1.5배가 큰 것도 넘어뜨릴 수 있는 힘을 가진다고 그는 설명했다.[4]

여기서 말하는 요지는 첫 번째의 '단 하나의 것'이 중요하다는 것이다. 우선 만능(멀티플레이어)보다는 하나에 집중해서 전문성을 구축한 후 도미노 효과를 얻을 수 있는 것이다.

그런데 이미 태평양은 '화이텐스'라는 미백 전문 브랜드를 통해 시장에 출시했다. 다양한 품목들로 구성되어 있는 종합 브랜드였다. 물론 당시 국내의 화이트닝 시장은 가을 시즌에 때맞춰 풀라인(미용 스텝에 따라 로션, 스킨, 크림, 에센스 등)으로 제품을 출시하는 것이 관행이었다. 그러나 이런 종합 브랜드는 미백 전문 브랜드로서의 위상을 확보하기가 어려웠다. 단지 가을이라는 시즌 제품으로서의 역할에 한정되어 있었다. 그래서 시세이도의 화이티스 EX 에센스에서 팁Tip을 얻어 크림과 에센스 등 2품목에 집중하는 방향으로 설정했다.

귀국 후 일본 출장길에서 스케치한 제품개발 방향을 가지고 내부 토의에 들어갔다. 모두 확실한 성공 예감이 느낌으로 다가온다면서 적극적으로 임해주었다. 이러한 선행 활동을 기초로 하여 연구소에서는 본격적인 제품개발에 착수했다.

이름이 뭐예요?: 티 없이 하얀 피부, 화이트케어

일본 등 외국의 경우 화장품의 기능성 법이 제정되어 있었다. 그러나 국내 화장품은 기능성 법이 제정되어 있지 않았다. 따라서 제품의 기능적인 측면을 강조하는 데 항상 제약요인이 따랐다. 화장품은 근본적으로 기능과 관련된 정보를 제공할 수 없었다. 이러한 제약요인을 극복하기 위해 기업들은 브랜드 네이밍과 광고 메시지 등에서 간접적인 비유를 통해 소비자들에게 제품의 기능적 특징들을 심어주려고 노력했다.

기능성 콘셉트를 브랜드화하다

단품의 미백 전문제품을 개발하기로 결정했고, 이제 제품의 기능적 특징을 소비자에게 강하게 소구하는 것이 성공의 지름길이었다. 그런데 법적 규제로 인해 화장품의 피부 케어와 같은 뉘앙스의 기능적인 측면을 알리는 데 어려움이 따랐다. 이를 극복하는 방법은 기능 콘셉트를 네이밍에 담아서 그 자체에서 기능 이미지를 자연스럽게 떠올리게 하는 것이었다.

네이밍은 콘셉트를 전달하는 최대의 매개다. 기억하기 쉽고 알기 쉬운 콘셉트의 표현이 좋은 네이밍을 탄생시킨다. 좋은 네이밍을 들어본 것만으로 제품 콘셉트product concept가 전달된다.

물론 카테고리의 속성이나 카테고리 명과 관련 없이 독특한 네이밍으로 전문 브랜드화한 경우도 많이 있다. 예를 들어 제록스Xerox, 코닥Kodac 등은 독특한 네이밍이지만 그 네이밍 자체가 카테고리의 대명사가 된 경우이다.

그러나 전문 브랜드일수록 해당 카테고리의 속성이나 카테고리 그 자체와

유사한 네이밍을 보여주는 것이 중요하다. 카테고리 속성이나 카테고리 명을 선점하기만 하면, 마케팅 비용을 최소화할 수 있고 또한 해당 카테고리를 선점할 수 있는 이점이 있기 때문이다.

따라서 제품의 기능적 콘셉트인 '하얀 피부를 케어·치유해주는 미백 전문 화장품'을 표현해주는 '화이트white'와 '케어care'를 조합하여 '화이트케어Whitecare'로 네이밍했다. 즉 '화이트'는 미백 카테고리를 나타내며, '케어'는 전문성을 떠올리게 하는 것으로 이 둘을 조합한 '화이트케어'는 미백 전문 브랜드의 이미지를 떠올리게 하는 데 조금도 부족함이 없었다. '화이트케어'의 이름만 보고도 그것이 무엇인지 알 수 있다면 포지셔닝이 한결 쉬워지는 이점이 있는 것이다.

또한 기능적 콘셉트를 강화하기 위해 화이트케어의 핵심 미백 성분인 알부틴을 분자식으로 형상화하여 제품 용기와 패키지에 시각적으로 보여주었다. 분자식을 통해 신비감을 포장했고, 이를 통해 기능 콘셉트를 한층 강화하는 효과를 도모했다.

티 없이 하얀 피부, 화이트케어

제품의 성공 가능성을 확신하면서 출시와 동시에 광고를 진행하기로 결정했다. 그런데 기능성 화장품법이 없었던 시절이라 화장품의 기능성 특징을 광고에 직접적으로 표현할 수가 없었다. 이런 한계점을 극복하기 위해 '화이트케어'의 기능성 특징을 은유적·비유적 메시지로 표현해서 소비자에게 소구하는 방법을 찾기로 했다.

1993년 어느 날 여의도 쌍둥이빌딩을 나와 마포 공덕동의 LG애드 사무실을 찾아갔다. 예정에 없던 미팅이라 격의 없이 회의실에서 이런저런 고민을 늘어놓으면서 자유로운 브레인스토밍brain storming을 진행하고 있었다. 누군가 '잡티'라는 키워드를 불쑥 던졌다.

햇볕에 그을린 거무스레한 피부, 잡티 등 미백과 관련된 단어들을 나열해 갔다. 이것들은 하얀 피부의 적이다. 키워드로 '잡티' 혹은 '티'로 범위를 좁혔다. 산고 끝에 태어난 광고 콘셉트는 바로 '티 없이 하얀 피부'였다. '티'는 하얀 피부의 적이다. 그렇다고 피부를 하얗게 해준다는 기능성 효과를 표현할 수는 없는 상황에서 '티'라는 단어를 통해 간접적으로 기능성 효과를 소비자들에게 느끼게 할 수 있었다. 미인의 조건을 떠올릴 때 첫째로 꼽는 것이 '잡티 하나 없이 맑고 깨끗한 피부'가 아니던가.

이렇게 해서 탄생한 '티 없이 하얀 피부, 화이트케어'는 제품의 기능을 전달해주는 광고 콘셉트와 브랜드 네임의 최적 조합으로 소비자들을 이해시키는 데 부족함이 없었다.

제품 기능의 진화: 등급화된 숫자를 확장자로 도입하다

브랜드 확장brand extension은 기존 브랜드 명을 제품 또는 제품 계열 수정이나 신제품 도입 시에 그대로 사용하는 전략이다. 즉 먼저 좋은 브랜드를 개발하여 소비자의 신뢰를 받은 뒤 후속 제품을 개발, 같은 브랜드를 붙여 기존 제품에 대한 소비자의 신뢰를 후속 제품에까지 확산하도록 하는 전략이다. 특히 제품 진화가 지속되는 제품군에서는 브랜드 확장 전략들이 매우 유효한 수단이다. 다음의 예를 보자.

현대자동차의 쏘나타SONATA Ⅰ, Ⅱ, Ⅲ 시리즈나 마이크로소프트의 윈도

우즈Windows 95, 98 시리즈 등이 있다. 이런 방법을 통해 기존 브랜드를 후속 제품에 그대로 사용할 뿐만 아니라 제품 기능의 진화를 소비자들에게 자연스럽게 보여줄 수 있다.

또한 컴퓨터 발전에서 볼 수 있듯이, 인텔은 286을 대체하여 386이 나타나고, 386을 대체하면서 486이 나타나고, 나아가 펜티엄 등의 발달이 이루어졌다. 이처럼 컴퓨터 발전을 286, 386, 486 등으로 표기하여 새로이 진화된 제품을 출시할 때 확장자로 활용했다. 이러한 등급화된 수치를 통해 소비자들에게 성능이 업그레이드된 제품임을 알리는 수단으로 활용했다.

최근 스마트폰들은 등급화된 숫자를 통해 혁신 제품들을 시장에 내놓고 있다. 아이폰은 1, 2, 3, 4, 그리고 현재는 5까지 나왔다. 갤럭시 역시 1, 2, 3 그리고 4까지 시장에 나와 있다. 이러한 등급화된 수치를 통해 다음 단계의 미래출현 제품에 대한 기대를 높일 수 있다. 가령 아이폰5 다음에는 그 무엇인가의 기능이 업그레이드된 아이폰6라는 새로운 미래출현 제품을 자연스럽게 떠올리게 한다.

마찬가지로 화이트케어는 출시 이후에 지속적으로 미백 기능을 더욱 강화하는 것이 강력한 브랜드 이미지를 구축하는 데 핵심 방법이었다. 특히 기능성 제품은 끊임없는 진화가 그 해답이었다.

따라서 시장에서 소비자 반응이 긍정적으로 나타나면서 좀 더 기능이 업그레이드된 제품으로의 진화가 필요했다. 즉 미백을 대표하는 알부틴의 함량 증가를 통해 제품의 효능이 강화되었다는 것을 제시할 필요가 있었다. 이를 표현하는 방법으로 등급화된 숫자의 확장자를 도입하였다. 제품 기능의 진화에 따라 화이트케어Ⅱ, 화이트케어Ⅲ, 그리고 화이트케어Ⅳ 등으로 표기했다. 이를 통해 화이트케어는 미백 카테고리에서 전문 브랜드로의 위상을 공고히 구축해나갔다.

화이트케어는 벌써 20여 년 전에 제품 기능의 진화를 소비자가 쉽게 이해할 수 있도록 등급화된 숫자의 확장자를 도입하여 활용했다. 그것도 첨단의 이미지가 없는 일반 소비재 산업에서 앞선 마케팅 방법들을 적용했던 것이다. 대단하지 않은가?

히트 상품: 조직을 춤추게 하다

미백 전문 브랜드를 표방한 화이트케어는 단품 중심임에도 소비자들을 열광하게 만들었다. 태평양의 화이텐스는 여러 제품을 초기부터 출시한 반면 화이트케어는 단품으로 출시했음에도 태평양의 화이텐스보다 높은 매출을 달성했다.

배리 슈워츠는 《선택의 심리학》에서 소비자가 6종의 잼을 파는 판매자와 24종의 잼을 파는 판매자를 각각 만나는 두 시나리오를 소개한다. 흥미롭게도 선택권이 단순했을 때 잼이 더 많이 팔렸다.[5] 이는 "홍수에 정작 마실 물은 귀하다"는 말처럼 선택의 범위를 좁혀주었을 때 오히려 매출이 늘어난다는 사실을 잘 설명해주고 있다.

이런 원리들을 화이트케어는 이미 알고 있었다. 일반적으로 새로운 카테고리를 창조해서 육성하는 데 기업이 빈번하게 저지르는 실수가 있는데, 너무 많은 것을 하려고 덤비는 것이다. 하나의 브랜드로 너무 다양한 제품을 내놓는 것이다. 간소하게 출발해 카테고리를 낳고 기르는 싸움에서 이긴 다음 제품 라인을 확장하는 것이 좋다.

이런 원리들을 활용한 '티 없이 하얀 피부, 화이트케어'는 출시하자마자 예상을 뛰어넘는 큰 성공을 거두고 있었다. 가파른 매출 상승세를 보여 매일 매출 기록을 경신했다. 영업 현장에서는 제품 추가 생산 요청이 밀려들어 왔다.

모두들 아우성이었다.

2개의 아이템으로 연간 150억의 매출을 달성하는 쾌거를 이루었다. 당시 LG생활건강 화장품사업부의 전체 매출액이 2000억 수준이었던 것을 고려하면, 2개의 단품으로 구성되어 있는 화이트케어가 150억 이상의 매출 달성은 대단한 성과였다.

이러한 히트 상품의 낭보는 조직에 생기를 돌게 했고, 그들을 춤추게 했다. 비가 온 후 갠 하늘을 보면서 언제 비가 왔느냐는 듯이 모두가 자신감을 가지고 새로운 사업의 비상을 준비하고 있었다. 화이트케어의 성공은 다음 장에서 보여주는 이자녹스의 성공을 위한 서막으로서 기여를 확실히 했다. 한 번의 성공은 다음 단계의 성공을 레브리지하는 법이다.

좌절된 화이트케어 투웨이케이크: 그저 그런 브랜드로 전락해버렸다

그러나 히트 상품의 기쁨도 얼마 가지 못했다. 화이트케어 역시 기존의 브랜드 관리의 관행에서 벗어나지 못하고 쇠퇴의 길을 걷기 시작했다. 탄성과 자성의 목소리가 여기저기서 터져 나오기 시작했다. 왜 이런 전철을 밟고 있는가?

첫째, 브랜드 관리의 미숙을 들 수 있다. 히트 상품에 취해 오로지 매출 확대에만 혈안이 되어 있었다. 그도 그럴 것이 영업 현장에서는 그동안 어렵게 영업을 해온 터라 매출을 달성하기 손쉬운 화이트케어에 집중하는 것은 당연했다. 배고플 때 과식을 하면 반드시 배탈이 나듯이 화이트케어 역시 매출 중심의 활동에 맞추어져 있었고, 브랜드 이미지 관리와는 동떨어져 있었다. 점차 화이트케어의 이미지는 쇠퇴해가고 있었고, 매출 역시 정점을 지나 힘이 빠지고 있었다.

둘째, 전문 브랜드일수록 지속적인 혁신이 필요하다. 끊임없는 제품 개선뿐만 아니라 새로운 틈새시장의 아이템을 발굴해나가야 한다. 이러한 혁신을 통해 지속적 성장을 견인할 수 있다.

다음의 예를 보자. 좋은 성분을 가지고 있다면 그것으로 제품을 차별화하기 위한 주춧돌로 삼아야 한다. 도브는 수년째 북미에서 판매량 1위를 차지한 비누다. 그 제품의 성공과 차별화는 포장지 아래쪽에 적힌 '수분 함량 로션'에서 비롯되었다. 수분 함량 로션으로 만들어진 비누는 당연히 피부 미용에 좋다. 그러나 도브의 차별화가 가능했던 이유는 비누의 성분이 좋아서가 아니라 비누에 로션을 접목시켰다는 사실 자체 때문이다.[6]

마찬가지로 화이트케어 역시 혁신 활동의 일환으로 '알부틴' 성분을 주춧돌로 삼아 '화이트케어 투웨이케이크'에 접목시키고자 했다. 제품개발 전략회의에 제안했다. 그러나 이러한 혁신적이고 기발한 아이디어를 연구소에서는 상품화가 어렵다는 의견이었다. 많은 논란만을 남겨놓은 채 그 아이디어는 사장되어 버렸다. 그런데 이게 어떻게 된 일인가? 5개월 후에 나드리에서 '이노센스 알부틴 UV트윈케이크'로 시장에 출시되었다. 그리고 큰 성공을 이루었다. 화이트케어로서는 아쉬움이 너무 컸다.

미백 콘셉트를 더욱 공고히 할 수 있는 시장기회를 놓쳐버린 화이트케어는 점차 브랜드의 사양길에 접어들기 시작했다. 어떤 브랜드가 히트화되고 나면 그 이후에는 지속적으로 제품 혁신을 가속화해야 하는데 화이트케어는 여기서 멈춰버린 것이다.

결론을 정리하자. 브랜드는 본래 기대감, 의외성 그리고 신비감을 가지고 끊임없이 혁신해야 한다. 이것이 브랜드 관리의 기본 원칙이다. 그러나 매출 확대에 도취된 나머지 이러한 원리를 망각해버렸던 것이다. 사양길에 접어든 화이트케어는 그저 그런 브랜드로 전락해버렸다.

그런데 앞에서 살펴본 실패 원인 외에 또 다른 시각에서 보는 것도 가능하다. 필시 큰 기업들은 니치형 전문 브랜드에 만족하지 못하는 법이다. 이렇다 보니 니치형 전문성 브랜드보다 효율성을 추구하기 위해 종합 브랜드 내에 미백 라인을 운용하게 된다.

따라서 니치형 전문 브랜드 화이트케어는 이자녹스의 미백라인 '화이트 포커스'를 만들면서 자연스럽게 없어지게 되었다. 이렇게 본다면 화이트케어는 실패한 브랜드라기보다는 효율성과 더욱 큰 시장을 위한 자기희생이었다.

CHAPTER 2

[경쟁의 판을 바꾸어
새로운 표준 만들기]

| 이자녹스 | 무리를 벗어나 '오로지 나만의 길'을 가다

이자녹스
무리를 벗어나 '오로지 나만의 길'을 가다

이자녹스는 '퍼스트 펭귄'을 닮았다

이자녹스는 제품개발 과정 및 출시 초기에 많은 어려움을 겪었다. 기존의 방식을 탈피하여 새로운 전략을 채택하는 과정에서 서로가 위험을 감수하려고 하지 않았다. 그러다 보니 멀찌감치 뒷짐 지고 적극적으로 참여하려고 하지 않았다. 그런데 시간이 지나면서 성과가 가시화되기 시작하자 눈독을 들이기 시작했다. 결국 나중에는 자기 몫을 챙기기 시작했다. 물론 이런 현상들이 조직의 일반적인 생리이기도 하다. 당시 함께 마케팅팀에서 근무했던 윤태섭 과장(현재 샘표 마케팅 이사)은 이 점에 대해 신랄하게 비판한다.

저는 저희 팀원들에게 항상 마케터로서 중요한 역량의 하나로 제일 먼저 뽑으라면 '조직 내에서의 코디네이팅coordinating 역량'이라고 이야기합니다. 마케팅은 혼자 하는 것이 아니라고 늘 말하지요. LG에서 화장품 사업 초기를 경험하면서 고민했던 많은 부분이 감회를 새롭게 합니다. 업무시간 끝나고 술 한잔하면서 나누었던 이야기들, 공감하고 도와줄 것이라고 예상했던 사람들이 오히려 더 극렬하게 반대하던 어려움, 그러다 결국은 어찌어찌해서 고난을 뚫고 출시하고, 시장에서 좋은 반응이 나오면 다 자기의 작품이라고 외치던 군상들. 참 다양한 사람들이 사는 게 기업 조직이구나 하는 생각이 드네요.

이처럼 조직에서 새로운 일을 시도할 때 모두가 머뭇거리는 법이다. 그럼에도 이자녹스는 해냈다. 흡사 '퍼스트 펭귄'을 닮았다. 퍼스트 펭귄은 온갖 위험을 무릅쓰고 성공을 향해 나아가는 용감한 도전이다. 이자녹스야말로 시장의 판을 새로이 짠 진정한 퍼스트 펭귄이다. 이 점에 대해서는 그 누구도 부정할 수 없을 것이다.

IMF 때의 일이었다. LG와 드봉 이미지를 탈피하여 탄생한 이자녹스는 화장품 할인점에서 외국 명품으로 통했다. 출시 이후 몇 년이 흘렀지만 여전히 외국 제품으로 인식되고 있었다. 1997년 IMF 때 화장품 할인점에서는 애국심에 호소하면서 그동안 취급해왔던 외국 제품들을 취급하지 않는다는 전단지가 각 점포에 나붙었다. 그런데 이자녹스가 외국 제품의 리스트에 포함되었다. 영업사원들은 이를 보고 큰일이 났다면서 내게 연일 전화가 오고 야단법석이었다. 그때마다 나는 "정체성을 상실하는 순간 모든 것을 잃는다"며 차분히 설득시켰다.

어찌 되었건 IMF를 맞으면서 이자녹스는 할인점의 판매업자들 사이에서도 외국 제품으로 잠시 외면당했지만, 이는 브랜드 안착에 성공했다는 확신의 시그널이었다. 외국 제품으로 낙인되어 퇴출 위기까지 내몰린 이자녹스, 얼마나 포지셔닝이 잘되어 있었던 것인가? 결국 IMF가 지나고 수입 화장품 시대가 다시 오면서 이자녹스의 판매는 급속도로 증가하는 계기가 됐다.

이런 온갖 어려움을 겪어내고 이제 이자녹스는 장수 브랜드에 당당히 이름을 올려놓고 있다. 그렇다면 어떤 과정을 통해 출시되었고 관리되어 왔는지를 생생하게 이해하는 것이 필요하다. "될성부른 나무는 떡잎부터 알아본다 Sandalwood is fragrant even in seed leaf. or Genius displays itself even in childhood"는 말이 있다. 결과가 좋은 것은 시초부터 잘된다는 의미일 것이다. 이자녹스 역시 그랬다.

지금부터 이자녹스가 어떤 과정을 통해 출시되었고 관리되었는지를 생생하게 보여주고자 한다. 나는 이자녹스의 출시부터 성장 과정의 중심에서 함께 동고동락해왔다. 따라서 지금부터 이자녹스의 출시부터 성장 과정의 생생한 다큐멘터리를 전개해나간다.

브랜드 단명을 초래하다

1990년대 초반 화장품 시장은 두 가지 뚜렷한 현상을 보여주고 있었다. 그것은 따라 하기me-tooism와 과도한 할인경쟁이 만연해 있었다는 점이다. 이렇다 보니 브랜드 관리 개념이 상실되어 3~5년 지나면 기존 브랜드는 쇠퇴하고 새로운 브랜드를 출시하는 악순환이 이어지고 있었다.

반면 외국 유명 브랜드들의 사정은 어떤가? 외국 유명 브랜드를 보면 대부분 장수 브랜드들이다. 외국 화장품 시장을 보면 랑콤Lancome, 크리스챤디올Dior, 에스티로더Estee Lauder와 같은 고급 브랜드나 로레알Loreal, 올레이Olay 같은 중급 브랜드 모두 수십 년 동안 장수하고 있다.

이처럼 특정 브랜드가 롱런하면 새로운 브랜드로 교체하지 않아도 되기 때문에 신규 브랜드 출시에 따른 마케팅 비용을 절감할 수 있다. 또한 무형의 자산으로서 회사의 가치를 더 높여준다.

따라 하기의 불편한 진실

시장의 진입 및 성장 단계에 있을 때 모방은 긍정적일 수 있다. 즉 원조의 가치를 더 높여주어 시장의 확산을 가속화시켜 주는 역할을 한다. 모창이 원곡의 확산에 기여하는 것처럼, 아직 시장에 알려지지 않았고, 특히 새로운 카테고리를 창출하는 경우에는 모방이 순기능 역할을 한다. 그러나 성숙시장에서 모방은 자멸을 초래할 뿐이다.

문영미 하버드 경영대학원 종신교수는 저서 《디퍼런트》에서 "오늘날 기업들은 점점 '차별화의 대가'가 아니라 '모방의 대가'가 되어가고 있다"[1]라고 지적했다. 이러한 따라 하기는 극히 소모적이다. A라는 업체가 어떤 제품을 만들면 B업체도 따라 할 테고, 그런 상황이 계속되면 결국 모든 업체는 계속 같은 자리를 맴돌며 싸우게 될 것이다. 다음의 예들이 이러한 원리들을 잘 설명해준다.

'게'의 세계를 보자. 게는 자기네들끼리 견제하는 특성을 가지고 있다. 대광주리에 게를 담을 때 한 마리를 담은 광주리는 뚜껑을 닫아야 도망치지 못한다. 반면 여러 마리를 담은 광주리는 뚜껑이 필요 없다. 왜냐하면 한 마리일 때는 광주리 입구를 따라 도망칠 수 있지만 두 마리 이상이면 다들 동시에 입구로 몰려들어 빠져나갈 공간이 없기 때문이다. 일단 어느 한 마리가 도망치려고 하면 나머지 게들이 끌어당기기 때문에 결국 어느 한 놈도 도망을 못 친다.

예를 하나 더 들어보자. 현재 아이비리그 명문인 코넬대학교 존슨경영대학원의 경제학 교수이자 경영학 교수인 로버트 프랭크 Robert H. Frank의 저서 《이코노믹 씽킹 Economic Thinking》에 '왜 여자들은 불편한 하이힐을 신을까'에 대해 설명한 글이 있다.[2] 하이힐은 불편하고 걷기도 힘들며, 지나치게 오래 신으면 발, 무릎, 등이 손상될 수도 있다. 그럼에도 '어째서 여자들은 하이힐을 계속해서 신는가?'라는 질문에 대한 해답을 얘기한다.

한마디로 하이힐을 신은 여자들이 그렇지 않은 여자들보다 더욱 매력적으로 보인다는 점이다. 하이힐은 여성의 키를 크게 해주고 등을 똑바로 펴게 해준다. 그 결과 가슴은 앞으로, 엉덩이는 뒤로 밀어줌으로써 S라인 몸매를 강조해준다.

그렇다면 모든 여성이 하이힐을 신는다면 어떻게 되는가? 문제는 키란 상대적인 것이기 때문에 그러한 장점이 상쇄되어 버린다는 점이다. 즉 모든 여성이 굽 없는 신발을 신었을 때와 별 차이가 없다는 것이다. 모방은 전체를 차별화에서 평준화로 이어지게 한다.

원래 경쟁은 진화를 위한 것이다. 그러나 비즈니스 세계에서 경쟁은 모방으로 이어진다. 모두가 같은 방향을 추구하기 때문이다.

비슷하게 화장품 비즈니스는 전형적인 모방의 극치였다. 경쟁사들은 매년 유사한 제품을 출시해 화장품 할인점의 점주들을 호텔로 초청하여 대대적인 이벤트를 진행했다. 경쟁 기업이 갔던 길을 아무 비판 없이 따라가고, 대세에 편승해 행동했다.

과도한 할인경쟁으로 무거운 대가 치러

잭 트라우트와 스티브 리브킨은 그들의 저서 《리포지셔닝》에서 '가격에 관한 데이비드 오길비의 견해'를 인용하여 가격 할인 병폐의 경각심을 불러일으켰다.

가격 할인은 누구라도 쉽게 실행할 수 있지만, 좋은 브랜드를 창조하기 위해 필요한 것은 천재성과 믿음, 인내심이다. 브랜드 구축의 경제적 보상은 다음 분기에 당장 돌아오는 것은 아니지만 언젠가 반드시 돌아온다. 필립모리스 Philip Morris가 제너럴푸드General Foods를 50억 달러에 매입했을 때, 그들은 '제너럴푸드'라는 브랜드가 가져올 미래의 가치를 산 것이었다.

한때 체이스 앤 샌본Chase & Sanborn이라는 잘나가는 커피 브랜드가 있었다. 그들은 사업에 성공하자 가격 판촉을 하기 시작했다. 그리고 그들은 결국 가격 할인의 늪에서 헤어나오지 못했다. 오늘날 체이스 앤 샌본은 시장에서 완전히 사라졌다. 광고를 통해 좋은 이미지를 구축하고 명확한 브랜드 개성을 만드는 기업이 궁극적으로 높은 이익과 시장점유율을 누리게 된다. 이제 경종을 울릴 때가 왔다! 기업이 가격 판촉에 너무 많은 비용을 지출한 나머지 광고를 위한 예산이 남지 않을 때, 해당 브랜드에 어떠한 결과가 발생할지를 경고하는 바이다. '가격 할인'은 기업의 제품을 소비자의 생활에 없어서는 안 될 요소로 만들어주는 '강력한 브랜드 이미지'를 선물해주지 않는다.[3]

2013년 이후의 화장품 시장의 경쟁 행태들을 여러 신문들이 분석하고 있다. 화장품 시장의 경쟁 행태에 대한 공통의 문제 인식을 보면 이렇다.

미샤는 공격적 마케팅으로 화장품 업계 전반에 할인경쟁을 주도했던 브랜드다. 글로벌 화장품 브랜드 '에스티로더' 등 해외 유명 제품과 비슷하게 생겼지만 가격은 저렴한 이른바 '미투me-too' 제품을 출시하는 데 앞장섰고, 미샤의 대대적인 할인판매는 중저가 화장품 브랜드의 상시 반값 할인경쟁의 시발점이 됐다.

사정이 이렇다 보니 '폭탄 세일' '반값 할인' '최저가 할인' '시즌별 기획전' 등 최근 유통업계에는 다양한 이름의 할인 이벤트가 쏟아져 나오고 있다. '할인 폭'은 더욱 크고 '할인 기간'은 더욱 길거나 혹은 자주 하는 것이 최근의 트렌드로 굳어졌다. 마치 온 나라가 '할인 공화국'이 된 듯 기업들은 너도나도 할인경쟁에 뛰어들고 있는 것이다.

2000년대부터 미샤를 선두로 새로이 태동한 화장품 프랜차이즈(원 브랜드숍)는 기존 화장품 할인점의 붕괴를 가져오는 시발점이 되었고 지금은 프랜차이즈가 오프라인의 화장품 유통을 이끌어가는 형국으로 바뀌었다. 그런데 2013년에 접어들면서 이러한 프랜차이즈들은 가격 할인경쟁에 휩싸여 스스로의 존립 기반을 흔들고 있다.

이처럼 한국의 화장품 유통은 10년마다 저변이 변화한다는 설이 있다. '미샤'라는 원 브랜드숍이 론칭된 후, 브랜드숍 형태의 경로는 SIS Shop in Shop, 온라인 등의 확장과 함께 10년 이상 지속, 성장해왔다.

되돌아보면 1990년대의 상황과 동일하다. 화장품 할인점의 탄생으로 기존의 방문판매가 퇴조하고 할인경쟁이 가속화되었다. 물론 이러한 과도한 할인정책은 초기 할인점의 태동 및 비약적 성장의 숨은 원동력이었다. 하지만 과도한 할인경쟁으로 3년에서 5년이 지나고 나면 브랜드력이 현저히 떨어지는 결과를 초래했고, 그 결과 기업은 그 브랜드에 대해 소명을 다했다고 생각하고 새로운 브랜드를 출시했다. 제품은 수명주기가 있지만, 브랜드는 그

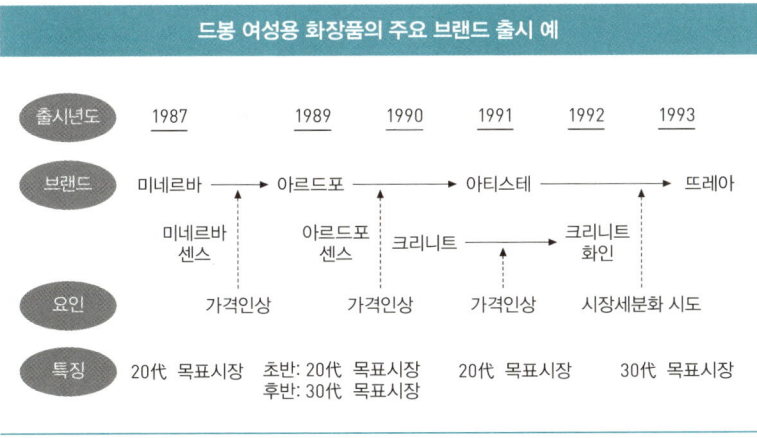

드봉 여성용 화장품의 주요 브랜드 출시 예

렇지 않다는 진리를 무시해버렸다.

결국 가격 할인은 또 다른 가격 인상요인을 낳게 되는 악순환이 되풀이되었다. 가격 인상요인이 발생할 때마다 새로운 브랜드를 출시함으로써 장수 브랜드 구축에 실패했다. 기업의 무형 자산으로서의 브랜드에 대한 인식이 너무 미흡했던 것이다.

1980년대 후반에서 1990년대 초중반 사이에 출시한 브랜드로서 한때는 히트 브랜드로 기업에 많은 매출 기여를 했었는데 지금은 축소된 브랜드로 전락해버렸든지 혹은 그 흔적조차 없이 사라져버린 브랜드가 되었다.

새로운 시그널: 외국 명품 브랜드가 출현하다

악순환 속에서 1993년도를 정점으로 질적 성장을 모색하려는 징후가 유통에서 감지되기 시작했다. 그러한 시그널로 수입 화장품의 시장 개방이라는 법적 규제가 해소되면서 외국의 명품 브랜드들이 본격적으로 한국 시장을 공략하기 시작했다.

외국의 명품 화장품들은 백화점을 거점으로 한국의 소비자들을 공략하기 시작했다. 마침내 수입 화장품의 시장점유율이 꾸준히 증가해 6%대에 이르렀다. 회사 내부에서는 수입 제품 전체를 하나의 회사로 인식하고 강력한 경쟁사가 등장했다는 위기의식을 가지고 적극 대응해야 한다는 목소리가 흘러나왔다.

심지어 외국의 명품 브랜드들이 백화점에서 화장품 할인점까지 하나둘씩 모습을 드러내기 시작했다. 물론 이를 주도했던 것은 향수류였다. 그러나 이러한 변화들이 수용되는 것은 소비자들의 인식 변화에서 기인했다. 그동안 모든 기업의 행태는 경쟁업체와 비슷한 품질을 유지하면서 가격은 높게 책정하고 실제 판매에서는 과도한 할인을 자행하고 있었다. 하지만 소비자들은 그러한 전략을 더 이상 환영하지 않았다. 이런 조짐들이 향수류의 등장에서 보여주기 시작했다.

결국 화장품 할인점에서도 명품 브랜드가 수용될 수 있다는 새로운 가능성과 기회를 발견했다. 그렇다고 이런 기회를 외국의 유명 브랜드들에게 자리를 내줄 수는 없었다. 화장품 할인점에서 태동하고 있는 명품 브랜드의 잠재 선호층을 공략할 수 있는 새로운 개념의 브랜드를 출시하여 선점할 수만 있다면 새로운 기회시장으로 큰 성장에 기여할 수 있을 것이라고 생각했다.

이제 결론을 정리해보자. 시장에서 보여주었던 브랜드 단명을 초래한 모방과 할인경쟁이 만연해 있고, 화장품 할인유통에서 유명 브랜드가 출현하고 있는 복잡한 시장경쟁 행태가 자리 잡고 있었다. 따라서 외국의 유명 브랜드에 대응하기 위해 롱셀러의 신규 브랜드 개발의 필요성이 강력히 대두되었다.

열망: 한국형 크리스챤디올 브랜드를 만들자

우리의 간절한 열망이자 비전은 신규 브랜드를 화장품 업계의 코카콜라로 만드는 것이었다. 이러한 신규 브랜드는 외국의 명품 브랜드와 당당하게 어깨를 겨루면서 새로운 시장을 견인하는 한국형 명품 브랜드를 목표로 했다. 따라서 롤모델로 국내 제품이 아닌 외국의 명품 브랜드 '크리스챤디올'을 선정하였다. 이제 '한국형 크리스챤디올'을 만드는 첫 걸음이 시작되었다.

신규 브랜드의 롤모델로 크리스챤디올을 설정했다는 것은 그만큼 의미하는 바가 크다. 시세이도의 해외전략에 관한 책 《글로벌 브랜드에 승부를 걸다》의 글 중에 이런 내용이 있다. 일본 기업의 국제화에 관해 "소니는 미국 방식으로 승부하여 성공했으나 시세이도는 프랑스적인 방법을 선택했다"라고 설명하고 있다.

프랑스는 세계 패션 산업과 화장품, 향수 산업의 중심지다. 파리 시장에는 일류 메이커가 명예를 걸고 싸우고 있으며 세계를 향해 최신 정보를 발신하고 있다. 비유하자면 이곳은 '꽃 같은 스타'들이 화려하게 경쟁하는 곳이다.

이처럼 신규 브랜드의 개발에 프랑스적 방식을 고수한다는 것은 원산지 효과를 덧씌울 수 있는 이점이 있었다. 마케팅에서는 원산지 효과를 매우 강조한다. 영감을 줄 수 있는 어떤 특정의 장소를 찾아내어 활용하는 것은 신뢰를 제공하는 데 큰 역할을 한다. 가령 의류가 이탈리아에서 만들어졌다는 것은 고품질과 동의어다. 소비자들은 의류가 이탈리아에서 만들어졌다는 것을 알게 되면 즉각적으로 그 제품이 잘 만들어졌다고 추측한다.

이러한 특징을 잘 활용한 스타벅스의 경우를 보자. 하워드 슐츠는 커피 문화의 수도인 밀라노에 스타벅스를 연계시켰다.

이탈리아 밀라노에 있는 에소프레소 바에서 하워드 슐츠에게 강한 인상을 준 것은 능숙한 솜씨의 바텐더였다. 바텐더는 아주 우아한 커피원두를 갈고, 손님들과 즐겁게 이야기하면서 에소프레소 잔을 가져와 우유를 따랐다. 그건 환상적인 공연이었다. 슐츠는 밀라노의 커피하우스 문화를 재구성하여 스타벅스를 만들었다. 스타벅스가 진짜 이탈리아의 커피하우스 같은 느낌을 주기 위해 슐츠는 바텐더가 마치 무대 위에 있는 것처럼 조명을 집중시켰다. 그렇게 함으로써 바텐더들이 그들의 일에 대한 전문가임을 확실히 보여줄 수가 있었다.

또 다양한 종류의 음료에 이탈리아식 이름을 붙여 이국적인 분위기를 연출했다. 가령 우유를 탄 더블 에스프레소에 도피오 마키아또 Doppio Mcchicato 같은 이탈리아식 이름을 붙인 것이 그 예다.

그동안 판매되었던 것들이 본질적으로 대량생산과 대량홍보에 의해 생산된 제품이었지만, 진짜 이탈리아 커피하우스와 같은 외관과 느낌과 향기를 인위적으로 재창조하는 것이다. 점포마다 조금씩 달랐으나 장식은 대개 갈색이나 주황색의 약간 어두운 흙색 톤으로 이뤄졌고, 작은 테이블들이 진열되어 있으며, 잔가지들로 만든 바구니에는 신문이 가득 채워져 있었다.

조금 긴장을 풀 수 있는 분위기 덕분에 스타벅스는 안전한 제3의 장소가 되었다. 즉 안전하고 친근하면서도 쉽게 다가갈 수 있는 공공장소, 소비자들이 긴장을 풀고 친구들을 만나 서로 통하는 이야기를 할 수 있는 장소, 그리고 좋은 커피 향을 맡으며 혼자 앉아 신문을 보는 장소가 되었다.[4]

이러한 원산지 효과에 기초하여 우리도 화장품 문화의 중심지 프랑스 파리와 연결된 브랜드를 개발하기로 했다. 프랑스 파리에 제품개발을 위한 가상의 캠프를 두고 진행했다. 여기서 가상의 캠프는 물리적인 공간은 비록 프랑스 파리에 두지 않았지만, 신규 브랜드 개발의 배경을 파리에 두고 프랑스적 방식을 선택했다. 그곳의 선진화된 화장품 비즈니스를 신규 브랜드에 확실히 접목하고자 했다.

소통과 공유: 개방형 혁신을 시도하다

한국형 크리스챤디올 브랜드를 만들겠다는 목표를 설정하고 조직 내부에 의견을 노크하기 시작했다. 공론화의 시작이었다. 그러나 대부분의 주변 동료들은 이런 생각들에 크게 동조하지 않았다. 일부는 무모한 생각이라고 비아냥거리기까지 했다. 회사 내부에서 공감을 얻기란 간단해 보이지 않았.

더욱이 LG생활건강 화장품사업부의 조직은 생활용품사업부와는 다르게 신규 사업부(당시 LG생활건강은 생활용품사업부, 화장품사업부 등 비즈니스의 특성에 따른 사업부 제도로 운영되고 있었다)로 태평양, 한국화장품 등 전통적 화장품 업계에서 근무했던 팀장급을 다수 영입한 터라 더욱 어려웠다. 이들은 자칭 화장품 전문가라고 자부하며 좀처럼 새로운 방법들을 수용하려고 하지 않았다.

따라서 조직원들의 공감을 끌어내기 위해 개방형 혁신에 초점을 맞추기로 했다. 개방형 혁신을 통해 주어진 과제를 특정 부서의 몇몇 사람들이 이끌어가지 않고, 관련 부서 그리고 외부의 전문가 집단, 소비자 등 내외부에 개방하여 함께 과제를 풀어가려고 했다. 그렇게 함으로써 소통과 공감의 걸림돌을 원천적으로 제거하고자 했다.

이러한 개방형 혁신을 구축하기 위해 두 가지 방법을 선택했다. 첫째, 기존 내부 인력을 중심으로 진행하던 방식과 다르게 현장과 외부 전문가 네트워크를 적극 참여시키는 프로젝트팀으로 구성했다. 둘째, 제품개발의 토대를 회사 내부와 국내를 탈피하여 화장품 문화의 중심 프랑스 파리와 연결하여 제품개발을 진행했다.

돌이켜보면 이러한 개방형 혁신은 초반의 조직 내부의 강력한 저항을 잠재울 수 있는 방법이었다. 아마도 이런 방법이 아니었다면 오늘날의 이자녹스는 없을지도 모를 일이다. 참고로 이러한 개방형 혁신은 현재 P&G의 핵심 역량인 C&D_{Connect \& Develop}와 동일하다. 오히려 LG는 P&G보다 앞선 개방형 혁신을 시도했었다.

초기부터 내외부 조직원의 몰입을 유도하다

1994년도에 LG생활건강 디자인 연구소에서 외국인 디자이너 '마리오 갈리아르디'를 채용하여 디자인의 혁신을 도모하고자 했다. 그와 잠깐 동안 'YIN' 프로젝트를 같이 수행했는데 디자이너임에도 불구하고 그는 항상 나보다도 더 마케팅적 사고로 무장되어 있었다. 그가 한 말이 지금도 잊혀지지 않는다.

디자이너는 형태, 컬러, 포장 등의 기본적인 디자인만이 아닌 제품 그 자체와 이미지 콘셉트(토털 디자인)까지도 해낼 수 있어야 한다.

이런 생각을 바탕으로 하여 제품개발 초기 단계부터 디자인 부문을 참여시켰다. 또한 혁신적 디자인이 중요했기 때문에 내부 디자인 부문만이 아니라 외부 디자인 전문업체도 참여시켰다. 이렇게 해서 광고대행사(LG애드), 디자인 및 네이밍 대행사(인피니트) 등 외부의 전문가 집단, 그리고 현장의 영업사원을 중심으로 프로젝트팀을 꾸렸다.

또한 직접 참여하는 프로젝트팀 멤버뿐만 아니라 현장 영업사원, 심지어 대리점 직원과 미용사원 등 이해관계자들에게 제품개발의 전 과정을 개방하여 제품개발의 진행 단계마다 결과물들을 공유하고, 그들의 아이디어나 의견을 들으면서 보완해나갔다. 비밀 따위는 그다지 중요하지 않았다. 오히려 현장의 목소리를 제품개발 단계마다 반영하고 그들을 제품개발의 주역 역할로 유도했다.

예를 들면 제품 콘셉트와 제품 디자인 등 초기 단계의 스케치가 나오면 이를 화이트보드에 만들어 현장으로 달려갔다. 가령 대구의 어느 대리점을 방문하여 그 지역의 미용사원과 대리점 사장, 영업사원들을 모아놓고 진행 중에 있는 디자인을 평가하는 작업을 수행했다. 아울러 그들의 의견과 아이디어를 모아서 다음 단계에 적극 반영했다. 이런 과정을 거치면서 조직원들은 점차 제품개발의 주체로서 행동을 보여주었고, 때로는 다음 단계의 공유 회의를 기다려주었다.

이는 제품 출시 후 실행력 제고를 높이는 데 매우 좋은 방법으로, 영업 현장의 실행 주체들을 의사결정 과정에 적극 참여시킴으로써 그들의 활동에 대한 책임감을 이끌어낼 수 있었다. 역시 예상한 것처럼, 전 조직원들은 초기의 제품개발 과정에 참여한 주체로서 출시 후 각 분야에서 브랜드 홍보 대사_{brand ambassador}의 활동을 보여주었다.

파리의 문화 담기: 프랑스적 방식을 선택하다

한국형 크리스챤디올에 목표를 두고 프로젝트팀은 패션의 본고장 프랑스 파리로 첫발을 옮겼다. 프랑스적 방식을 화장품에 담으려면 파리지엔_{Parisian}처럼 놀고, 행동하고, 생각해야 한다는 발상에서였다. 물론 외부 전문가 집단인 LG애드와 인피니트도 출장에 동행했다. 파리에서 낮에는 업체 및 시장조사를 하고 저녁에 호텔로 들어와서는 새벽까지 열띤 토론을 벌였다. 토론 내용을 놓치지 않기 위해 녹음을 하기도 했다. 그때는 모든 구성원의 열정이 넘쳐났다. 돌이켜보면 참여 전 구성원들의 넘쳐나는 열정을 아직껏 보지 못했던 것 같다.

이런 과정을 통해 제품 콘셉트, 브랜드 전략, 디자인, 광고 등 여러 영역에서 통합적으로 프랑스적 방식을 담으려고 노력했다.

이런 활동의 결과 외국의 명품 브랜드를 능가하는 성과를 이루었다. 외국 명품 브랜드를 모방한 수준을 뛰어넘은 진정한 한국형 명품 브랜드였다.

또한 제품개발은 LG 화장품 연구소와 세계적으로 유명한 프랑스 세로바이오로지큐_{Serobiologiques} 사가 공동으로 개발하여 출시했다. 특히 용기 및 패키지에 "프랑스 세로바이오로지큐 연구소와 공동 개발"이라는 문구도 표기했다.

아울러 광고 역시 현지 로케를 통해 프랑스 모델, 센 강변과 에펠탑을 배경으로 한 야외 촬영 등 프랑스적 방식의 문화를 광고에 담았다. 사실 국내 제품이지만 제품개발의 여러 단계에서 국내보다는 프랑스 파리에서의 활동이 주를 이루었다.

이처럼 현지 연구소와의 공동 개발와 프랑스 모델 기용은 브랜드의 고급·고품격 이미지에 많은 기여를 했다. 이런 활동은 자연스럽게 원산지 효과를 보여주었다. 특히 원산지를 강조함으로써 외국의 명품과 대등한 경쟁을 유도할 수가 있었다. 명품 브랜드에서 원산지는 강력한 힘을 발휘한다. 이러한 활동으로 제품 출시 후에 외국 제품으로 오인되는 해프닝도 있었던 것이다.

제품 혁신: 시즌 제품을 탈피하고 피부 타입별로 혁신하다

외관을 그럴듯하게 하고 마케팅 활동을 요란하게 한다고 해도 변함없는 것은 제품이 좋으면 고객의 사랑을 받는다.

마케팅 과정에서 제품의 정체성보다 이미지가 저하되어 있을 때는 소통성과 명확성이 결여된다. 반대로 제품의 정체성보다 이미지가 지나치게 부풀려 있을 경우 신뢰성 상실은 시간문제다. 이렇게 신뢰가 떨어지면 소비자들에게 완전히 외면당한다. 브랜드는 그 인지도만큼이나 제품의 품질이 따라줘야 신뢰도를 유지할 수 있다.

그런데 국내 화장품 시장의 경쟁에서 보여주었듯이, 혁신과는 거리가 먼 제품개발이 판을 치고 있었다. 미투 제품의 일색이었다. 무리를 따라 이동하는 철새와 같이, 어떤 한 회사가 제품을 개발하여 출시하면 뒤따라 유사한 제품을 개발하고 곧바로 가격 경쟁에 돌입하곤 했다.

따라서 이런 시장환경에서 한국형 크리스챤디올을 만드는 출발점으로 제품 혁신에 바탕을 두었다. 제품 혁신은 어떤 마케팅 활동보다 앞선다. 제품 혁신을 제외한 다른 마케팅 요소에서 차별화에 성공한다 해도 그것은 단기적 성공으로 끝나는 법이다. 그렇지 않으면 진정한 승자가 될 수는 없다.

여자의 '화장대'가 궁금하다

인간이란 원래 주어진 환경의 지배를 받는 동물이다. 망치를 가진 사람에게 이 세상은 온통 못으로만 보인다. 이 말은 어떤 일에 집중하게 되면 마주치는 대상 모두가 그 일과 연관된 것으로 보이게 된다는 것을 의미한다.

가령 화장품 회사에 근무할 때는 거리를 거닐거나 혹은 지방 여행을 다닐 때 의식하건 의식하지 않건 주변을 둘러보는 순간 유독 화장품 할인점만이 눈에 들어온다. 또한 가정을 방문할 때면 가장 먼저 눈이 가는 곳은 바로 화장대다.

화장대는 여성들이 자신을 돌보는 그들만의 사적인 공간이다. 어느 날 친구 집을 방문하여 나도 모르게 친구 아내의 화장대를 몰래 엿보고 있었다. 그녀의 화장 취향이 고스란히 깃든 화장대 풍경이었다. 그런데 화장대 귀퉁이에 나뒹굴 듯이 놓여 있는 화장품들이 눈에 들어왔다. 그것들은 철 지난 화장품으로 아직 3분의 1 정도는 용량이 남아 있었다. 새로운 시즌 제품의 출시로 시즌 아웃된 제품들을 다 사용하지도 못한 채 또 새로운 시즌 제품을 구매해놓고 있었다. 이처럼 화장대는 화장품 사용 행태들을 고스란히 보여주고 있었다.

가령 로션은 아직 3분의 2밖에 사용하지 못했지만 스킨은 모두 사용하여 오히려 부족하다. 여름 시즌이 돌아오면 화장품 회사들은 일제히 쿨 제품을 시

장에 내놓는다. 부득이 소비자들은 쿨 제품으로 화장품을 바꾸어야 한다. 이렇다 보니 지금까지 사용해오던 로션 등 아직 남아 있는 제품들은 화장대 구석에서 돌아오는 다음 시즌을 기다려야 한다. 의류처럼 시즌이 끝나면 옷을 장롱에 정리해두었다가 돌아오는 다음 시즌에 다시 꺼내서 입을 수만 있다면 문제가 없을 텐데. 그러나 화장품은 사용하던 제품을 다 사용하지 않은 채 그냥 두고 다음 시즌이 돌아오기를 기다렸다가 다시 사용하는 것이 그리 간단치가 않다. 음식과 같은 특징을 가지고 있으므로 소비자들은 제때의 시즌에 모두 사용하는 것이 바람직하다는 인식을 가지고 있다.

이러한 원인들은 의류처럼 계절별 제품 출시 등 메이커에 의해 형성된 관행적인 시장제도에서 기인되었다. 관행적인 계절별 제품에서 탈피한 사계절을 커버할 수 있는 제품 혁신의 필요성이 화장대의 관찰에서 발견되었던 것이다.

이것뿐만이 아니었다. 화장품 할인점 점주와의 인터뷰 및 매장에서 몇 시간씩 눈이 빠지도록 수많은 제품을 관찰한 끝에 시즌별 제품의 모순을 발견할 수 있었다. 시즌이 끝날 때쯤 매번 재고가 증가하였다. 따라서 매장 안은 더욱 복잡해지고, 점포 내 수납공간은 꽉 차고, 비효율성은 끝없이 늘어나게 되었다. 메이커 역시 마찬가지다. 다 소진하지 못한 제품들은 1년 후의 다음 시즌을 기약해야 한다. 그만큼 제품 가치가 떨어진다. 다음 시즌이 도래하면 그 제품을 판매하기 위해 더욱 많은 가격 할인을 해주어야 한다.

기존의 장르를 파괴하고 새로운 장르를 디자인하다

이처럼 제품 혁신의 출발점은 우연히 들여다본 화장대의 관찰에서 출발했다. 앞에서 설명한 것처럼, 시즌 아웃된 제품들은 사용하지도 못하고 다음 시즌을 위해 1년을 기다려야 하고, 대신 새로운 시즌 제품을 구매하여 사용해야만 하는 화장품 시장의 행태들을 바꾸는 데 제품 혁신의 초점을 맞추었다.

우선 시즌별 제품 출시 등 메이커에 의해 형성된 관행적인 시장제도에서 벗어나는 것은 새로운 제품 구조의 혁신뿐이었다. 그것은 바로 피부 타입 및 전문 기능 중심으로 제품 구조를 바꾸는 것이었다. 즉 기존 화장품의 미용 행태를 새로이 정립하는 것에서 출발했다.

따라서 이러한 혁신적인 제품개발을 위해 먼저 연구소와 협의해나갔다. 물론 처음에는 완강한 반대에 부닥쳤다. 기존 제품개발에 익숙한 연구소로서는 쉽게 동의해주지 않았다. 그러나 우여곡절 끝에 연구소를 설득하여 피부 타입 제품의 개발을 추진했다.

작은 일상의 관찰에서 찾아낸 아이디어가 화장품의 새로운 표준을 만들 것이라고 누군들 확신을 했겠는가? 어떻든 처음으로 시도한 피부 타입별 제품 혁신은 뒤따라온 경쟁사들에 의해 수용됨으로써 피부 타입별 화장품은 하나의 새로운 표준으로 시장에서 자리 잡게 되었다.

마케터의 진정한 보람

어느 봄날 청주공장 연구소를 방문하였다. 담당 연구자들에게 제품개발 방향을 설명하기 위해서였다. 그들은 좀처럼 새로운 제품개발 방향을 수용하려고 하지 않았다. 오히려 그들은 피부 타입별 제품개발에 대한 부정적 입장을 조목조목 제시해왔다.

연구자의 입장에서 부정적인 논거를 제시하고, 특히 한국적 풍토를 고려할 때 피부 타입별 제품은 수용할 수 없다는 의견이었다. 물론 과학적 논거로는 틀린 말이 아니다. 그러나 시장의 상황이나 소비자의 화장품 사용 행태 등에 대해 전혀 알려고 하지도 않았다. 연구자들 특유의 아집을 바꾸는 것이 그리 간단치만은 않아 보였다.

때로는 저녁 늦게까지 소주 한잔 곁들이면서 제품개발 방향에 대해 이야기하면서 설득을 해나갔다. 역시 아무리 어려운 일이라도 인간적인 접근을 통한 소통은 실마리를 풀 수 있는 최고의 무기다. 약 1개월여의 설득 끝에 제품 개발 방향에 대해 일치된 의견에 도달했다. 정말 지루한 논쟁이었다. 아마도 이렇게까지 할 수 있었던 것은 명품 브랜드를 만들고자 하는 강한 열망이 있었기 때문에 가능했으리라.

이러한 힘든 과정을 통해 제품 출시 후 2년이 지나 이자녹스 성공에 대해 회사에서 대대적인 포상이 있었다. 그런데 이게 웬일인가? 제품 혁신에 소극적이었던 연구소는 그들이 제품 혁신을 주도하여 성공에 기여했다고 주장하면서 성과의 과실을 거두어들였다. 그들이 일등 공신으로 평가를 받게 된 것이다. 이런 상황을 보면 "재주는 곰이 부리고 돈은 왕서방이 번다"는 속담이 딱 맞는 말이 아닌가?

그러나 마케터는 이보다 더 큰 보람을 먹고 산다. 시장에서 새로운 영역을 개척하여 소비자의 선택을 받게 된다고 생각해보라. 그것보다 더 큰 기쁨이 있을 수 있는가? 그래서 마케터는 단기적인 보상에 연연해할 필요가 없다. 소비자에게 진정한 가치를 제공하여 선택을 받았을 때 그 기쁨이 진정한 보람이라는 사실.

이름이 뭐예요?: 파리보다 아름다운 여자, 이자녹스

화장품은 특히 감성에 소구하는 이미지 상품이다. 따라서 어떻게 브랜드 이미지를 구축하고 이를 효과적이며 지속적으로 관리하는가 하는 것이 핵심이다. 그만큼 화장품 사업은 브랜드 이미지가 중요시되는 비즈니스다. 브랜드 이미지 구축의 출발점은 브랜드 네이밍이다.

이자녹스: 이국적인 브랜드 캐릭터를 창조하다

신규 브랜드를 개발하는 데 있어서 반드시 장수 브랜드로, 그리고 주요 경쟁자가 될 외국 명품 브랜드 대응의 차별적 포지셔닝을 구축하는 것에서 출발했다.

이를 위해 이국적인 브랜드 캐릭터로서 전형적인 유럽 여인의 특징을 잘 대변하는 브랜드 콘셉트가 필요했다. 프랑스 혹은 유럽의 문화를 대변해주며, 아울러 성 혹은 이름이 브랜드 네임으로 사용될 수 있는 여성 혹은 유럽 여인으로 그녀의 정신과 생활 스타일을 네이밍 발상의 기준으로 설정했다.

이러한 기준에 따라 여러 후보 중 '이자녹스(ISA KNOX)'를 최종 신규 브랜드 네임으로 선정했다. 그러나 최종 선정된 '이자녹스'에 대해 내부에서 많은 논쟁을 불러일으켰다. 때마침 TV 드라마 사극 〈장녹수〉가 인기리에 방송되고 있었다. '이자녹스=장녹수'라는 인식이 팽배하여 내부의 조율 과정에서 많은 어려움을 겪기도 했다. 이를 두고 오비이락이라고 했던가? 우여곡절을 겪으면서 탄생한 이자녹스의 의미는 이렇다.

'ISA KNOX'에서 'ISA'는 아름답고 우아한 여성의 애칭으로 서유럽에서 널리 사용되고 있는데, Elizabeth(영국), Isabella(스페인, 이탈리아), Isabelle(프랑스)로 쓰였다. 역사적 인물로는 스페인의 이사벨라 I (Isabella I), 미국의 무용가 이사도라 던컨(Isadora Duncan) 등이 있다. 이처럼 'ISA'는 실제적인 인물로 의인화하여 이상적인 여인의 이미지와 제품의 가치를 서로 연계시키는 데 기여하는 단어로 선정했다. 또한 'KNOX'는 라틴어로 밤을 의미하며 로마신화 '밤의 여신'을 뜻했다. 역사적 인물로는 존 녹스(John Knox) 등이 있다.

이런 의미들을 담고 있는 'ISA'와 'KNOX'를 조합한 'ISA KNOX'는 열정적인 현대 여성의 이미지, 그리고 시대를 앞서 가는 여인의 이미지를 포괄적으로 포함한 브랜드 네임이다. 이는 특정 스타일이나 사람에 국한된 'Dior' 'YSL' 'Lauder' 등과 달리 'Lancome' 'Clarins'처럼 시간과 공간을 초월한 브랜드 네임의 특징을 갖는다.

이렇게 탄생한 'ISA KNOX'는 이상적인 여인의 모습과 실존하는 브랜드의 가치를 서로 연계시킴으로써 연상작용을 통한 고기능·고품격의 브랜드 이미지로 인식되기를 기대했다. 아울러 이자녹스가 누구를 위한 브랜드인지 브랜드 이름 그 자체가 즉시 정체성, 자부심, 소속감을 느끼도록 했다.

저가 이미지 단절을 위해 '드봉'과 '럭키'의 연결고리를 끊다

'럭키(지금은 LG생활건강)' 하면 대표 제품으로 생활용품, 특히 비누와 치약 등을 떠올리는 소비자들에게 '럭키'를 활용한 화장품 브랜드는 생활용품 이미지에 구속되어 자연히 저가로 포지셔닝될 수밖에 없었다.

이처럼 제조원이자 브랜드로서 '럭키'는 생활용품 이미지로, 또한 '드봉'은 저가 화장품으로 고착화되어 있었기 때문에 고기능·고품격 화장품으로서의 이미지를 구축하는 데 오히려 방해요소로 작용하고 있었다. 따라서 럭키와 드봉의 연결고리를 단절시키는 브랜드 전략을 수립하였다.

일본의 시세이도는 세계적 화장품 기업이다. 그런데 일본 출장 중 시장조사에서 발견했던 '디시라' 브랜드는 '아웃 오브 시세이도Out of Shiseido'로 시세이도와 무관하게 독자적인 마케팅을 전개하고 있었다. 시세이도 이미지를 철저히 배제하고 오직 '디시라' 브랜드만을 강조한다.

이처럼 시세이도는 고정화된 브랜드 이미지에서 탈피해 다양한 니즈를 지닌 고급 소비자 계층을 효율적으로 공략하기 위해 별도 자회사 설립을 통한 브랜드 전략을 전개하고 있었다.

또한 식품 브랜드 '청정원'의 사례를 보자. '청정원'은 1995년생으로 '이자녹스'와 동갑내기다. 미원이 분명 몇 안 되는 훌륭한 브랜드라는 데 의심할 사람은 아무도 없을 것이다. 미원은 회사명으로도, 그리고 제품명으로도 사용하고 있었다. 그러나 소비자의 니즈는 빠르게 변하고, 내외부적인 환경은 하루가 다르게 변하는 시대에 새로운 이미지의 브랜드 전략이 절실히 요구되고 있었다.

㈜대상은 특히 회사 내적으로 다양한 식품군을 취급하면서도 소비자의 마인드에는 미원의 고착화된 조미료 이미지가 너무 강해 마케팅 전략을 실행하는 데 큰 장애요인이 되고 있었다. 그뿐만 아니라 종합식품회사를 추구하는 식품사업 미션 실현에도 더없는 골칫거리였다.

이런 여러 가지 대내외적인 환경에 적극 대응하고, 고착화된 조미료 이미지를 벗어나기 위해 1995년 '청정원' 브랜드를 도입하였다. 미원과 무관한 새로운 브랜드 '청정원'을 개발하여 친환경 식품 이미지를 구축하는 데 성공했다.

㈜대상의 '청정원' 브랜드 도입과 ㈜럭키가 '이자녹스'를 도입한 상황은 매우 유사하다. 즉 럭키는 화장품 전문기업으로서 이미지가 약하다. 오히려 슈퍼용, 생활용품 이미지가 강하다. 따라서 외국 유명 브랜드에 경쟁의 초점을 맞출 수 있도록 철저히 '럭키'와 '드봉'을 숨기고 외국 명품의 탈을 쓰는 것이었다. 이자녹스에 프랑스 이미지를 씌우면서 럭키와 드봉의 브랜드는 철저히 감췄다.

또한 화장품 사업에서 '아모레' 대비 '럭키'의 후광효과가 열세이기 때문에 초기부터 공동 개발에 참여한 프랑스의 세로바이오로지큐 연구소를 제품의 패키지 전면에 표기하여 신뢰와 보증의 역할을 대신했다. 초기의 이자녹스는 럭키보다는 오히려 프랑스 세로바이오로지큐 연구소의 후광을 적극 활용했다.

모 브랜드 하에 각 기능별로 하위 브랜드 전략을 전개하다

앞 장 사례의 화이트케어와는 정반대로 단일의 개별 브랜드 관점보다는 종합 브랜드를 만드는 것에 주안점을 두고 진행했다. 왜냐하면 애초부터 개별 브랜드보다는 크리스챤디올이나 랑콤처럼 '하나의 브랜드=하나의 회사=고객의 다양한 니즈를 담을 수 있는 브랜드'를 만드는 것에 목표를 두었기 때문이다. 이렇게 함으로써 장기적이고 폭넓은 연령층을 기반으로 한 장수 브랜드를 만들 수 있는 기반을 구축할 수 있었다. 가령 크리스챤디올은 기능에 따라 기본 6개 하위 브랜드를 갖고 있으며, 각 브랜드는 피부 타입이나 세

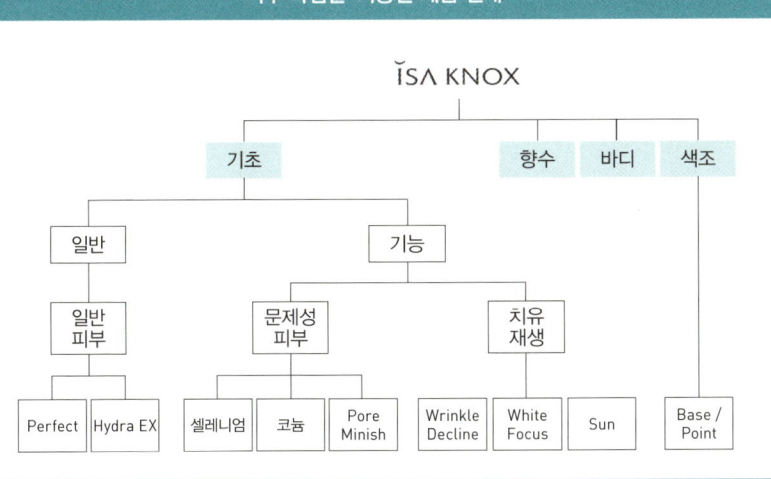

피부 타입별·기능별 제품 전개

부 기능들에 의해 다양한 제품 구색을 보유하고 있다.

그러나 국내 대부분의 브랜드는 연령대, 계절별 제품 출시 등 메이커에 의해 형성된 관행적인 시장제도 하에서 개별 브랜드 전략을 전개하고 있었다. 따라서 이러한 시장제도의 틀에서 벗어나 피부 타입 및 전문 기능의 제품 전략을 적용할 수 있도록 모 브랜드 하에 각 기능별 하위 브랜드 전략을 수립했다. 특히 시장이 점점 세분화(개별화)됨을 인식하여 각각의 서브 브랜드들이 서로 다른 서브 이미지에 맞추도록 브랜드 체계를 정립했다.

용기 및 포장 디자인: 복잡함에서 단순함으로

"보기 좋은 떡이 맛도 좋다"는 속담이 있다. 어떤 연구에 따르면 낯선 사람이 매력적이거나 매력적이지 않을 때 신뢰 여부가 다르다는 점을 실험을 통해 밝힌 바 있다. 소위 '미美의 프리미엄'이 있다는 것이다. 인간이 아름다움을 추구하는 것은 본성인 듯하다. 결과적으로 사람들은 아름다운 여성을 더 신뢰하는 것으로 나타났다.[5]

비슷한 논리로 화장품 산업에서 용기 및 포장 디자인은 구매 유인의 중요한 소구 포인트로 작용한다. 그동안 외국 명품 화장품과 비교한 국산 화장품의 용기 디자인에 대한 평가는 대체로 낮은 편이었다. 용기 디자인 및 색상의 중요성에 대한 마인드 부족, 용기 디자인의 지속성 결여, 용기 디자인 및 색상으로부터 메이커 또는 브랜드 이미지 연상력 저하 등의 문제점을 표출하고 있었다.

1990년대의 화장품 디자인은 복잡함 그 자체였다. 스스로 부족함을 감추기 위해 디자인은 온통 금장을 두르는 등 장식투성이였다. 오로지 디자인은 꾸미는 게 최고인 양 겉만 그럴듯하게 디자인되었다. 본원적인 미적 관점을 창조하지 못하고 오직 외관의 불필요한 가식적인 미에 초점이 맞추어져 있었다. 이렇다 보니 초기에는 디자인이 멋져 보이지만 조금 지나면 쉽게 싫증을 느끼는 디자인이었다.

이런 원인은 지금까지 브랜드 및 제품의 콘셉트와 동떨어져 디자인 부서에서 독자적으로 수행해왔던 것에서 기인하는 부분이 크다. 사실 디자인의 가장 중요한 포인트는 콘셉트를 살리는 것이다. 디자인을 통해 내가 누구인지 말하는 것이다. 우리가 무엇을 하는지, 어떤 비전을 갖고 있는지에 대한 메시지를 정제해 용기, 제품 포장, 매장 인테리어, 홈페이지 등에서 일관되게 표현되어야 한다. 특히 용기는 브랜드 이미지를 반영할 수 있는 상징적 형태 및 색상을 창조, 지속적으로 유지함으로써 고객들에게 언제나 쉽게 상기될 수 있는 방향으로 디자인되어야 한다.

이런 특징들은 외국의 유명 명품 브랜드의 디자인에 잘 반영되어 있었다. 지극히 단순하다. 외관에 불필요한 장식을 붙이는 경우가 없다. 색깔도 백색 위주다. 오직 미니멀리즘minimalism의 원칙을 준수한다. 이런 원칙으로 초기에는 큰 관심을 끌지 못하지만 꾸준한 은근미와 절제미를 보여주는 디자인 특징을 가지고 있었다. 사실 외국의 명품들은 지금도 과거의 디자인에서 크게 벗어나 있지 않다. 10년 이상 지나도 싫증 나지 않고 세련된 느낌을 주고 있다.

늙은 호박으로 호박죽을 만들 때 다른 재료를 넣으면 호박 본래의 맛이 나지 않는다. 또한 목소리가 자신이 없을 때 연주가 많다. 목소리가 좋으면 연주가 필요 없다. KBS2 TV에서 토요일 진행하는 〈불후의 명곡〉이라는 프로그램이 있다. 가수 김동욱은 워낙 목소리가 꽉 차다 보니 연주가 심플해도 그의 노래는 꽉 찬 느낌을 받는다.

비슷하게 디자인도 두 가지 원칙을 제시하였다. 신규 브랜드는 기존 방식에서 탈피하여 콘셉트와 연계된 디자인을 설계하여 장기적으로 상징적 의미를 표출할 수 있어야 한다. 또한 쉽게 싫증을 느끼지 않는 심플한 디자인이어야 함을 강조했다. 이런 원칙에 따라 장식 없이 깔끔한 '젠zen. 禪 스타일'로 용기 디자인을 전개했다. 패키지 역시 단일의 컬러를 적용해 심플함을 표현했다.

아울러 사용상의 위생과 불균형의 용량을 혁신하여 메이커 지향에서 소비자 지향으로 재구성하였다. 로션 용기의 경우 사용할 때 비위생적이며, 또 1회 사용량이 조절되지 않아 사용 시마다 불규칙한 용량을 쓰게 되는 경우가 빈번했다. 이를 개선하여 에센스처럼 로션도 펌프형으로 사용할 수 있는 디자인을 개발했다. 이를 통해 위생과 함께 1회 동일 사용량을 제공했고, 또 에센스처럼 우아하게 사용할 수 있도록 했다.

또한 용량도 로션과 스킨의 불균형으로 로션 대비 스킨이 항상 부족하게 되어 로션 사용 도중에 다시 스킨을 구매해야 하는 불편을 초래하고 있었다. 이를 개선하여 스킨을 로션의 1.5배 용량으로 확대하여 이러한 불균형을 극복하고자 했다.

이처럼 철저하게 소비자가 사용할 때의 불편함을 제거해주는 디자인, 용량 등을 적용함으로써 기존의 관행을 버리고 소비자에 초점을 맞춘 디자인 혁신을 달성했다.

Do < Not Do: 과잉 마케팅에서 역심리 마케팅으로

《논어》의 〈선진〉편을 보면 '과유불급'이란 말이 나온다. 지나침은 아니 한 것만 못하다는 뜻이다. 과잉은 우리의 일상에서 항상 직면하는 독소적인 현상이다. 가령 과잉 음식섭취, 과잉보호, 과잉 음주, 약의 남용 등 정도를 넘는 행위들은 우리를 오히려 나쁜 방향으로 몰아간다.

마찬가지로 비즈니스 문제도 때로는 그 양이 문제다. 가령 소비자에게 구매 과정에서 스트레스에 미치는 영향은 바로 양에서 나온다. 과잉 성숙 단계에서 나타나는 과도하게 공격적인 푸시 마케팅, 지나친 사업확장, 지나치게 많은 매장 수, 과잉 광고와 홍보, 과도한 전략 수정과 전술적인 실행 때문에 브랜드가 처음에 가지고 있던 특성들이 약화되는 것이다.[6]

따라서 이자녹스는 브랜드 자멸을 초래해왔던 과잉 마케팅을 탈피하고 역심리 마케팅에 초점을 맞추었다. 이러한 역심리 마케팅의 가장 중요한 공식은 바로 'Do < Not Do'이다. 즉 대중적으로 행하는 것보다 접근성을 제한하고 절제하는 정책에 초점을 맞추었다.

가격: 프리미엄의 정가 정책을 펼치다

피부 타입별 제품 혁신에 이어 가격 역시 기존과 확연히 다른 또 하나의 혁신 전략을 펼쳤다. 그동안 유통에서의 경쟁 심화로 나타난 병폐가 할인경쟁이었다. 할인경쟁은 브랜드 이미지 구축에서 최대의 적이다.

일반적으로 명품 브랜드를 구입하는 이유는 잘나가는 부류 집단에 대한 '모방심리' 때문에, 혹은 구입한 명품 브랜드 이미지를 내 이미지로 착각하는 환상 때문에, 혹은 고가의 명품 브랜드는 믿을 수 있는 품질이라는 인지적 편향 때문이다. 이럴 때 소비자들이 명품이라고 판단하는 기준은 원산지, 가격 혹은 기능성 등 '가시적 특징'에 의존하게 된다.[7]

따라서 가격은 전략적 포지셔닝이라는 테두리 안에서 프리미엄의 정가에 초점을 맞추었다. 제품에 매긴 가격도 소비자들에겐 그 제품에 대한 어떤 설명이다. 즉 프리미엄의 정가는 곧 명품 브랜드를 설명한다. 그래서 철저하게 프리미엄의 정가 정책을 적용하고 준수했다.

사실 마케팅 믹스 요소 중 가격이 성과에 밀접히 연결되어 있다. 이는 뒤집어보면 가격정책이 가장 어렵고 위험요소가 많다는 뜻이다. 따라서 할인경쟁이 만연해 있는 시장에서 정가의 고가 정책을 펼친다는 것은 하나의 큰 혁신이었다.

또한 그동안 동일 브랜드 내 아이템별 가격이 동일 가격으로 적용되었던 것이 관행이었다. 가령 크림과 에센스를 제외하고 로션, 스킨, 클렌징 등 아이템별 특성을 고려하지 않고 획일적인 가격정책이 적용되고 있었다. 그러나 새로운 가격정책 하에서는 제품 아이템별 차등화된 가격을 적용했다. 가령 스킨을 100의 기준으로 둘 때 로션은 130, 그리고 크림은 150의 수준으로 아이템별 차등화된 가격을 적용했다.

유통: 한정숍을 도입하다

화장품 외판원이 어느 가정집을 방문했다. 초인종을 누르자 머리가 헝클어진 주인아주머니가 나와서 짜증 섞인 말투로 다짜고자 "안 산다"고 말했다. 그러자 그 외판원은 "당신 같은 사람은 화장품을 바를 자격이 없다"고 비아냥거리면서 팔지 않겠노라고 대꾸했다. 그것이 오히려 주인아주머니를 자극하여 화장품을 판매했다. 웃기는 이야기인가? 그러나 전혀 웃기는 이야기가 아니다. 소비자의 심리를 정확히 꿰뚫었다.

이런 것이 '반항심리'다. 가질 수 없는 물건일수록 더 갖고 싶고, 만지지 말라는 물건일수록 더 만지고 싶고, 알 필요가 없다는 일일수록 더 알고 싶은 게 사람의 마음이다. 이런 반항심리는 물건을 구매할 때도 고스란히 드러난다. 구매하기 힘든 물건일수록 더 호기심이 생기고, 더 사고 싶어지듯이 말이다. 한마디로 손안에 있는 새보다 잡힐 듯한 새가 더 가치 있는 법이다.

지나치게 많은 매장 수 확대를 통한 과잉 판매 때문에 이미지가 손상되어 어려움을 겪을 수 있다. 사람들은 대중성을 확보하는 순간 그 제품이나 서비스의 신비감을 외면한다. 이런 현상들이 스타벅스에서 일어났다. 2005년 이후부터 스타벅스는 왜 어려움에 봉착했는가?

세계 최대 커피체인으로 승승장구하던 스타벅스는 2007년 위기를 맞았다. 방문 고객 증가율은 사상 최저치로 떨어졌고 주가는 42% 하락했다. 균일하지 않은 커피 맛과 불친절한 서비스, 과도한 매장 확장 등이 원인이었다. 특히 스타벅스가 시애틀의 한 개 매장에서 세계 전역의 1만 3000개 이상의 매장으로 성장하면서 희소성이 떨어지고 보편화되면서 브랜드의 신비감이 떨어졌다. 슐츠 CEO는 "본질에 집중해야 한다. 본질은 커피다"라고 취임 일성을 던졌다. 그리고 한 달 뒤 미국 내 7100개 전 매장의 영업을 하루 동안 중단시켰다. 바리스타들에게 에스프레소 제조와 고객 서비스에 대한 재교육을 시키기 위해서다. 이어 대대적 매장 폐쇄와 인력 감축을 골자로 하는 강도 높은 구조조정을 단행했다. 몸집을 줄이고 커피의 품질을 향상시킨 결과 스타벅스 매출은 지난해 사상 처음으로 100억 달러를 돌파했다.[8]

마찬가지로 브랜드의 명품 이미지를 심어주기 위해 화장품 할인점 모두를 거래 대상으로 삼은 것이 아니라, 즉 2만여 점 중 2000점을 선정하여 거래 대상으로 선택한 것이다. 전 유통을 거래하는 것을 배제하고 '이자녹스 패밀리숍ISAKNOX Family Shop'이라는 한정숍을 운영했다. 선정된 대상점을 중심으로 제품공급 조건, 디스플레이 기준, 카운슬링 방법, 고객관리 방법 등에 관해 거래협약서를 맺었다. 이는 지금의 프랜차이즈의 거래 방식에 해당한다. 이를 통해 초기부터 브랜드 이미지 관리를 전개해나갔다.

무엇보다 시장에서 가격 할인경쟁에 초점을 맞추고 있는 관행에서 탈피하기 위해, 이를 효율적으로 관리할 수 있는 방법은 한정된 거래점을 갖는 것이었다. 물론 여기에는 접근성의 제한을 통해 소비자들에게 명품 이미지를 더욱 높여주기 위한 심리적인 측면도 있었다.

　이러한 축소 전략은 브랜드 가치를 제고하는 좋은 수단이다. 전통적인 전략은 더 많은 제품, 더 많은 기능, 더 많은 서비스를 제공하고 더 많은 매장을 설치함으로써 고객에게 제공하는 가치를 증대하는 것이다. 그러나 '축소 혹은 제한 전략'은 적게 공급하는 것이다. 이런 전략이 효과적인 이유는 제품 한정과 공급 제한에 따른 희소성의 가치 때문에 고객들이 갖고 싶은 욕구를 느끼게 하기 때문이다.

　다음으로 제품을 공급할 매장 2000점을 선정한 후 매장의 진열 방식을 결정하는 것이었다. 단지 제품을 진열대 위에 전시하는 것만으로는 충분하지 않았다. 그래서 소비자 스트라이크 존strike zone(소비자들의 시선을 끌어 구매 확률을 높이는 진열대 위치)을 만들어 브랜드 이미지와 일치하는 POP물을 제품과 함께 진열했다.

　이처럼 상품 판매 장소와 진열은 상품의 이미지를 심어주는 강력한 수단이다. 선정된 이자녹스 패밀리숍은 디스플레이의 통일성을 부여하고, 여러 가지 지원 정책을 통해 정찰 판매를 유도했으며, 판매 방식 역시 백화점식 카운슬링 판매를 추진했다. 특히 선정된 2000점에 대해서는 지속적인 제품 교육, 판매 서비스 교육 등을 통해 다른 점포에 비해 선진적인 판매 방식을 지속적으로 강화시켜 나갔다.

　앞서 언급했듯 사실 '이자녹스 패밀리숍'은 지금의 화장품 프랜차이즈 전신이다. '이자녹스 패밀리숍'이 진화를 거듭하여 '뷰티플렉스BeautiPlex(LG 제품은 60%, 나머지 기타 회사의 제품을 40% 취급하는 형태의 숍)'로 모습을 바꾸었고, 최근에는 자사 제품만을 취급하는 '보떼(태평양의 아리따움에 해당)'의 형태로 프랜차이즈 개념이 진화, 발전했다.

프로모션: 노벨티 프로모션 개념을 도입하다

　마케팅 믹스의 각 요소들처럼 소비자 판촉도 전략적 포지셔닝에 기반을 두어야 한다. 그러나 기존 판촉 행태는 제품·브랜드와의 연계성을 전혀 고려하지 않고 물통, 유리컵, 치약, 비누 등과 같은 품목을 물량 위주로 운영함으로써 브랜드 아이덴티티 형성에 전혀 기여를 하지 못하고 있었다. 오직 단기적인 판매보조 수단으로 판촉물이 운영되었다. 이렇다 보니 광고 이외의 브랜드 아이덴티티 형성 수단이 미흡했었다.

　판촉물은 브랜드 이미지를 전달하기 위한 중요한 마케팅 수단이다. 이러한 인식을 바탕으로 브랜드 이미지 구축에 도움이 되는 판촉 전략으로 노벨티 프로모션novelty promotion 개념을 도입했다. 즉 판촉 행사 및 판촉물의 제공은 브랜드 이미지에 적합한 형태로 이루어지도록 했다. 특히 판촉 대상 품목을 선정할 때 브랜드 이미지와 부합되는 아이템을 선정하고, 이를 브랜드 이미지와 일치하게 판촉물 디자인도 철저히 관리했다.

　화장품 샘플 역시 고급화를 유도했다. 무료 샘플의 효시는 에스티로더다. 에스티로더와 마찬가지로 이자녹스는 새로운 혁신을 추구하여 화장품에서 가장 일반적으로 사용되고 있는 샘플을 처음으로 고급화를 추구했다. 샘플은 8ml의 플라스틱 용기에 담아서 배포하는 것이 전부였고, 이를 대량으로 배포했다. 이렇다 보니 샘플의 중요성이나 귀중함 등은 전혀 찾아볼 수 없었다. 이를 개선하여 이자녹스 샘플은 20ml 수준으로 2~3종으로 세트화하고 고급화했다. 일회용이 아니라 여행용 등으로 활용하면서 브랜드 노출의 기회와 이미지 구축의 도구로 활용했다.

　이처럼 그동안 광고만이 브랜드 이미지 형성의 주요 수단이라는 생각에서 탈피하여 판촉도 브랜드 이미지 형성의 주요 수단이라는 새로운 발상으로 판촉의 혁신을 도모했다.

새로운 표준을 창조한 혁신 브랜드로 인정받다

그동안 메이커의 관행적인 시즌별 제품 출시로 소매점, 그리고 소비자들은 불편을 감수해야 했다. 그런데 그 누구도 이러한 불편에 브레이크를 거는 사람이 없었다. 그만큼 소비자들은 당연한 것으로 여겨왔었다. 그러나 이자녹스는 이러한 불편을 간파하여 혁신 제품으로 만들어내었다. 결국 이자녹스는 한국의 화장품 비즈니스에 새로운 표준을 창조한 혁신 브랜드로 인정받았다. '퍼스트 펭귄'처럼 이자녹스가 먼저 피부 타입별 제품의 시장을 개척해놓으니 여러 경쟁사가 기다렸다는 듯이 뒤따라왔다. 그 결과 화장품 시장은 순식간에 시즌별 제품에서 피부 타입별 제품으로 바뀌었다.

새로운 경쟁의 판을 제공하였다

기대와 열망 속에서 탄생한 이자녹스는 이제 매출액 2000억을 훌쩍 넘겨버린 브랜드로 성장했다. 화장품 시장에서 대표적인 장수 브랜드로 자리 잡은 이자녹스는 세 가지 관점에서 큰 기여를 했다.

첫째, 이자녹스는 계절별 제품을 탈피하고 피부 타입별로 사계절을 모두 수용할 수 있는 새로운 장르의 혁신 제품이다. 그동안 계절별로 출시되었던 제품(그린, 쿨, 화이트, 겨울용 등)이 새로운 피부 타입별(지성, 건성, 복합성 등) 제품으로 출시됨으로써 소비자와 유통점 모두에게 새로운 가치를 제공했다.

피부 타입별 제품 혁신은 복잡함에서 단순함을 만들어낸 결정체다. 무심코 지켜본 화장대의 관찰을 통해 복잡한 시즌별 제품에서 탈피하여 피부 타입별 제품으로 제품 구조를 단순화했다. 피부 타입별 제품으로 자기 피부에 맞게끔 선택함으로써 사계절을 커버하게 되어 소비자 가치 부여에 큰 기여를 하였다.

둘째, 브랜드 명품화를 이끌어 외국의 유명 브랜드와 당당히 경쟁할 수 있는 토대를 마련했다. 더불어 이자녹스는 출시 후 3년에서 5년의 단명하는 브랜드 관리에서 탈피하여 장수하는 브랜드 관리의 교범을 보여주었다.

1990년대 잘나가던 뜨레아, 이지업, 아르드포. 이들 브랜드는 모두 지금 어디로 갔는가? 그러나 이자녹스는 초기부터 브랜드 이미지의 전략적 관리를 통하여 지금까지도 장수 브랜드로 소비자들에게 사랑을 받고 있다. 특히 이자녹스는 출시 초기부터 장기간에 걸쳐 브랜드 이미지의 전략적 관리를 위해 도입기, 심화기, 강화기의 3단계에 걸쳐 브랜드 이미지 관리를 해왔다. 이러한 전략적 브랜드 이미지의 관리 덕택에 지금까지도 많은 브랜드 관리자가 바뀌었음에도 이자녹스의 이미지는 흐트러짐이 없이 일관성 있게 지속될 수 있었다.

셋째, 성공적인 이자녹스 출시를 기점으로 오휘, 후, 숨37 등 프리미엄 브랜드의 성공적인 출시로 이어졌다. 이를 통해 LG 화장품의 이미지는 고질적인 저가 이미지에서 고급 명품의 이미지로 변신하는 데 성공했다. 그 중심에 이자녹스가 있었다.

이자녹스의 성공이 없었다면 오휘, 후 등으로 이어지는 히트 브랜드 창출이 그렇게 쉽지만은 않았을 것이다. 이자녹스의 성공은 LG 화장품의 새로운 역사를 써가는 지렛대 역할을 했다.

이자녹스의 성공 공식은 3가지 혁신에서 출발하였다

2014년 새해 벽두부터 화장품 시장은 온통 가격 할인이라는 덫에 갇혀 있는 듯하다. 이는 이자녹스 출시 시점의 시장환경과 너무도 비슷하다. 이제 이자녹스의 성공 공식을 세 가지 관점에서 정리해보자.

첫째, 제품 혁신을 통해 화장품의 새로운 표준을 만들었다. 기존의 시즌별 제품 운용에서 탈피하여 사계절에 걸쳐 피부 타입별 제품을 제시함으로써 소비자 및 유통 모두에게 윈윈의 기반을 만들어주었다.

둘째, 출시 초기 한국형 크리스챤디올의 명품을 만드는 데 명확한 목표를 두었다. 그 결과 이자녹스는 한국형 명품 화장품의 원형을 보여준 브랜드로 자리 잡았다. 브랜드는 이미지를 먹고 산다. 앞서도 언급했듯 화장품은 특히 감성에 소구하는 이미지 상품이다. 따라서 어떻게 브랜드 이미지를 구축하고 이를 효과적이며 지속적으로 관리하는가 하는 것이 핵심이다. 이자녹스는 이런 원리들을 철저히 준수했다. 그래서 명품 브랜드의 진짜 탈을 씌웠다. LG와 드봉 이미지를 탈피하여 탄생한 이자녹스는 화장품 할인점에서 외국 명품으로 통했다.

셋째, 브랜드 단명의 주범인 과잉 마케팅의 관행을 탈피하 고 'Do < Not Do'의 역심리 마케팅 활동을 철저히 준수했다. 프리미엄의 정가 고수, 한정 숍 도입, 그리고 브랜드 이미지에 부합되는 노벨티 프로모션 등 과감하게 매스 마케팅의 관행을 떨쳐버렸다.

소비자 불신을 초래한 고질적인 가격 할인 관행을 버리고 고가의 정가 정책을 도입했다. 이를 통해 초기의 명품 이미지 구축에 절대적 기여를 했다.

유통 측면에서 모든 점포를 거래하지 않고 2000점을 선정하여 거래하도록 했다. 이러한 '이자녹스 패밀리숍'이라는 카운슬링 기반의 '한정숍'은 프랜차이즈의 원형을 보여주고 있다. 독립 숍은 아니지만 점포 내 독립공간을 마련하고 POP 진열 등 새로운 스토어 개념을 제시했다.

판촉을 단순히 제품 구입의 유인책으로 활용했던 관행에서 탈피하여 브랜드 아이덴티티(이미지) 구축 개념으로 판촉의 변신을 꾀했다. 판촉도 브랜드 이미지 구축에 있어서 중요한 수단이다. 따라서 판촉 자체에 브랜드 이미지를 입혀서 브랜드처럼 철저한 관리를 해나갔다.

소비자 클럽 운영을 통한 고객관리는 그 당시로는 매우 이례적이며 앞선

정책이었다. 소비자 이력 카드를 작성하고 이를 근거로 하여 신제품 소개 등 DM 활동을 펼쳤다. 정보 인프라의 부족에도 불구하고 고객관리를 중요한 정책으로 설정했다. 우리 주변의 동네 구멍가게를 보라. 가장 고객관리를 잘 하고 있는 경우가 아닌가. 가게 주인들은 소비자 한 사람 한 사람의 집안 사정부터 그의 생일 등 모든 프로필을 꿰뚫어 보고 있다. 물론 정보 구축이 되어 있는 것도 아니다. 마찬가지로 이자녹스는 구멍가게의 고객관리 방식을 적용했다.

현재의 화장품 시장은 온통 가격 경쟁의 덫에 갇혀 있다. 앞서도 강조했듯 이자녹스 출시 시점과 시장환경이 너무 비슷하다. 이자녹스의 성공 공식에서 그 길을 찾아보라.

이자녹스의 장수 비밀: 익숙함에 새로움을 입히다

설화수, 이자녹스, 백설, 부라보콘. 샘표. 이들의 공통점은 무엇인가? 모두가 장수 브랜드다. 그러면 장수 브랜드는 어떻게 육성되는가?

익숙함과 새로움: 차이식역을 관리하다

남녀 간의 사랑에 대해 잠깐 생각해보자. 사랑하는 사이라면 '편안함'과 '설렘'이 공존한다. 그런데 오랜 연애를 통해 편안함이 더 많아지는데 편안함만으로는 뭔가 부족하다. 편안함에는 시간제한이 있는 듯하다. 시간이 갈수록 효과가 떨어진다. 편안함이 만들어낸 착각에 안주해 있다가 그 착각에서 깨어나면 사랑은 식어 있다. 왜냐하면 설렘이 없기 때문이다.

다시 비즈니스 세계로 돌아와 보자. 앱솔루트 보드카 캠페인에서 그들은 하나같이 예술 같은 광고, 광고 같은 예술이라고 평한다. 결코 변하지 않되 늘 변하는 캠페인으로 평가받고 있다. 앱솔루트 보드카 광고 캠페인은 콘셉트와 표현의 기본 축은 단 한 번도 흔들림 없이 일관성을 유지해오고 있다. 20여 년에 걸쳐 변하지 않는 또 다른 표현 원칙은, 첫째 앱솔루트의 병이 주인공이 된다는 것, 둘째 'Absolut'로 시작되는 두 단어가 카피의 전부라는 것이다.

그래서 '절대적'이라는 뜻을 가진 이 단어에는 미주알고주알 말 많은 카피가 도저히 흉내 낼 수 없는 절대적 권위가 담겨 있다. 이처럼 앱솔루트는 'Never-changing but always-changing'의 원칙을 철저히 지키고 있다. 우리말로 번역하면 '결코 변하지 않되 늘 변하는' 정도가 될 것이다. 이것이 장수 브랜드의 비밀이다.

제품이나 서비스는 정기적으로 업데이트하여 새로움을 끊임없이 부여하여 늘 흥미를 끌 수 있도록 해야 한다. 그러나 오랜 전통을 가진 브랜드는 익숙함과 새로움의 갈등이 존재한다. 여기서 '갈등'이란 무엇을 의미하는가? 역설적으로 익숙함과 새로움의 조화다. 이러한 갈등을 통해 브랜드의 신비감을 유지할 수 있다. 이처럼 익숙함과 새로움의 균형을 유지시키는 것이 브랜드 관리의 핵심이다.

그런데 익숙함과 새로움의 모순을 균형키는 방법에서 적용하는 소비자 행동원리가 있다. 그것은 차이식역differential threshold이다. 지각할 수 있는 최소한의 차이를 우리는 차이식역 혹은 J·N·DJust Noticeable Difference라고 부른다.

유명한 과학자 어니스트 베버Ernist Weber는 J·N·D가 절대적 수치에 의해 정해지는 것이 아니라, 첫 번째 자극의 크기와 강도에 따라 달라진다는 것을 발견했다. '베버의 법칙weber's law'은 다시 말해 첫 번째 자극이 크면 클수록 두 번째 자극이 커지지 않으면 지각할 수 없다는 것을 말한다.

한 보석회사는 은 제품의 광택을 더욱 오래가게 하는 기술로 차별화를 시도하는 데 베버의 법칙을 활용했다. 보통 경쟁자들은 20일 정도 광택을 유지시키고 있었다. 여러 번의 조사 끝에 사람들의 J·N·D가 5라는 것을 알았다. 그래서 회사는 25일 정도로 광택을 유지하는 기술을 통해 '더욱 오래가는'이라는 경쟁력을 최소의 노력으로 확보할 수 있었다.

베버의 법칙은 마케팅에 다양하게 응용할 수 있다. 제조업자나 마케터들은 크게 두 가지 이유로 J·N·D를 찾으려는 노력을 하고 있다. 첫째는 부정적인 변화(가격 상향 조정, 패키지 크기 줄이기 등)에 대한 지각을 최소화하고 싶을 때이고, 둘째는 긍정적인 변화(가격 인하, 패키지 크게, 혹은 보증 기간을 더욱 길게)에 대한 최소한의 노력으로 최대의 인식을 얻고 싶을 때이다.

마케터들은 그들의 패키지 디자인을 바꿀 때에도 기존의 긍정적인 연상을 잃지 않도록 J·N·D 이하의 수준에서 조심스럽고 점진적인 변화 과정을 거친다. 대표적으로 베티 크로커Betty Croker의 심벌은 1936년 이래 7번 정도의 작은 변화들을 겪어왔다.

이처럼 브랜드 이미지 측면에서는 J·N·D 이하의 일관성을 유지하는 것이 중요하지만, 품질개선 측면에서는 J·N·D 이상의 변화가 필요하다. 이때 대중의 J·N·D를 조사함으로써 불필요한 과도한 노력을 절약하는 동시에 최대한의 인지를 확보하는 것이 효율을 극대화하는 길이다.

이자녹스, 진화는 계속된다

KBS2에서 토요일 저녁에 방송하는 〈불후의 명곡〉이란 프로그램. 말 그대로 불후의 명곡을 가창력이 있는 가수 6명이 나와서 경연을 펼친다. 청중들이 노래를 듣고 평가해서 순위를 매기는 방식이다. 그런데 일반적으로 전반부, 즉 첫 번째에서 세 번째까지 먼저 노래를 부르는 경우 해당 가수가 우승할 확률은 상대적으로 낮다. 시간이 흐르면서 청중은 전반부에 들었던 노래들은 망각하고 후반부에 부른 노래를 더 감동적으로 느끼면서 점수를 높게 주는 경향이 있다. 결과적으로 후반부, 그것도 거의 마지막 부분에서 노래를 부른 가수가 우승할 확률이 거의 90%에 이른다. 왜 그런가? 전반부에 부른 노래는 점차 잊혀지고 후반부에 들었던 노래가 더 감동적이고 생생하게 느껴지기 때문이다.

마찬가지로 브랜드 역시 오래된 브랜드일수록 점차 소비자들의 인식에서 점차 희미해지게 되고, 또한 식상하게 되어 최근에 생겨난 브랜드에 더 관심을 기울인다. 그만큼 오래된 브랜드가 계속해서 소비자들의 사랑을 받기란 쉽지 않다.

따라서 항상 소비자들에게 새로움을 느낄 수 있도록 신제품 개발, 리뉴얼 등 다양한 마케팅 활동을 전개해야 한다. 물론 익숙함을 유지하면서 말이다. 익숙함과 새로움의 대조에서 조화를 찾아야 한다.

이자녹스는 이러한 원칙을 철저히 지켜 위대한 장수 브랜드가 되었다. 끊임없는 혁신을 통해 소비자들에게 늘 새로움을 추구해왔음에도 이자녹스는 늘 익숙하게 다가온다. 이러한 '익숙함'은 친숙하지 않은 자극에 따라 발생했던 초기의 불확실성이나 부정적인 반응이 희석되는 것을 도와준다.

이자녹스는 초기에 플래그십 제품flagship product을 성공적으로 구축하고 난 후, 다양한 영역의 제품들을 단계별로 확장해나갔다. 플래그십 제품으로 보습기초 라인 '하이드라 EX'에 집중했고, 이어서 퍼펙트(세안), 그리고 링클리프트(주름 기능) 등 특수 라인의 제품으로 확장했고, 마지막으로 색조 라인을 출시했다. 이러한 색조 라인 출시를 통해 종합 브랜드로서 제품 구성은 완성 단계에 접어들었다.

탄력이 붙기 시작했다. 1997년도에는 에이징 스페셜 라인으로 AHA-3.2P, HX-01B, LS-8865, 그리고 NIACIN-B 등 피부 현상에 따라 선택하는 노화방지 전문제품을 출시했다. 이자녹스는 보습기초 제품 '하이드라 EX'를 통해 감성적 이미지를 구축했고, 노화방지 전문제품 출시를 통해 기능성 이미지를 추가하여 균형감을 구축했다.

이후 지속적으로 기존 에이징 스페셜 라인을 혁신하여 링클디클라인, 화이트포커스, 코넘셀라이트, 그리고 포어미니쉬 등 더욱 진화된 새로운 제품을 선보였다. 이를 통해 이자녹스는 한층 강화된 기능성 이미지를 구축했다.

이제 이자녹스는 출시 시점부터 설정해왔던 '하나의 브랜드=하나의 회사'를 실현하고 있다. 하나의 브랜드는 곧 하나의 회사다. 곧 슈퍼 브랜드super brand 탄생을 지켜보게 될 것이다.

그러나 이자녹스에도 치명적 결함이 있다?

출시 후 7년이 흐른 2002년도에 새로운 도약의 필요성이 제기되었다. LG애드와 함께 이자녹스의 위상을 들여다보았다. 분석 결과 경쟁 제품인 아이오페IOPE와 비교하여 나타난 현상은 이랬다.

이자녹스와 아이오페의 인지도(최초상기도, 총상기도, 보조인지도)는 비슷한 수준이었다. 브랜드 자산(인지도, 이미지, 품질)도 비슷한 수준이었다. 그러나 이자녹스는 아이오페에 비해 고급·세련·우아 이미지는 우위에 있으나, 과학적·전문적 이미지(기능 가치)는 상대적으로 열세에 있었다. 품질 측면에서 기본적인 보습력·사용감 측면은 우세하나, 고기능(노화방지, 피부개선) 이미지는 열세에 있었다.

이러한 평가지표들을 종합해보면, 이자녹스는 아이오페에 비해 기능성 이미지에서 열세였다. '기능성 화장품=아이오페'라는 인식이 상대적으로 강했다. 그렇다면 이러한 원인은 어디에서 기인되었는가?

첫째, 감성적 이미지 위주의 광고 표현으로 인해 메시지 전달력이 부족했다. 그동안 이자녹스는 외국풍의 브랜드 이미지에서 견고한 브랜드력을 강화해오고 있었다. 그러나 오늘날 고객들은 현명하다는 점을 이해해야 한다. 프랑스풍의 느낌으로 '파리보다 아름다운 여자' 그리고 외국 모델 중심 등은 오늘날과 같은 시장환경에서는 별 의미를 지니지 못할 수 있다. 여기에 현혹될 고객들은 많지 않다. 나는 프랑스 사람같이 보이고 싶다고 이야기하는 사람들을 들어본 적이 있는가? 오히려 고객들은 자신들이 지불한 돈의 대가로 무엇을 얻게 되는지 알기를 원한다. 그만큼 단순히 감성 이미지 이상으로 기능적 측면이 중요해졌음을 반증하는 것이다.

둘째, 아이오페는 '레티놀'과 '전인화'라는 연상 강도가 강한 노드를 지니고 있어 고객의 접근성이 높았다. 또한 '아이오페=레티놀=주름개선=고기능성'이라는 강력한 연상 이미지를 갖고 있었다.

반면 이자녹스는 '외국 모델'이라는 노드를 중심으로 고급·우아 이미지와 함께 낯선 이미지가 공존한다. 상대적으로 기능성보다 기초 제품 이미지가 강했다.

이러한 문제들을 극복하기 위해 분산된 이미지를 공고히 할 수 있는 이자녹스 이미지 전략을 재설정했다. 즉 기능적 혜택을 이자녹스의 기존 브랜드 자산에 잘 녹아들 수 있도록 하는 것이었다. 이를 위해 기초, 주름, 미백 등 3Top 전략을 통해 기능성 이미지를 제고하고 메가 브랜드로서의 입지를 강화시키는 데 초점을 맞추었다. 즉 링클디클라인(주름)을 중심축으로 하여 하이드라 EX(보습), 그리고 화이트 포커스(미백)를 집중 육성하는 것이었다.

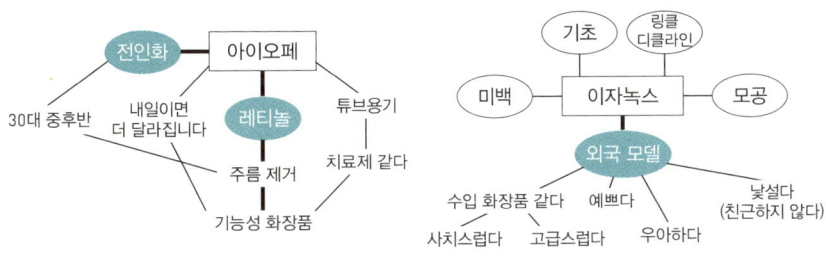

아이오페와 이자녹스의 연상 이미지 비교

결론적으로 이자녹스가 보유하고 있는 핵심 이미지인 '프레스티지'를 유지하면서 '기능적 이미지'를 강화하여 균형 이미지를 재구축하는 데 마케팅 커뮤니케이션의 초점을 맞추었다. 이러한 활동의 결과로 현재까지 이자녹스는 감성적 이미지와 더불어 기능적 이미지가 적절하게 잘 믹스되어 강력한 브랜드 자산을 형성하고 있다.

이자녹스의 천적은 아이오페다. 일반적으로 동물이 천적이 없는 경우 먼저 멸종한다. 하지만 천적이 있는 동물은 점점 진화한다. 이러한 대자연의 법칙은 브랜드에도 그대로 적용된다. 만약 이자녹스가 출시되고 난 후 아이오페가 뒤따라 출시되지 않았다면, 오늘날의 이자녹스는 이보다 더 작은 규모였을지도 모를 일이다. 한마디로 경쟁은 좋다는 것이다.

교훈: Soon ripe, Soon rotten

뜨레아, 이지업, 아티스테 등의 브랜드를 보라. 이들의 공통점은 무엇인가? 출시하면서 단기간에 성공한 브랜드이지만 지금은 우리의 뇌리에서 사라진 브랜드들이다.

그러면 왜 그렇게 되었는가? "빨리 끓는 물은 빨리 식고, 빨리 익은 열매는 빨리 썩는다"는 말이 있다. 마찬가지로 제품과 브랜드에 있어서도 동일한 현상들이 나타난다. 앞에서 언근한 브랜드들은 초기에 큰 광고를 통해 단기간에 성공시킨 브랜드들이다. 그러나 이들 브랜드는 3년에서 5년 정도가 되면서 브랜드에 힘이 빠지기 시작했다. 결국 시장에서 사라졌다.

반면 이자녹스를 보자. 이자녹스는 초기에 큰 광고를 집행하지 않았다. 그렇기보다는 오히려 작은 광고를 집행하고 현장의 영업사원, 그리고 점포의 판매원, 대리점의 미용사원 등 이자녹스를 둘러싸고 있는 이해관계자들이 모두 브랜드 홍보대사가 되어 고객 접점에서 열정을 가지고 활동해주었다. 이런 상황에서 작은 광고도 큰 힘을 발휘하게 되었고 이런 것들이 기반이 되어 단기간에 부풀리는 영업 방식을 지양했다. 점진적인 성장과 진화를 도모했던 것이다.

CHAPTER 3

[끈질기게
한 놈만 패기]

| 뜨레아 | 타깃은 한 사람, 오직 '당신'을 위해 만들다

뜨레아
타깃은 한 사람, 오직 '당신'을 위해 만들다

드봉과 아모레의 소비자 인식: 20대와 30대 이후로 갈리다

화장품 사업 출범 초기의 어려움을 극복하고 LG는 거침없는 성장을 이어갔다. 그러나 시장에서 2위를 차지하고 있는 상황에서 새로운 도약을 위한 판짜기가 요구되었다. 이를 위해 우선 화장품 시장의 모습을 새로이 그려보는 것이 필요했다. 그 결과는 이랬다.

소비자들의 화장품 사용 행태를 조사한 결과 20대 및 30대 초반에서 각각 구매 패턴의 터닝 포인트가 존재하며, 이 시기에 주로 브랜드를 교체한다는 사실을 발견했다. 또한 소비자들의 요구 품질 특성 역시 연령대별로 다르게 나타나며, 특히 30대에서는 건조방지, 고보습력, 노화방지 등의 품질 니즈가 강하게 나타나고 있었다. 피부 생리학적으로 보면 30대 여성의 피부는 쉽게 건조해지고 피부의 윤기와 탄력이 떨어지면서 점진적으로 노화되기 시작한다.

이런 소비자 특성을 가진 화장품 시장에서 드봉은 타사 브랜드에 비교해서 인지도가 낮았는데, 특히 30대 이후에서 브랜드 호감도가 매우 낮게 형성되어 있었다. 그렇지만 20대의 소비자들에게는 상대적으로 좋은 평가를 받고 있었다. 반면 아모레(당시 회사명은 '태평양'이었으나 일반적으로 아모레로 불리었음)는 오랫동안 방문판매 사업을 진행해왔던 터라 상대적으로 30대 이후의 소비자들에게는 강한 로열티를 가지고 있었다. 그러나 20대의 소비자들에게는 상대적으로 낮은 호감도를 가지고 있었던 상황이었다. 왜냐하면 20대는 사회생활을 왕성하게 하기 때문에 방문판매 제품보다 새로운 유통으로 자리 잡은 할인점 제품을 더 선호하고 있었기 때문이다.

이런 시장 특성을 간파한 아모레는 이미 자사의 취약층인 20대 시장의 공략을 위해 신규 브랜드 '마몽드'를 출시했고, 앞서서 시장 정착에 집중하고 있었다. 빅 모델 이영애를 활용하여 기존의 화장품 광고에서 전혀 볼 수 없었던 라이프스타일 광고를 통해 20대 시장에서 돌풍을 일으키고 있었다.

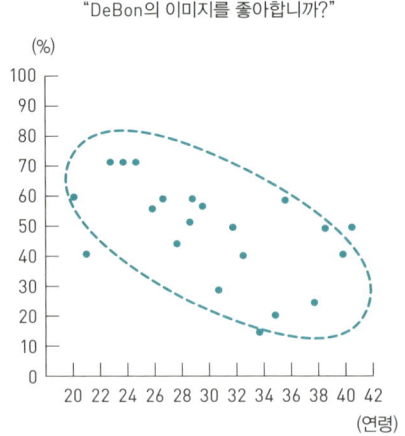

인지도와 호감도

반면 LG는 개별 브랜드 측면에서 보면 30대 이후의 소비자에 대한 상품 부재로 30대 이후에서 경쟁력 약화가 현저했다. 특히 30대 연령층의 특징에 비해 드봉은 이미지가 순하며 젊은 층에 적합한 화장품으로 인식되어 있었다. 따라서 LG에 절대적으로 취약한 30대 시장을 목표로 한 신제품 출시가 강력히 요구되고 있었다.

한 놈만 패기: 30대에 집중하다

영화 〈주유소 습격 사건〉에 나오는 멋진 대사가 하나 있다. '무대포' 역의 유오성이 상대를 공격하면서 하는 말, "백 놈이든 천 놈이든, 난 한 놈만 패." 오직 한 놈만 집중적으로 공략하는데 나머지는 겁을 먹고 모두 도망간다. 결국 유오성이 이긴다. 한 놈만 집중적으로 공략한 덕분이다.

또 다른 예를 들어보자. 최근 끝난 tvN 드라마 〈응답하라 1994〉를 보자. 재미있는 것은 20~30대에게뿐만 아니라 10대들에게도 인기가 있었다는 점이다. 주 시청 타깃은 이제 40세가 된 94학번이고, 나아가 1994년을 산 사람들에게 추억을 다시 생각나게 만들어주었지만, 1994년 이후에 태어난 사람들에게도 어필했다. 이도 저도 아닌 설정보다는 확실하게 타깃층을 잡고, 그에 관한 이야기를 만들어나갈 때 입소문이 다른 연령층에게도 도달하게 되는 것이다. 이처럼 시청 타깃은 날카로워야 한다.[1]

마찬가지로 비즈니스에서도 불특정 고객을 공략하는 것보다 하나의 타깃을 선정해 집중적으로 공략하는 것이 경쟁우위를 확보할 수 있는 최고의 길이다. 한 고객을 집중적으로 공략해나가면 나머지 고객들은 저절로 모이게 된다.

《조선일보》〈위클리비즈〉에 실린 프랜차이즈 주점 와라와라의 이야기를 보자. '와라와라'는 '한 점'에 집중해서 '전체'를 얻었다.

프랜차이즈 주점 '와라와라'는 "표적고객을 하나로 정해 집중화했다. 핵심 공략층은 '27세 오피스 레이디'였다. 크루즈 미사일이 송곳 같은 정확성으로 타격을 하듯 구체적이고 또렷하게 목표를 설정했던 것이다.

다른 주점과 차별화할 수 있는 방법으로 '여성' 타깃에 초점을 맞추었다. 여성을 타깃으로 한 주점이란 개념은 당시로선 획기적이었다. 주점이라면 으레 남성이 대상이라는 것이 불문율이었기 때문이다.

또한 여성 중에서도 한 점에 초점을 맞추었다. 자기 뜻대로 돈을 쓸 수 있어야 하고, 단골이 될 수 있어야 하며, 다른 손님을 끌고 올 수 있는 여성이어야 했다. 이런 조건을 만족시키는 여성이 바로 27세 오피스 레이디였던 것이다.

이제 그들을 어떻게 만족시키느냐가 남았다. 젊은 여성이 좋아할 수 있는 메뉴에 집중했다. 당시 주점에 거의 없던 메뉴들이 이렇게 해서 등장했다.

과일주를 만든 것은 최대 히트작이었다. 파인애플이나 오렌지, 레몬을 현장에서 갈아 직접 개발한 술과 섞은 과일주는 맛이 좋았고, 도수가 그리 높지 않아 부담스럽지 않았다. 여기에 즉석에서 갈아주는 퍼포먼스를 곁들이자 엄청난 인기를 끌었다. 안주로는 청양고추와 날치알을 넣은 계란말이, 떡볶이가 대표 상품이 됐다.

서비스도 차별화했다. 와라와라 매장엔 짧은 치마 때문에 불편해하는 여성 손님을 위해 무릎담요가 준비되어 있고, 긴 머리가 자꾸 음식에 닿는 손님에게는 머리끈도 준다. 또 손님이 식당에서 나갈 때 옷에 밴 냄새를 없애기 위한 섬유탈취제가 있고, 직원을 부르면 휴대폰을 충전해준다.

모두 27세 오피스 레이디를 위해 어떤 서비스를 해야 할지 연구한 끝에 나온 산물이다. 머리끈은 떡볶이를 먹는 한 여성 손님이 머리가 자꾸 국물에 닿자 한 손으로 머리를 잡고 먹는 모습을 보고 착안한 것이다. 머리끈은 한 개에 원가가 100원도 안 되는 것이지만, 의외로 찾는 손님도 많았고 반응도 좋았다.

와라와라는 3개월에 한 번씩 다섯 가지 메뉴를 새로 개발하는 것을 원칙으로 하고 있다. 새 메뉴를 내놓기 전에는 27세 여성 20명을 초청, 품평회를 열어 반응을 확인한다.

그렇다면 왜 26세나 28세가 아니고 27세 여성일까? 26세냐, 27세냐, 28세냐가 중요한 것이 아니고, 서비스와 메뉴를 개발할 때 항상 마음속에 그려둬야 할 구체적 대상이 필요했는데 그것을 27세로 두었던 것이다.

개성이 뚜렷한 이 주점은 자연스레 소문이 났다. 고무적인 것은 손님이 27세 여성에 머물지 않고 다른 층으로 확산됐다는 것이다. 와라와라 매장 손님 중 20대 후반 여성의 비중은 30~40% 정도이다. 흥미로운 것은 나머지 60~70%는 남성이나 다른 연령층이라는 점이다. 뚜렷한 목표는 직원들의 몰입을 이끌어내는 데도 큰 도움이 됐다.[2]

그러면 왜 고객층을 좁히는가? 마케팅 현장에서 마케팅 부서 외의 사람들과 이야기하다 "고객층을 좁혀야만 한다"고 하면 종종 오해를 불러일으킨다. 그들은 고객층에 상관없이 팔 수 있는 곳이면 파는 게 최고라고 생각한다. 그들은 이 점을 이해하지 못하고 있다. '고객층을 좁힌다'는 것은 그 상품을 구입하는 핵심층을 명확히 하는 것이지, 결코 그 이외의 고객층을 버린다는 말이 아니다. 당연히 좁혀진 고객층을 중심으로 기타 고객층도 구입할 수 있다.

이처럼 한 점에 집중하는 것은 주변 고객을 끌어들이는 좋은 방법이다. 그러나 대부분의 기업은 소수 집중이 아닌 만능의 착각에 빠져 점유율에 목을 매고 있었다. 그냥 색깔 없이 모든 고객을 공략하는 것은 피해야 한다.

예수가 호숫가의 고깃배 위에 서서 씨 뿌리는 사람의 비유를 들어 대중들에게 설파한 내용은 고객을 공략하는 방법을 제시해주고 있다.

> 씨 뿌리는 사람이 씨를 뿌리러 나갔다. 씨를 뿌리는데 어떤 것은 길바닥에 떨어져 새들이 와서 쪼아 먹고, 어떤 것은 흙이 많지 않은 돌밭에 떨어졌으나 흙이 깊지 않아 해가 뜨자 뿌리도 제대로 내리지 못한 채 말라 죽었다. 또 어떤 것은 가시덤불 속에 떨어졌다. 가시나무들이 자라자 양분을 빼앗고 열매를 맺지 못했다. 그러나 어떤 것은 좋은 땅에 떨어져 싹이 나고 잘 자라 열매를 맺었는데, 삼십 배가 된 것도 있고 육십 배가 된 것도 있고 백 배가 된 것도 있었다. (마가복음 4: 3~8)[3]

마찬가지로 시장 역시 다양한 소비자들로 구성되어 있다. 따라서 어떤 사람들이 내 제품을 사용하기를 바라는지 타깃을 좁혀나가야 한다. 처음부터 하나의 제품만으로 전체 시장을 석권하려 하면 반드시 실패한다. 모든 사람의 니즈를 만족시키고자 하다가는 한 사람의 니즈도 만족시킬 수 없게 된다. 시장 전체를 고객으로 삼기보다 자기 제품을 강력히 원하는 고객을 주 수요층으로 삼아 공략하는 것이 합리적이다.

이제 우리가 공략해야 할 대상이 명확해졌다. 30대를 집중 공략하는 것이다. 그러나 그냥 30대를 위한 화장품을 개발해서는 성공할 수 없다. 위의 사례에서처럼 30대를 위한 화장품이 아니라 30대 목표고객을 대표할 수 있는 구체적인 한 점에 초점을 맞추어야 한다.

젊은 엄마의 로망: 늘 애인 같은 아내

그런데 단지 연령을 타깃으로 소구하는 데는 장단점이 있다. 초기 공략에는 쉬워도 장수 브랜드로 유지하는 데 많은 어려움이 뒤따른다. 연령 타깃

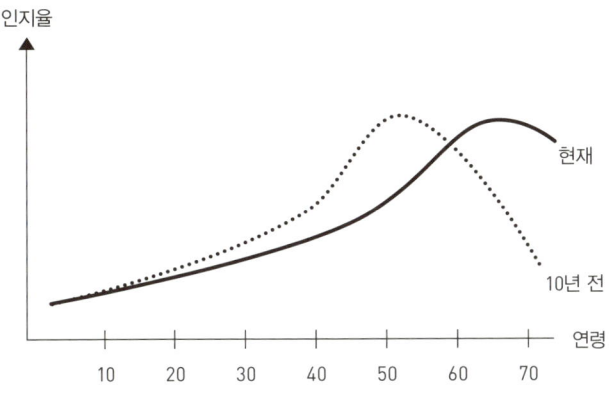

지향의 브랜드는 쉽게 조로한다.

'가령효과'라는 것이 있다. 충성고객이 어떤 세대에 집중해 있는 경우 연대의 추이와 함께 중심적인 이용자의 연령도 상승하게 된다. 그에 따라 브랜드 자신도 연령을 먹는 것처럼 보이는 브랜드의 가령효과가 나타나게 된다. 브랜드의 가령효과는 미용제품과 위생용품 등에 현저하게 나타나는데, 가령효과가 보이는 경우 새로운 브랜드를 도입하거나, 빈번하게 모델을 바꾸거나, 항상 새로운 세대에 호소할 수 있는 수단을 검토하지 않으면 안 된다. 예를 들어 시세이도는 타깃 고객의 연령 이동에 대응해서 계획적으로 다음 세대의 브랜드를 도입하고 있다.

브랜드도 역시 인간과 마찬가지로 적절한 관리가 수반되지 않으면 시간의 흐름에 따라 연령을 먹게 되어 노화 현상이 나타난다. 이를 극복하기 위해 30대 공략의 새로운 브랜드는 라이프스타일에 바탕을 둔 '젊은 엄마'라는 감성적 타깃을 설정했다. 그리고는 젊은 엄마 중 단 한 사람에 초점을 맞추었다. 다음과 같은 이유에서였다.

메시지가 두루뭉술하거나 고객의 범위가 지나치게 넓으면 오히려 소비자의 마음을 유혹하기가 어렵다. 회사가 메시지를 보낼 때 어느 정도는 고객층을 정해둘 것이라고 생각하지만, 사실 '고객층'이라는 사고방식이야말로 '초점이 빗나간 메시지'의 원흉이라고 할 수 있다. 따라서 '고객층에게 메시지를 보내는 것이 아니라 그중 단 한 사람에게만 메시지를 보낸다'는 식으로 발상을 바꾸는 것이 매우 중요하다. 극단적으로 말해 '전 세계에서 단 한 사람만을 위해 비즈니스를 하고 있다'고 생각하는 것이다.

이런 발상을 쉽게 하려면 실제로 존재하는 사람을 '단 한 사람'으로 떠올리는 것이다. 타깃 고객층에 딱 들어맞는 실제 인물을 정하고 그 사람과 대화를 나누는 것처럼 메시지를 작성한다면 비교적 쉽게 '마음에 와 닿을 수 있는 메시지'를 작성할 수 있다.

마지막으로 메시지를 만들 때 주의해야 할 점은 초심을 잃지 말고 '고객의 언어'로 이야기해야 한다는 점이다. 비즈니스 세계에 깊숙이 몸담고 있으면 아무래도 '판매자의 언어'로 내용을 전달하기 십상이다. 이래서는 회사가 보내는 메시지가 고객에게 제대로 전달되지 않는다. 특히 커뮤니케이션 워드(캐치프레이즈, 슬로건) 등은 어디까지나 전체 상품의 콘셉트를 반영하고, 유효하게 전달하므로 제멋대로인 수사는 피해야만 한다.[4]

이제 30대 타깃을 공략하기 위해 그들의 바람, 기대를 함축하는 정서적·심리적 욕구를 찾기로 했다. 이를 위해 딱 한 사람을 찾았다. 그녀와 인터뷰를 진행했다. 그의 바람은 아주 단순했다. 그것은 바로 한 남자의 영원한 애인이 되는 것이다. 그래서 '늘 애인 같은 아내'가 탄생했다.

지금도 나는 항상 '늘 애인 같은 아내'가 예수가 말하는 '빛과 소금'을 캐치프레이즈로 내걸었던 것에 비유하곤 한다. 기존 제품들로 꽉 찬 시장의 틈새로 들어가 입지를 높여가야 하는 신제품은 기존의 제품보다 더 감각적이며 경험적일 필요가 있다. 예수가 말하는 '빛과 소금'의 캐치프레이즈를 되새겨 보자.

예수는 팔복八福을 제시하면서 유대교와의 차별성을 부각시켰다. 마케팅적 시각으로 보면 유대교는 물질적 복을 제품으로 내놓았던 것이고 예수는 팔복을 신제품으로 론칭한 셈이다. 그리고 이 내면의 행복을 예수는 두 가지 캐치프레이즈로 압축했다. 바로 '빛과 소금'이다.

팔복의 성능을 이보다 더 함축적으로 표현하는 단어가 어디 있겠는가? 사람들은 제품을 선택할 때 이 제품이 내게 어떤 면에서 타당한가를 찾는다. 팔복이 좋은 줄은 알겠는데 그것이 나한테 어떤 효과를 줄 것인지 궁금해하는 대중들에게 예수는 '빛과 소금'을 비유로 들어 명쾌하게 설명했다.

"너희는 세상의 소금이다. 만일 소금이 짠맛을 잃으면 무엇으로 짜게 하겠는가? 그런 소금은 아무런 쓸모가 없어 밖에 내버려져 사람들에게 짓밟힐 따름이다."

"너희는 세상의 빛이다. 산 위에 있는 마을은 드러나게 마련이다." (마태복음 5: 13~14)[5]

이름이 뭐예요?: 뜨레아

목표로 하는 타깃이 선호할 수 있는 네이밍의 방향은 발음이 쉽고, 의미가 좋은, 한글 표기의 3자 이내로 정했다. 또한 고급과 우아함의 콘셉트를 담을 수 있도록 설정했다. 여러 대안 중 영문 TREASURE(보석)를 줄인 말로 뜨레아TREA를 선택했다. 새로이 선정된 뜨레아는 그 자체에서 브랜드의 지향점을 제시해주었다.

아울러 새로이 선정된 '뜨레아'는 '드봉'과의 연결성을 단절했다. 왜냐하면 드봉은 20대의 순한 이미지를 가지고 있었기 때문에 30대의 피부 이미지와는 상충되고 있었기 때문이다. 마몽드 역시 아모레의 취약층인 20대 층 공략을 위해 '아모레' 이미지를 탈피하여 '마몽드' 중심의 개별 브랜드 전략을 전개했다. 따라서 LG 드봉의 '순하며 젊은 층에 적합한 화장품' 이미지에서 탈피하여 30대의 목표시장에 접근하기 위한 개별 브랜드 전략이 요구되었다.

그러나 의사결정 과정에서 '드봉'을 '뜨레아'와 연계시키자는 주장이 제기되어 결국 '드봉 뜨레아'로 표기하고 말았다. 물론 광고 커뮤니케이션에서는 '드봉'의 표현을 가급적 제한하고, 오직 '뜨레아' 중심의 개별 브랜드 전략을 전개했다. 이런 의사결정 과정들을 겪으면서 기존의 관행이나 패러다임을 벗어나는 것이 그만큼 어렵다는 사실을 알 수 있었다.

디자인: 고급 이미지를 부여하다

디자인은 브랜드 콘셉트와 일관성 있게 추진되어야 한다. 이런 원칙을 준수하여 뜨레아의 '고급스럽고 우아한' 콘셉트와 일관성 있게 디자인 개발에 초점을 맞추었다.

고급 이미지 부각을 위한 골드와 버건디 색상의 조화, 라운딩한 굴곡 처리로 성숙한 여성의 가슴선을 형상화한 입체적인 외형 디자인, 그리고 보석을 형상화한 디자인으로 보석 같은 화장품의 브랜드 이미지를 부각했다.

이처럼 고급스럽고 우아한 디자인의 특징을 갖춘 뜨레아는 1993년도 디자인 부문의 월드스타 World Star 상을 수상했으며, 1994년에는 우수포장 상품으로 선정되었다.

시장침투 전략: 특정 아이템에 집중하다

윤정을 모델로 한 '늘 애인 같은 아내'의 광고 카피는 큰 주목을 받았다. TV CF는 파티 장면, 생일축하 편, 해외여행 편 등을 통해 소재의 친근감과 다양화를 추구했다.

아울러 소수 히트 상품의 집중 소구로 목표 타깃층 내에서 제품 포지셔닝과 차별적 브랜드 이미지를 구축하여 다른 아이템의 동반적 시장 확산을 도모하는 전략을 전개했다.

먼저 히트 대상 상품 선정을 위해 30대 타깃의 시장규모 및 세분시장 내 특성을 고려했다. 30세에서 35세 층에서 로션류는 99%가 사용하고 있으며, 에센스류는 35%가 사용하고 있었다.

그러나 에센스류는 수요가 계속 확대 중에 있는 카테고리다. 또한 로션류와 에센스류는 보습력, 피부노화 회복의 주 기능을 전달하는 효과 지향적 제품군으로 인식되고 있었다.

이러한 특징들을 고려하여 로션과 에센스를 히트 상품의 대상으로 선정했다. 이들 제품을 중심으로 광고, 홍보 및 판촉의 집중화를 통해 제품 차별화 및 조기 시장 정착에 주력했다. 가령 포스터 제작의 경우 기본 포맷은 모델 등장과 함께 제품은 심플하게 로션과 에센스만을 보여주었다.

30대 시장의 교두보를 마련하다

뜨레아는 출시 후 2년차인 1994년 말을 기준으로 한 회사 전체 매출액 2206억 규모에 305억을 달성하여 단일 브랜드 기준으로 매출 기여도 13.8%를 달성했다. 뜨레아 출시를 통해 단기적으로 목표 타깃층 내 안정적인 브랜드 이미지를 구축했고, 30대 이후 시장의 교두를 확실히 마련하는 계기가 되었다.

그러면 단기간에 큰 성과를 거둔 주요 요인들은 무엇인가?

첫째, 30대의 목표 타깃이 지향하는 니즈의 명확한 이해를 바탕으로 한 마케팅 전략에서 우위를 찾을 수 있다. 30대 연령층을 타깃으로 한 목표시장의 선정 및 이들 타깃의 니즈를 충족시키는 제품 및 광고 표현의 소구가 주효했다.

특히 30대 소비자층의 심리적 욕구를 충족시키는 표현 전략을 일관성 있게 지속시킴으로써 효과적인 커뮤니케이션 전달에 성공했다. '늘 애인 같은 아내'에서 보듯, 적절한 소비자 언어의 선택, 일관성 있는 톤 앤 매너, 그리고 소재의 친근감과 다양화(파티 장면, 생일축하 편, 해외여행 편) 등에서 전략의 우위성을 찾을 수 있었다.

한마디로 STP_{Segmentation, Target, Positioning} 전략의 모범적 성공으로 시장 내에서 선도적 위치로 자리를 잡았다.

둘째, 타깃 고객에 부응하는 고급 제품으로 이미지를 부여할 수 있도록 입체적인 디자인을 실현하여 브랜드 이미지 구축을 견인했다. 특히 고급 이미지 부각을 위한 골드와 버건디 색상의 조화, 라운딩한 굴곡 처리로 성숙한 여성의 가슴선을 형상화한 입체적인 외형 디자인, 그리고 보석 같은 화장품의 브랜드 이미지를 부각하는 등 디자인 차별화에서 성공했다. 앞서 언급했듯이 이러한 디자인 차별화는 그 우수성을 인정받아 1993년도 월드스타 상을 수상했고, 1994년에는 우수포장 상품으로 선정되었다.

셋째, 제품 측면에서 기술 경쟁력을 확보했다. 30대 피부 적합성에 맞추기 위해 특허출원 신기술을 제품에 적용하여 기술력에 의한 강력한 차별화를 추구했다. 특히 쉽게 건조해지고 피부의 윤기와 탄력이 떨어지면서 점진적으로 노화되기 시작하는 30대 여성 피부를 정확히 파악하여 '늘 촉촉한 피부 느낌'의 화장품을 구현했다.

성공을 거두었지만, 소수 집중이 아닌 만능의 착각에 빠지다

브랜드 신비감은 경쟁 브랜드를 이길 수 있는 중요한 특성이다. 브랜드 신비감은 시간이 지나면서 점차 쌓여간다. 그러나 소멸되기 쉽고 한 번 없어지면 다시 돌이키기 어렵다.

단기적으로 뜨레아는 성공한 대표적 브랜드였다. 그러나 뜨레아는 초기의 성공에 취해 과잉 마케팅을 지속하면서 스스로 브랜드 자멸을 초래한 전형적인 예이기도 하다. 초기에는 '늘 애인 같은 아내'의 표현 전략을 통해 브랜드 신비감을 축적해나갔다. 그러나 이러한 브랜드의 신비감은 시간이 지나면서 서서히 약화되어 갔다.

브랜드 관리에서 항상 간과하는 것이 있다. 브랜드는 공룡과 같은 길을 가고 있다는 점을 망각해버린다. 개구리는 미지근한 물에서 서서히 달궈져 죽는다. 미지근한 솥에 개구리를 넣고서 불을 가하면 솥 안의 물은 서서히 온도가 올라가게 된다. 개구리는 처음 미지근한 물의 온도 변화에 둔감하여 반응하지 않고 온도가 올라가는 줄도 모르고 솥 안에서 서서히 죽어가게 된다.

비즈니스 세계에서 브랜드 역시 개구리를 삶는 방법과 같은 일이 너무 자주 일어난다. 브랜드 가치는 오랜 기간에 걸쳐 서서히 약화되기 때문에 한참 늦은 후에야 알아챌 수 있다. 기업이 많은 고객의 외면을 알아챌 정도에 이르면 브랜드는 이미 급격히 약화된 상황에 처해 있다.

브랜드에 대한 좋은 평판은 최고의 보물이다. 명성은 불과 같아서 일단 불을 붙이면 그 불꽃을 유지하기가 비교적 쉽지만, 꺼트리고 나면 다시 그 불꽃을 살리기가 매우 어렵다. 아파트 베란다에 놓여 있는 난초가 시들어 말라 버린 후에 물을 주어도 소용없듯이 말이다.

출시 이후 5년이 지난 1998년도에 내가 이끌고 있던 마케팅팀에서 뜨레아 브랜드를 다시 담당하게 되었다. 이때는 벌써 브랜드가 정점을 지나 급격한 쇠퇴의 길을 걷고 있었다. 왜 이런 상황에 이르게 되었는가?

테디 베어의 진화: 곰 인형의 탄생과 진화의 생물학[6]

테디 베어Teddy Bear는 인형의 이름이다. 1902년에 탄생한 곰 인형의 모습은 괄목할 정도로 꾸준히 바뀌어왔다.

초기의 테디 베어는 이마가 낮고 주둥이가 긴 진짜 곰의 모습이었다. 그러나 머리 생김새가 조금씩 바뀌면서 테디 베어의 눈이 얼굴 아래쪽으로 점점 묻히게 되면서 이마가 더욱더 높아지게 되었다. 동시에 길쭉한 주둥이는 뭉툭하게 되었다. 오늘날의 테디 베어는 이마가 높고 주둥이가 짧은 동물로 그들 조상과는 무척 다른 모습이다.

물론 테디 베어가 수십 년에 걸쳐 엄청난 속도로 모습을 바꾸어온 유일한 동물 인형은 아니다. 미키 마우스는 1920년대 말에 등장한 후 엄청난 변화를 보여왔다. 미키 마우스의 눈은 훨씬 더 커졌고, 입은 짧다는 인상을 주리만큼 두터워졌으며, 귀가 뒤쪽으로 옮겨져서 이마가 더 높아 보이게 되었다.

이런 변화들은 테디 베어에서 볼 수 있는 것과 비슷하지만 이들은 아주 다른 습관을 지닌, 서로 전혀 관계가 없는 종이다. 그러나 그 둘에는 공통으로 눈에 띄는 특징 한 가지가 있다. 다시 말해 그들의 존재는 바로 사람들의 관심을 끌 수 있는 방향으로 끊임없이 변화해왔다는 점이다.

여기서 왜 테디 베어나 미키 마우스의 진화 이야기를 하는가? 인형도 소비자의 관심을 끌기 위해 끊임없는 진화를 거듭해오듯이 비즈니스에서 제품 혹은 브랜드 역시 진화를 거듭해야 고객들의 사랑을 받을 수 있다는 것이다. 이러한 진화에 인색한 브랜드들은 대부분 초기에 성공했더라도 결국은 시장에서 사라지게 된다.

고객의 마음을 읽어 '진실'을 팔아야

진실을 은폐하고 고객의 순진함을 이용해 수익을 창출하는 마케팅은 오래갈 수 없다. 물론 마케팅은 제품의 전쟁이 아니라 '심리'의 전쟁이다. 즉 소비자가 자기 제품을 어떻게 인식하느냐가 중요하다. 그렇다고 하여 제품을 과대 광고하면 일시적 성과는 있지만 장기적 성과는 담보하지 못한다. 제품의 특징을 있는 그대로 보여주고 고객의 손길을 기다려야 한다.

돌이켜보면 뜨레아는 변화와 자극 그리고 차별화 등에 대한 관심보다 오로지 매출에만 목을 매는 만능의 착각에 빠져버렸다. 뜨레아는 젊은 엄마들의 로망으로서 '늘 애인 같은 아내'의 신비감을 유지하는 자아정체성과도 일치했다. 그런데 뜨레아는 초기의 성공에 힘입어 지속적인 양적 확대 전략을 통해 볼륨을 높여나갔다. 결국 매출 볼륨을 높이는 수단은 가격으로 귀결되었다. 그 결과 브랜드 신비감은 없어지고 오직 시장에서는 가격에 초점이 맞추어져 있었다. 결국 가격 경쟁은 끊임없는 악순환의 고리를 낳았다.

어느 날 사업부장님을 모시고 화장품의 최고 격전지 명동에 시장조사차 나갔다. 화장품 할인점을 방문하여 점주 및 판매원과 여러 이야기를 나누면서 왜 뜨레아가 판매가 되지 않는가 질문했다. 그들은 이구동성으로 과다한 가격 할인으로 마진 확보가 어려워 뜨레아 판매를 기피한다고 했다. 물론 판에 박힌 상투적인 대답이기도 했지만, 그러나 현실 그 자체였다. 뜨레아는 치열한 가격 경쟁의 중심에 서 있었다. 사정이 이렇다 보니 브랜드 이미지에 의한 판매보다는 가격 경쟁력에 의해 판매가 이루어지는 게임 구조로 바뀌어 버렸다.

착잡한 마음으로 사무실에 들어오는 길에 사업부장님께서 리뉴얼을 단행해야겠다는 의견을 제시했다. 사무실에 들어온 후 관련 부서의 팀장들을 모아놓고 그 자리에서 가격 인상을 위한 리뉴얼 진행을 지시하셨다. 번개에 콩 볶아 먹듯이 그로부터 3개월 후에 리뉴얼된 새로운 제품이 출시되었다.

이처럼 양적 확대에만 몰두하다가 결국 정직성까지 잃어버린다. 결론부터 말하면 뜨레아 리뉴얼은 단지 가격 인상을 위한 도구로 사용되었다. 고객들은 냉담했다. 오히려 출시 후 쇠퇴의 속도는 가속화되었다. 이러한 방법들은 브랜드 단명화의 주요 요인이다. 장기적 관점의 브랜드 전략을 고려하지 않고 너무 자주 쉽게 리뉴얼을 해왔다. 빈번한 리뉴얼은 브랜드 이미지가 채 형성되기 전에 혼란만 가져다주는 원인으로 작용했다. '눈 가리고 아웅하기' 식의 방법이 결국 브랜드 자멸을 초래하게 되었다.

이에 대한 경종을 울려주는 박용후의 저서 《관점을 디자인하라》가 이를 잘 설명해준다. 그는 제품을 이렇게 정의했다. "제품은 파는 것이 아닌, 대중에게 새로운 관점을 제공하는 것"이라고. 단지 새롭게 보인다고 해서 그것만으로 신제품은 아니다.

엄밀히 말해서 신제품을 결정하는 것은 고객이다. 기능이나 외관 측면에서 고객이 그것을 신제품으로 인정할 수 있어야 그 제품이 신제품이다.

그런데 예전의 것과 똑같은 기능을 가지고 있으면서 새로운 컬러로 출시되었다는 이유 때문에 신제품으로 광고되는 경우가 굉장히 많다. 엄밀히 말해서 그것은 신제품이 아니다.[7]

단기성의 임시방편적 전술은 우선은 좋아 보인다. 마치 선심성 공약이나 정책과 같다. 하지만 우선 좋다고 해서 일회성 전술들을 남발하게 되면 브랜드 자멸을 초래하게 된다. 이 점을 우리는 잊어서는 안 된다.

고객을 움직이는 심리요소 중에서 가장 중요한 것을 하나 고른다면 바로 '정직함'이다. 비즈니스는 정직하고 진실해야 한다.

이솝 이야기 중에서 양치기 소년의 대목이 있다. 처음 몇 번은 거짓이 통했다. 그러나 여러 번 속은 마을 주민들은 진짜 상황이 왔을 때 믿으려 하지 않는다. 실제 상황이 닥쳤을 때 아무리 소리쳐도 소용이 없었다. 그래서 양치기 소년은 진짜 양을 잃어버렸다.

마찬가지로 믿기 어려운 가격이나 광고와는 다른 상품을 소비자에게 제공할 경우 한두 번 정도는 소비자들을 속일 수 있을지 모른다. 하지만 오랫동안 지속적으로 속이는 것은 불가능하다. 그만큼 정직함이 중요하다는 의미다.

연령 타깃을 효과적으로 관리하지 못했다

인간은 피할 수 없이 나이를 먹게 된다. 50의 중년을 넘어서면서부터 같은 나이에도 차이의 기복이 크다. 누구는 아직 30대처럼 보이는 사람이 있는가 하면 누구는 60대처럼 보이는 사람도 있다. 그 전에는 기복이 적다. 그러면 젊음을 유지하는 비결은 무엇인가? 젊음을 유지하는 사람들의 특징을 보면 항상 삶에 변화를 주는 것이라고 한다. 변화가 없는 단조로운 삶은 우리의 감각을 조금씩 무디게 만들어버린다. 따라서 변화와 자극, 그리고 차별화……. 이것들은 모두 우리의 삶이 정체의 늪으로 빠져들어 갈 때 신선한 활력과 생기를 불어넣어 주는 고마운 존재들이다.

이런 원리들은 살아 있는 생명체로서 브랜드에도 그대로 적용된다. 그러나 뜨레아는 연령 타깃의 브랜드를 효과적으로 관리하지 못했다. 특정 연령층을 목표로 하더라도 해당 연령들이 세월이 흐르면서 나이를 먹는다. 결국 그들이 해당 브랜드의 연령을 끌어올린다. 그렇게 되면 일정 시간이 흐르면서 목표 타깃이 한 단계 올라와 있는 모습을 발견할 수 있다.

IMF를 지나 2008년 뜨레아 브랜드를 다시 맡고 나서 제2도약을 위한 다양한 활동을 시도했다. 그러나 연령 타깃이라는 함정에 빠져 주저앉고 말았다. 이때 뜨레아는 40대가 사용하는 브랜드로 나이를 먹어버렸다. 전형적인 브랜드 가령효과가 나타난 것이었다.

그러면 마몽드는 어떻게 변신해왔는가?

산소 같은 여자, 마몽드. 마몽드는 20대를 위한 브랜드로 출시되었다. 아모레의 취약한 타깃 기반인 20대에 초점을 맞추어 1991년 10월에 출시된 마몽드는 기초와 메이크업을 모두 갖춘 종합 브랜드였다. 1988년 올림픽 이후 여성들의 사회 활동이 늘면서 그들의 성향이 능동적·독립적·외향적으로 변하면서 자신을 활발히 표현하기 시작한 시점이었다.

이러한 흐름에 따라 마몽드 광고 역시 20대의 활동적인 여성에 초점을 맞추었다. 그래서 모델 이영애를 통해 '산소 같은 여자'를 슬로건으로 표출시켜주었다. 사실 모델 이영애를 통한 20대의 다이내믹한 활동상을 보여주는 광고는 당시에는 파격 그 자체였다. 왜냐하면 그때까지만 하더라도 광고 패턴이 모델의 얼굴 중심에 포커싱이 되어 있었기 때문이다. 결과적으로 이러한 캠페인을 통해 마몽드는 한국 최고의 브랜드로 자리 잡았다.

그러나 마몽드 역시 가령효과라는 덫에 빠지고 말았다. 초기 20대의 고객들이 세월이 흐르면서 30대가 되었고, 이들이 20대에 사용하던 마몽드가 그들만의 브랜드로 되고 말았다. 결국 고객층이 나이가 들어감에 따라 브랜드 역시 같이 늙어간 것이었다. 이러한 흐름에 따라 1990년대 중반에 이르러 마몽드 역시 여느 브랜드처럼 쇠퇴의 길을 걷기도 했다. 1993년도에 1000억 매출에서 1998년에 이르러 380억 매출로 급격한 하향 곡선을 보여주었다.

이러한 상황에서 마몽드 이후 뒤를 이어 출시한 라네즈에게 20대 시장을 내어주고 마몽드는 30대 여성을 위한 타깃으로 재설정했다.

2001년에 접어들면서 황수정의 '빛이 되는 여자'를 내세워 과거 이영애 시대를 자연스럽게 연결, 상기시키면서 리뉴얼 제품인 마몽드 브라이트닝의 제품 속성을 표현해주었다. 다시 2002년 봄, '봄을 닮은 여자'로 리뉴얼하여 모델을 박주미로 교체했다. 마몽드는 봄을 닮은 여자로 다시 태어난 것이다.

이런 활동을 통해 마몽드는 30대를 목표 타깃으로 하여 시장에서 안착되어 갔다. 이제 마몽드는 아모레퍼시픽의 대표 브랜드로 대형마트에서 독자적인 매장을 가질 만큼 정착해가고 있다.

응답하라, 뜨레아

프랑스의 대표적 소설가인 마르쉘 프루스트 Marcel Proust 는 그의 소설 《잃어버린 시간을 찾아서》에서 마들렌 빵 한 조각을 보고서도 어린 시절을 금방 떠올린다.

최근 큰 반향을 일으켰던 tvN의 드라마 〈응답하라 1994〉는 서울 신촌을 무대로 하고 있다. 창천동으로 설정된 하숙집, 독수리다방, 록카페 스페이스와 우드스탁, 그레이스백화점, 형제갈비, 대형 호프집 등 1994년 신촌을 상징하는 공간들이 시청자의 추억을 자극하는 배경으로 등장했다. 이처럼 1994년을 배경으로 펼쳐지는 〈응답하라 1994〉는 전형적인 추억팔이 드라마다.

최근 성공한 브랜드들에서 종종 볼 수 있는 특징은 과거와 연결되어 있다는 것이다. 과거라는 개념은 우리가 빈번하게 신뢰와 감정과 연관 짓는 것이다. 이 트렌드는 과거를 암시하는 많은 스타일, 미적 요소 및 기타 시각적 암시를 포함하고 있으며 리테일, 패션, 소비자 가전 등 다양한 분야에서 적용되고 있다.

물론 최초의 경험이 객관적으로 더 좋을 때가 있기는 하다. 하지만 그렇지 않다고 하더라도 모든 상황을 지나서 볼 때 더 좋아 보인다. 그것은 우리의 두뇌가 인간으로서, 또는 소비자로서 과거가 더 완벽하다고 믿도록 속이기 때문이다. 그 이유는 무엇일까? 그것은 아주 간단하면서도 강력한 심리적 설득자인 '향수nostalgia'라고 하는 요인 때문이다.[8]

소비자들의 향수를 자극하기 위한 전통적이면서도 효과가 분명한 마케팅 전략 중 하나로 이미 과거에 선보였던 광고나 슬로건 혹은 광고 캠페인을 새로운 형태로 다듬어서 출시하는 방법이 있다. 대표적으로 2009년 하인즈의 광고 캠페인을 꼽을 수 있다.

하인즈는 1970년대에 인기를 끌었던 '콩은 역시 하인즈Beanz means Heinz'라는 슬로건을 그대로 들고 나왔다. 새로우면서도 오래된 하인즈 광고를 보면, 엄마가 하인즈 콩이 가득한 접시를 사랑스런 표정으로 아이들에게 가져다줄 때 그 배경으로 이러한 슬로건이 나온다. "내가 슬플 때마다 엄마는 말하지. 엄마, 나 내게 힘을 주는 방법을 알아. 그리고 콩은 역시 하인즈란 것도 알지." 이 광고는 소비자들에게 강한 인상을 남겼고, 첫 출시 이후 30년 만에

'광고 명예의 전당'에서 실시한 투표에서 가장 유명한 슬로건으로 선정되는 영광을 누렸다.[9]

마찬가지로 뜨레아를 부활시킬 수 있는 방법은 없는가?

응답하라, 뜨레아!

CHAPTER 4

[대안제품 콘셉트 만들기]

| 더 히스토리 오브 후 | 경쟁적 대립 이미지를 창출하다

더 히스토리 오브 후
경쟁적 대립 이미지를 창출하다

화장품다움의 문화 만들기: 최초로 여성 임원을 영입하다

1999년 LG 화장품은 큰 미션 하나를 부여받았다. 어느 날 LG그룹 회장님께서 LG생활건강 사장을 긴급히 호출하셨다. 신문에 아모레퍼시픽의 주식이 황재주로 연일 언급되고 있었다. 그룹 회장님께서 이런 정보를 접하시고 왜 LG 화장품이 아모레퍼시픽을 이기지 못하는지에 대한 강한 챌린지가 있었던 모양이다. 긴급회의가 소집되었다. 그 회의에서 아모레퍼시픽을 궁극적으로 이길 수 있는 중장기 전략을 내놓으라는 명이었다.

그래서 답을 찾기 위한 프로젝트팀을 가동하기로 했다. 나는 프로젝트팀에 합류하여 팀장을 맡게 되었다. 약 4개월에 걸쳐 프로젝트가 진행되었다. 프로젝트를 진행하면서 오직 아모레퍼시픽만을 이길 수 있는 방안을 찾았다. 자연히 아모레퍼시픽과 비즈니스의 모든 영역에서 역량을 비교하게 되었다.

여러 경쟁 영역에서 평가한 결과, 특히 '화장품다움의 문화에서 LG와 아모

레퍼시픽 간 차이가 가장 현저했다. 프로젝트 진행 과정에서 용산에 소재한 아모레퍼시픽 회사를 몇 번 찾아간 적이 있다. 1층 로비에 들어서는 순간 아무런 설명 없이 화장품 회사로서 그들만의 이미지를 느낄 수 있었다. 그리고 조직원들 역시 화장품다운 생각과 행동이 자연스럽게 몸에서 묻어나왔다.

4개월여에 걸친 프로젝트를 통해 나온 답은 조직을 '화장품다움의 문화'로 만드는 것이었다. 이것은 가장 어렵다는 조직의 변화다. 이런 화장품다움의 문화를 만드는 첫 번째 변화는 마케팅 디렉트를 외국계 화장품 회사에서 근무하는 여성분으로 영입하는 것이었다. 이러한 취지에 따라 마케팅 디렉트로 영입된 분이 에스티로더에서 근무하고 있던 송영희 상무(현재 KT 전무로 근무)였다.

송영희 상무는 '더 히스토리 오브 후'를 개발하고 히트화시켰다. 홍보맨답게 절제된 프로모션, 즉 Do < Not Do 방식을 통해 '더 히스토리 오브 후'의 히트화를 이루어내었다. 특히 송 상무는 외국계 화장품 회사에서 근무하면서 명품 브랜드의 육성에 많은 관심을 가지고 있었다. 자연스레 송 상무와 나는 명품 브랜드 연구를 함께 하기도 했다.

이렇게 본다면 '1995년 성공적인 이자녹스 출시'를 통해 화장품 사업의 새로운 판을 짜게 하여 성장의 견인 역할을 했다면, '화장품 중장기 사업 전략'을 위한 프로젝트 결과로 나온 조직 혁신은 제2의 도약의 기틀을 마련해주었다고 볼 수 있다.

한국의 미 발견: 그 중심에 한방화장품이 있다

IMF를 지나면서 자동차, 패션, 모바일, 전자제품 등에서 명품들의 선전이 두드러졌다. 이러한 트렌드에 맞추어 백화점은 VIP 모시기 활동에 혈안이 되어 있었다.

이런 환경의 변화에 따라 매년 언론사 등에서 발표하는 히트 상품 역시 명품들의 독무대였다. 가령 전자제품의 경우 트롬, 하우젠, 디오스, 지펠에서부터 자동차, 생활용품, 외식 등 모든 카테고리에 걸쳐 명품들이 히트 상품의 주류를 차지하고 있었다.

이제 대한민국 명품 시장이 100조 원 시대가 도래하면서 LG생활건강은 또 한 번의 도약을 준비하고 있었다. 그런데 명품 화장품은 외국 제품들이 대부분 국내 시장을 장악하고 있었다. 다만 '한국의 미'의 자존심으로 '한방화장품'만큼은 예외적이다. 가장 한국적인 것이 가장 세계적인 것이다.

한방화장품의 원조는 '설화수'다. 설화수 1980년대 말에 출시되었다. 출시 시점에는 '설화'였다. 동양적인 분위기에 한약생약 성분을 가진 제품으로 '한약생약 성분이 피부를 깨운다'는 슬로건으로 최고의 브랜드로 등극했다. 이처럼 설화수는 한약생약 성분 화장품의 틈새시장을 공략하여 2003년 기준 3000억, 그리고 2010년 기준 7000억 이상의 매출을 달성하는 국내 최고의 장수 브랜드로 성장했다.

이제 골리앗이 떡 버티고 있는 한방화장품 시장에서 도전자로 나선 LG는 어떤 길을 가야만 하는가? 시장을 만들어 그 시장의 대명사로 우뚝 서 있는 설화수를 피해 가는 방법은 무엇인가?

경쟁적 포지셔닝 전략: 대립 이미지를 창출하다

이자녹스의 성공 여세를 몰아 LG는 아모레퍼시픽이 '설화수'를 통해 한방화장품 영역에서 독주하고 있는 시장에 진입하기로 하고 준비 단계에 들어갔다. 초기에는 설화수가 공략하지 않은(당시 설화수는 백화점과 방문판매 전용이었다) 화장품 할인점에서 설화수 대비 합리적인 가격의 한방화장품을 출시하자는 의견이 우세했다.

그러나 주류 시장을 공략하기로 하고 설화수 대응의 출시에 초점이 맞추어졌다. 15년이 넘은 한방화장품의 원조 설화수와 경쟁하기 위해서는 대립 이미지(설화수를 대체할 수 있는 대안제품)의 창출이 요구되었다.

강력한 리더가 있을 때는 차라리 양극화하는 '대안제품'으로 소비자에게 다가서는 방법이 있다. 한마디로 경쟁적 대립 이미지를 구축하는 것이다. 후발주자들이 선도자를 추월하기 위해서는 더 '좋아지려' 하지 말고 '달라지려' 노력해야 한다. 슈퍼 거인에 대적해 자신을 1위 제품의 대안으로 소비자 마음에 각인시키는 것이 중요하다.

고객의 마음속에 경쟁 제품과 비교하여 제품을 포지셔닝시킨 대표적인 사례가 7up의 'Uncola' 캠페인이다. 7up은 이러한 캠페인 이전에 소프트드링크$_{soft drink}$로 확신시키는 데 어려움을 겪었다. 소비자들은 콜라$_{Cola}$가 소프트드링크라 믿었으며, 7up은 소프트드링크가 아니라고 생각하고 있었다. 7up은 'Uncola'로 프로모션함으로써 7up을 콜라와 마찬가지로 동일한 상황에서 소비되는 소프트드링크로, 그리고 콜라의 대안제품으로 포지셔닝시켰다.

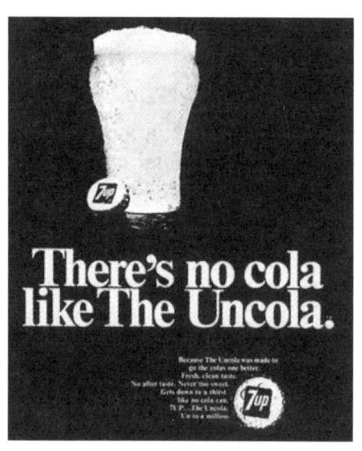

비슷한 예로 자동차 브랜드 BMW와 벤츠$_{Benz}$는 서로 대립 이미지 창출을 통해 각자의 길을 가고 있다. 가령 BMW는 젊은 층을 대상으로 '스피드'를 강조하는 반면, 벤츠는 사회에서 성공한 보수적인 층을 대상으로 '안전'을 강조하고 있다.

다시 화장품 시장으로 돌아와 보자.

한방화장품의 경우 사회적 통념으로 보면 피부관리 제품의 가장 매력적인 소비자 유형은 50대 이상의 여성으로, 이들은 주름방지에 관심이 많았다. 이러한 여성들은 유명 제품에 대해 상당한 프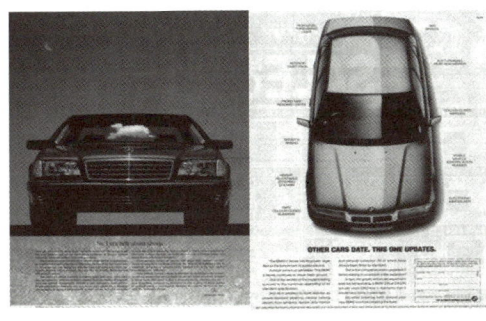
리미엄을 지불한다. 바로 그런 까닭에 선도적인 한방화장품 브랜드인 설화수는 이들이 중심이 되는 소비자층이었다. 즉 설화수는 보수적이며 진부한 50대 이상의 올드한 이미지를 갖는 오랜 전통이 있는 어머니들이 좋아하는 고가 한방화장품의 대표 브랜드로 각인되어 있었다.

그러나 소비자 욕구 조사 결과에 따르면 35세 이상의 고객층에 상당한 성장잠재력이 있다는 것을 발견했다. 이들이 바로 처음 주름살을 발견하는 나이대의 사람들이다. 따라서 LG의 신규 한방화장품은 노화가 시작되는 30대

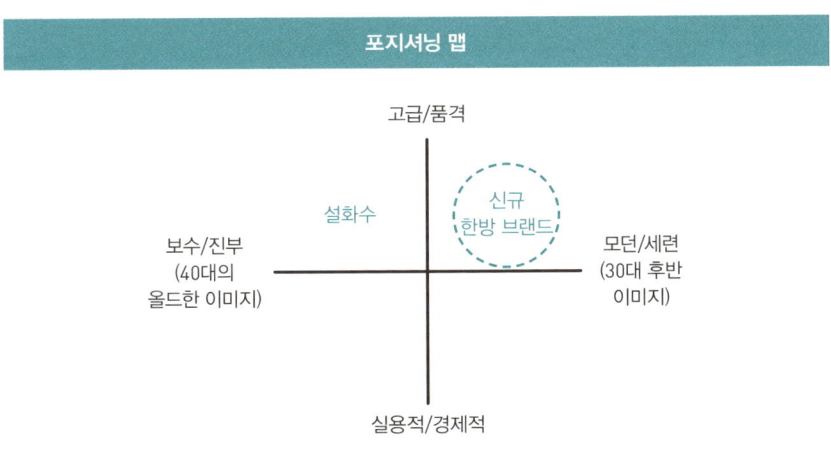

후반 소비자층을 타깃으로 하여 모던하고 세련된 이미지로 설화수와 대립되는 경쟁구도를 설정하였다.

더 히스토리 오브 후 탄생: 궁중비법의 고품격 한방화장품을 표방하다

LG의 신규 한방화장품의 브랜드 콘셉트는 '궁중비법의 고품격 한방화장품'으로 설정되었다. 이러한 콘셉트에 바탕을 두고 '더 히스토리 오브The History of 후'로 네이밍했다. 이는 왕후를 위해 전해 내려오는 궁중 미용의 비법을 간직하고 있는 왕후의 아름다운 모습으로 형상화되었다.

브랜드 로고는 서예가 손숙옥 님의 서체를 활용해 해금의 부드럽고 청아함을 모티브로 하여 '후'의 서체를 심벌화했다. 브랜드 컬러는 골드와 호박amber의 차분함과 왕실의 화려한 기품을 표현하는 색상을 사용했다. 더불어 용기 디자인은 연꽃 전통 문양의 왕관을 형상화하여 호박 보석을 연상시켰다. 이처럼 브랜드 로고, 컬러 그리고 디자인이 한데 어우러져 궁중비법의 고품격 한방화장품이 탄생했다.

이렇게 탄생한 '더 히스토리 오브 후'는 가장 한국적이면서도 궁중비법을 담은 고품격 한방화장품으로서 확실하게 설화수와 대립되는 이미지를 구축했다.

깨지기 쉬운 브랜드 자산: 브랜드 신비감을 유지하다

초기 '더 히스토리 오브 후'의 마케팅 활동은 초점을 좁혀 핵심 타깃 위주로 홍보에 주력했다. '더 히스토리 오브 후'의 출시 초기 마케팅 커뮤니케이션 전략은 다음과 같은 단계에 따라 절제되게 진행되었다.

1단계 마케팅 커뮤니케이션 전략: 밴드웨건 효과를 활용하다

론칭 커뮤니케이션은 밴드웨건 효과 band-wagon effect 를 활용했다. 밴드웨건 효과는 서부개척 시대의 역마차 밴드웨건에서 유래하고 있다. 밴드왜건은 행진할 때 대열의 선두에서 행렬을 이끄는 악대차를 의미하며, 이 때문에 밴드왜건 효과를 '악대 효과'라고도 한다. 사람들이 밴드왜건을 보고 이유 없이 호기심 때문에 따라가는 심리처럼, 어떤 재화의 수요가 증가하면 사람들이 덩달아 움직이면서 수요가 더욱 증가되는 현상을 의미하는 것이다.

이러한 밴드웨건 효과는 하비 레이번슈타인 Harvey Leibenstein 이 처음 사용한 용어로 그는 "모든 사람이 이렇게 생각하고 있다" 또는 "모든 사람이 이렇게 행동하고 있다"고 말하면서 '왜 너는 그렇게 하지 않느냐?' '너도 따라라'라는 논리로 대중을 설득시킨다.

우리는 여러 가지 방식으로 다른 사람의 행동에 무의식적인 영향을 받는다. 우리가 사용하는 언어, 그 언어를 말하는 억양, 그리고 애초에 언어를 배워서 말을 하게 된다는 사실 자체가, 우리 스스로가 다른 사람을 모방하고 다른 사람의 모방을 받는 걸 좋아하는 존재라는 점을 반영하고 있다.

가령 포커스 그룹 모임에서 함께 샴푸를 주제로 이야기를 나눈다. 그런데 모임 사회자가 가려움에 대해 이야기를 꺼내자마자 방 안의 모든 사람이 머리를 긁기 시작했다. 갑자기 없는 이라도 생긴 것일까? 물론 그런 건 아니다. 사람들은 그저 무의식적으로 다른 사람들의 행동을 그대로 따라 했던 것이다.

많은 커뮤니케이션 전략의 경우 이런 원리들이 활용된다. 후도 마찬가지로 이런 원리들을 따랐다. 잠재 목표고객은 의견 선도층이므로 1차적 과제는 의견 선도층에 대한 선별적 노출을 통해 초기 수용자층의 구전 파급효과를 기대하는 전략이 필요했다.

소유하지 못하기 때문에 생기는 열망은 럭셔리의 중요한 속성이다. 명품은 오직 자기만 갖고 싶어 하는 것이다. 이것이 럭셔리 구매자의 공통된 심리다. 너무 많은 사람이 그 제품을 가지고 있는 것은 럭셔리로서 가치를 희석시킨다.

따라서 1단계 론칭 커뮤니케이션은 타깃을 좁혀 진행했다. 상류층이 사용하는 브랜드로 타깃을 좁혀 커뮤니케이션함으로써 제품을 모방하는 소비심리를 적극 활용했다. 더 후 멤버스 캠페인, VIP 고객 대상의 워크숍, 후 여성 아마추어 골프대회 등을 통해 오피니언 리더라고 판단되는 소수 계층을 집중 공략했다.

이러한 활동의 결과 기존 한방화장품 대비 더욱 높은 등급의 소수에게만 알려져 있는 차별적 프레스티지 이미지를 확보했다. 한마디로 소수에게만 알려져 있는 귀족 케어로서 자리매김을 했다.

2단계 마케팅 커뮤니케이션 전략: 타깃 확장을 하다

2단계 마케팅 커뮤니케이션 전략은 1단계 결과에서 나타난 '소수만이 알고 있는 차별적 프레스티지 이미지'에서 '타깃 확장target extension'에 초점을 맞추어 진행했다. 이를 위해 먼저 이영애라는 빅 모델과 TV 광고 등 매스커뮤니케이션을 활용하여 확대 전략을 전개해나갔다.

2단계 커뮤니케이션 전략 역시 1단계 커뮤니케이션 전략의 연장선상에 있었다. 단지 매스 커뮤니케이션을 이용할 뿐 '유명인' 모델을 통해 닮고 싶은 심리를 자극했다.

이러한 심리들은 코넬대학교 경제학과 교수인 로버트 H. 프랭크가 1999년 자신의 저서 《명품 열풍Luxury Fever》에서 잘 설명하고 있다. 상류층의 수입 급증과 명품 소비에 자극받은 부유하지 못한 일반인들이 이를 따라잡기 위해 안간힘을 쓰게 된다는 주장이다.[1]

3단계 마케팅 커뮤니케이션 전략: 트레이딩 업 전략을 펼치다

신동엽, 강호동, 유재석. 이들의 공통점은 무엇인가? MC일 뿐만 아니라 그들이 진행하고 있는 프로그램이 여러 개 있으며, 특히 이를테면 송해의 〈전국노래자랑〉처럼 해당 MC의 정수가 드러나는 대표작이 있다는 점이다. 가령 유재석은 〈무한도전〉을 가지고 있고, 신동엽은 〈SNL 코리아〉를 가지고 있다.

마찬가지로 브랜드 역시 대표 제품이 있다. 어떤 브랜드를 대표하는 제품을 일컬어 대표작, 플래그십 제품flagship product, 상징제품symbolic product, 은제탄환제품silver bullet 등 비슷한 여러 용어들이 사용되고 있다. 물론 이들 용어의 역할은 약간씩 다르다. 특히 명품 브랜드에서는 대표작이나 플래그십 제품보다는 상징제품으로 불린다.

가령 마릴린 먼로가 잠자리에서 유일하게 걸쳤다는 '샤넬 No.5 향수'는 샤넬 브랜드를 이끌어가는 상징제품으로 자리 잡고 있다. 이러한 상징제품은 브랜드 인지도 및 카리스마를 강화하는 좋은 수단이다.

할리우드 스타가 폭발적인 인기를 누릴 때 대표작이라고 부를 만한 작품이 있는 것과 마찬가지로, 후의 브랜드 가치 제고를 위해 최고급, 최고가의 상징제품을 개발할 필요성이 제기되었다. 이에 따라 출시 초기 190억 매출이 가능했던 제품력에 기반해서 트레이딩 업 전략을 통해 '더 히스토리 오브 후' 브랜드를 이끌어갈 상징제품을 개발하여 출시했다.

그것은 바로 68만 원의 국내 크림 중 최고가인 '환유고'다. 이런 환유고의 성공적 론칭을 통해 브랜드 인지도, 프레스티지 이미지, 그리고 왕후의 궁중 화장품으로의 브랜드 콘셉트가 강화되었다.

4단계 마케팅 커뮤니케이션 전략: 스토리텔링을 전개하다

스토리텔링storytelling이란 '스토리story+텔링telling'의 합성어다. 문학용어에서 나온 이 말은 제품(브랜드)을 이야기 형식으로 전달해 소비자의 머릿속에 각인시키는 마케팅 방법으로 사용하고 있다.[2] 좋은 제품과 함께 '좋은 스토리'는 성공에 꼭 필요하다. 일단 좋은 제품은 기본이다. 이게 없으면 성공 자체가 성립이 안 되기 때문이다. 그다음으로 이 제품을 어떻게 하면 사람들이

좋아할 만한 스토리로 엮어내서 알리느냐다.

따라서 4단계 마케팅 커뮤니케이션 전략은 스토리텔링의 전개였다. 독특한 스토리를 통해 왕후의 이미지를 더욱 강화했다. 초기부터 의도했던 '궁중 비법의 고품격 한방화장품' 콘셉트를 강화하기 위해 왕후의 스토리를 설정하여 전개했다.

이처럼 출시 초기의 4단계에 걸친 성공적인 마케팅 커뮤니케이션 활동을 통해 '더 히스토리 오브 후'는 한방화장품 시장에서 강력한 브랜드 파워를 구축하였다. 이제 후는 LG 화장품을 이끌어가는 선봉에 서 있다.

더 히스토리 오브 후의 성공요인: 명품 브랜드 관리의 원칙을 따르다

'크리스챤디올'과 일본 시세이도의 '디시라' 등 외국 명품 브랜드는 다음과 같은 네 가지의 공통된 특징을 가지고 있다.

- 이야기가 담겨 있는 고품격 브랜드 이미지
- 희소성
- 명확한 브랜드 아이덴티티
- VIP 마케팅

'더 히스토리 오브 후' 역시 명품 브랜드의 특징을 가지고 있다. 그러면 거인이 떡 버티고 있는 시장에서 후는 어떻게 성공적인 명품 브랜드를 구축하여 단기간에 시장에서 위상을 확보했는가?

첫째, '더 히스토리 오브 후'는 명확히 대립되는 경쟁적 포지셔닝을 구축했다. 설화수와 대립되는 경쟁적 포지셔닝을 구축함으로써 젊은 층의 한방 시장을 개척하였다.

둘째, 특히 프레스티지 마케팅의 원칙인 'Do < Not Do'의 마케팅 활동을 통해 최고급 한방 브랜드 이미지를 구축하였다. 출시 초기 4단계에 걸친 마케팅 커뮤니케이션 전략의 원칙은 'Do < Not Do'였다. 명품 이미지 구축의 핵심 마케팅 활동을 단계별로 전개해나갔다.

셋째, 최고급·최고가의 상징제품을 개발하여 '더 히스토리 오브 후'의 브랜드 가치를 확실히 굳혔다. 상징제품으로 탄생한 68만 원의 국내 크림 중 최고가인 '환유고'의 성공적 론칭을 통해 더 히스토리 오브 후는 브랜드 인지도와 프레스티지 이미지를 강화했고, 궁극적으로 왕후의 궁중 화장품으로의 브랜드 콘셉트를 공고히 했다.

넷째, 좋은 제품과 함께 '좋은 스토리'는 성공에 꼭 필요하다. 브랜드 콘셉트에 충실한 독특한 스토리를 만들어서 브랜드 이미지를 한 단계 높여주는 역할을 했다.

프리미엄 마케팅의 가장 중요한 공식: 'Do < Not Do'하라

뉴욕 맨해튼 중심부의 북적이는 쇼핑 지역에 정체 모를 상점이 하나 있다. 상점 바깥쪽에는 간판이나 광고판이 없다. 창에는 사람을 끄는 포스트 한 장 붙어 있지 않다. 상점이라는 것을 알 수 있는 것은 아무것도 없다. 그러나 호기심 많은 구경꾼과 여행객들은 커다란 프렌치 윈도를 통해 보이는 멋지게 차려입은 마네킹에 이끌려 서서히 상점 안으로 걸어 들어간다. 그중 몇몇은 이곳을 디자이너의 아틀리에나 스튜디오라고 생각한다. 심지어 아방가르드 의상 전시실이라고 생각하는 사람도 있을 것이다. 하지만 일단 안으로 들어가 보면 옷걸이 선반이 죽 늘어서 있고 거기에는 전부 가격표가 붙어 있는,

분명 다른 고급 의류 상점들과 다를 바 없는 곳이다. 당황해서 상점 직원에게 물어보면 "프라다 매장입니다"라고 아주 친절하게 답해준다.[3]

또한 도쿄 하라주쿠에서 10대를 대상으로 하는 상점들 역시 간판을 달지 않는다. 거기가 상점인지 모르는 사람은 그곳에 있을 일이 없다는 뜻이다. 청바지와 운동화 같은 대중시장 제품들도 이제는 자기네 제품이 모두를 위한 제품이 아니라는 메시지를 명확히 담아 광고한다.

이처럼 프리미엄 마케팅은 희소성과 관련이 있다. '더 히스토리 오브 후'는 마케팅 활동에서 'Do < Not Do'의 원칙을 철저히 지켰다. 이런 역심리 마케팅을 활용하여 고객에게 신비감과 자부심을 끊임없이 제공해주었다. 'Do < Not Do'의 원칙은 경제학의 소비자 이론 중 밴드왜건 효과와 스놉 효과$_{snob\ effect}$로 설명될 수 있다.

앞서도 살펴본 밴드왜건 효과는 서커스단의 퍼레이드에서 악대들이 타는 마차를 따라 줄타기하는 사람, 어릿광대, 차력사 등이 줄을 지어 행진하는 모습에서 유래된 말이다. 사람들이 유행에 따라 어떤 물건을 사게 되는 현상을 일컫는다.

밴드왜건 효과의 반대로 스놉 효과가 있다. 어떤 물건을 구매하는 사람이 늘어날수록 해당 물건에 대한 수요가 줄어드는 효과를 말한다. 너도나도 다 입는 티셔츠를 구매하지 않는 심리와 같다. 이런 심리를 이용한 것이 바로 '한정판'이다. 겨울왕국 주인공 엘사 인형 역시 한정판으로 나왔다.

결국 '더 히스토리 오브 후'는 론칭 이후 시장 정착 단계에서 밴드왜건 효과와 스놉 효과를 적절히 활용하여 큰 성공을 거두었다.

CHAPTER 5

[작은 시장에서
빅 브랜드 만들기]

| 닥터아토 시리즈 | 통합 브랜딩을 구축하다

닥터아토 시리즈
통합 브랜딩을 구축하다

유아 비즈니스의 확실한 넘버원: 보령메디앙스

2002년 보령메디앙스는 존슨앤드존슨J&J에서 근무했던 송정복 사장을 새로이 영입했다. 마침 개인적 친분으로 함께 일해보자는 제안에 따라 LG에서 근무를 정리하고 보령메디앙스 영업·마케팅 본부장으로 자리를 옮기게 되었다.

마케터는 항상 새롭고 험난한 길을 즐기는 사람이다. 또한 새로운 환경에 대한 기대감을 꿈꾸는 사람이다. 그러나 새로이 시작하는 환경에서의 기대감도 잠시, 실망감이 나를 엄습하고 있었다. 적어도 외부 시각에서 보면 보령메디앙스는 유아 비즈니스 업계에서 확고한 넘버원 회사였다. 그런데 자세히 들여다보니 연간 430억 수준으로 월 40억에도 못 미치는 작은 중소기업에 불과했다. 더욱 실망스러운 것은 연간 100억 이상의 브랜드가 1개에 불과했다는 점이었다. 그야말로 매출 규모가 도토리 키재기 식의 작은 브랜드 일색이었다. 첫 고민은 여기서 시작되었다. 우리 속담에 "잘 키운 딸 하나 열 아들 부럽지 않다"라는 것이 있다. 마찬가지로 잘 만든 하나의 브랜드, 열 브랜드 부럽지 않은 빅 브랜드를 만드는 것이었다.

물론 출산 인구의 지속적 감소, 성장 단계가 매우 짧은 과다한 세분시장 등 유아산업의 특성상 회사의 외형 성장을 도모하기가 그렇게 쉽지만은 않아 보였다. 작은 것 여러 개보다는 큰 것 하나를 발굴하여 500억 이상의 브랜드를 육성하는 것을 나의 첫 과제이자 목표로 설정하였다.

그러나 작은 비즈니스: 빅 브랜드를 만들자

1개월여에 걸쳐 내부 평가를 끝내고, 마케팅 팀원들을 모아놓고 "우리의 절박한 목표는 500억 규모의 빅 브랜드를 만들어내는 것이다"라고 강한 어조로 말했다. 아마도 모두 나를 정신 나간 사람으로 생각했을 것이다. 유아 시장은 단일 카테고리 중심으로 500억 이상이 되는 영역이 없으니까 그렇게 생각하는 것은 당연했다. 그러나 아랑곳하지 않고 빅 브랜드의 기회가 어떤 카테고리에서 가능한지에 대한 토론을 시작했다. "우리 보령이 어떻게 하면 500억 원 이상의 매출이 가능한 빅 브랜드를 만들 수 있을까에 대해 각자의 생각들이나 의견을 발표해주세요"라고 주문했다.

그러나 나는 그들의 의견에 큰 실망을 감출 수 없었다. 각자 담당하고 있는 카테고리에서는 현실적으로 불가능하다는 의견을 제시할 뿐이었다. "원래 유아 시장의 규모는 작다. 작은 규모의 카테고리로 구성되어 있는 시장 특성을 가지고 있다. 큰 시장은 의류 외에는 존재하지 않는다"라고 이구동성으로 외쳤다. 모두가 나름 카테고리의 시장 상황과 마켓 사이즈를 제시하면서 논리 정연한 주장을 펼쳤다.

역시 내부 직원들은 그들만이 갖고 있는 매몰된 시각에서 시장을 바라보고 얘기할 뿐이었다. 회의 결과 현실적으로 내부에서 답을 찾는 것이 어려워 보였다. 일단 내부에서 답을 찾는 것을 뒤로하고 마케팅 업계에 몸담고 있는 가까운 동료 후배들에게 의견을 구하기로 했다. 그들은 흔쾌히 응해주었다. 어느 날 저녁 가볍게 맥주 한잔을 하면서 먼저 나의 고민을 설명한 후 그들의 의견에 귀를 기울였다. 그래도 각 분야에서 전문가들인지라 다양한 의견들을 제시해주었다. 그곳에서 나온 의견들을 요약하면 이랬다.

첫째, 브랜드 관점에서 접근하라. 작은 시장으로 구성되어 있는 카테고리만을 보지 말라. 작은 규모의 카테고리를 통합하여 큰 시장을 만드는 방법은 없는가? 공통의 콘셉트를 중심으로 다양한 유형의 제품들을 한 울타리로 묶는 통합 브랜딩을 고려해보라.

가령 공통의 콘셉트 하에서 스킨케어에서 출발해 인접 영역, 즉 물티슈 등으로 확장하여 통합 브랜딩을 구축하여 빅 브랜드를 만들 수 있다. 이것은 단일 카테고리에서 빅 브랜드를 구축하는 데 따른 제약을 극복할 수 있는 효율적인 방법이다. 이를 확장 전략이라고 한다. 예를 들면 아이보리IVORY 브랜드는 '순함·마일드'를 핵심 콘셉트로 하여 바솝Bar Soap, 보디숍Body Soap, 샴푸Shampoo, 라이트Light계 세탁, 주방세제까지 브랜드를 확장하여 거대 브랜드로 자리를 잡았다.

둘째, 타깃 관점에서 접근하라. 한 타깃에서 소구하는 속성을 다른 타깃으로 확장할 수 있다. 가령 유아 세제의 콘셉트는 '순함'이다. 이 콘셉트를 패밀리용 세제로 확장하여 고급 의류, 속옷 등 피부와 직접 접촉하는 민감한 옷감 종류에 적용할 수 있다. 따라서 유아 세제를 패밀리용 세제로 확장하면 빅 브랜드를 만들 수 있을 것이다. 가령 B&B 유아 세제, B&B 패밀리용 세제처럼 속옷 등의 일반 세탁 시장으로 확장을 검토해볼 수 있다.

셋째, 큰 시장인 유아용 의류 사업에 진출하라. 물론 유아 비즈니스 중 의류 영역이 가장 큰 시장이다. 그러나 의류 사업은 또 다른 역량을 필요로 한다. 다만 보령메디앙스와 목표 타깃만 동일할 뿐이다. 비즈니스 방식은 기존의 사업과는 확연히 다르다. 큰 시장이기는 해도 기존 사업의 역량을 레버리지할 수 있는 분야가 아니다. 따라서 이러한 시장에 진입하기 위해서는 M&A가 적합한 전략이다. 미리 밝혀두지만, 후에 베이비 프리미엄 브랜드 '소콜라'를 인수하여 의류 시장 진입의 교두보를 확보했다.

넷째, 키즈 사업에 진출하라. 키즈 사업은 베이비 사업과의 연관성과 연결성이 가장 좋은 수용하기 쉬운 타깃이다. 유아 사업의 성공은 키즈 사업의 성공을 어느 정도 보증할 수 있다.

사실 유아 비즈니스의 단점은 이들 고객이 성장해감으로써 다음 단계에서 기존의 사업은 전혀 도움이 되지 않는다는 점이다. 그동안 관리해왔던 고객들의 성장 단계에 따라 기존 사업과의 연관성이 없이 단절되어 버린다. 그래서 그동안 확보해놓은 고객들은 무용지물이 된다. 이처럼 유아 비즈니스는 고객을 평생 가치 개념으로 적용할 수 없는 단점이 있다.

이런 단점을 보완하기 위해 생애주기 관점에서 브랜드 전략을 구사하는 예가 있다. 최근 중국 시장에서 밀폐용기 전문업체 락앤락Lock&Lock은 헬로베베Hello Bebe를 새로 내놨다. 젖병, 기저귀, 물티슈 등 각종 유아용품을 판매하고 있다. 3세 이하를 대상으로 하는 헬로베베뿐만 아니라 헬로키즈(4~12세), 헬로틴(13~18세), 헬로해피(결혼준비), 헬로포에버(노인층) 등 소비자의 생애주기별로 맞춘 제품을 생산, 판매하는 브랜드 전략을 구축했다.

이처럼 마케팅 전문가를 통해 제안된 의견들은 주어진 비즈니스 환경에서 매몰된 관점을 탈피한 새로운 대안들이었다. 단순히 카테고리의 시장규모만을 보고 빅 브랜드 개발이 불가능하다고 제안하는 내부 직원들에 비해 다양한 관점을 고려하여 대안을 제시하는 방법이 역시 프로다웠다. 약간의 취기와 함께 더 많은 얘기를 나누면서 머릿속에서는 하나씩 방향이 잡혀가고 있었다.

바로 그거야! 아토피

현업에 있는 마케팅 전문가들의 의견을 토대로 방향을 설정해나갔다. 사실 단일 카테고리에서 500억 이상을 달성하는 데는 무리가 있었다. 그래서 공통 콘셉트를 중심으로 다양한 유형의 제품들을 한 울타리로 묶는 통합 브랜딩을 추진해나가기로 했다. 그러나 어떤 공통의 콘셉트를 중심으로 전개해나갈 것인가? 깊은 고민으로 잠 못 이루는 나날을 보내고 있었다.

그러던 어느 날 퇴근 후 소파에 지친 몸을 맡긴 채 고민에 빠져 눈을 지긋이 감고 있을 때였다. 저녁 9시 KBS 뉴스 시간이었다(2002년 11월 18일). 그때 아토피 환자들이 지속적으로 증가하고 있다는 뉴스가 가느다란 뉴스 앵커의 목소리를 타고 내 귀로 들려왔다.

생활환경의 서구화, 환경오염 등으로 인해 유아, 성인의 아토피 인구의 증가율이 급증하고 있다는 뉴스였다. 아토피 환자는 1985년 전체 5%에서 1995년 15%, 그리고 2000년에는 20%에 육박하고 있었다.

뉴스를 종합하여 분석해보면, 아토피 증상은 산업화되어 갈수록 발생률이 높아지는 추세이며, 관련 증상인 피부건조 및 민감성 증상을 포함하면 시장잠재력은 매우 크게 예측되었다. 또한 타깃 확장, 그리고 아토피 처방을 위한 다양한 제품 카테고리로의 확장을 통해 더욱 큰 시장을 예측해볼 수 있었다. 이렇게 본다면 공통의 콘셉트 '아토피'를 활용한 공동 브랜딩 co-branding을 구축하면 500억 이상을 달성하는 데 무리가 아니라는 확신이 다가왔다.

그래, 바로 그거야! 미래 성장성이 높은 아토피 시장을 전략적으로 공략하는 방법을 검토해보자. 물론 초기에 약국과 베이비 전문점에서 판매되고 있는 '닥터아토피스Dr.atopeace'라는 브랜드가 있었다. 연간 약 30억 정도의 매출을 달성하고 있는 전형적인 틈새시장 브랜드였다.

그런데 지금까지는 스킨케어 중심으로 주로 약국에서 판매되고 있었다. 제한된 틈새시장으로서 역할밖에 하지 못하는 것을 당연하게 받아들이고 있었다. 어찌 되었건 시장진입을 위한 최소한의 교두보가 마련되어 있는 장점이 있었다. 따라서 제약회사의 역량과 유아회사의 전문성 이 둘을 결합하면 아토피 영역에서 큰 시장을 만들어낼 수 있는 최적의 기회가 우리를 기다리고 있었다.

다음 날 아침 출근 후 그동안 시장에서 고객의 소리를 경청하고 고객 관찰에 기초하여 다음과 같은 몇 가지 질문들을 정리해나갔다. 명확한 질문은 매우 중요하다. 답은 질문에서 나오고, 답의 질quality은 질문의 질과 직접적으로 연관되어 있는 것이다. 잘못된 질문을 하면 잘못된 답을 얻고, 올바른 질문을 하면 올바른 답을 얻는다.

첫째, 아토피는 왜 유아에게만 발생하는가? 성인도 아토피가 있는데 이들은 왜 배제되는가? 또한 민감성 피부 역시 아토피 피부와 유사한 증상을 보이는데 그렇다면 민감성 피부까지 동일 영역으로 묶을 수는 없는가?

둘째, 아토피 피부를 위한 제품은 왜 스킨케어에만 한정되어 있는가? 예방을 위한 제품으로 세제나 물티슈 등 환경위생에 초점을 맞추는 방법은 어떤가?

셋째, 아토피 제품들은 왜 약국에서만 판매하고 있는가? 약국에서 판매함으로써 오히려 피부병 증상이라는 좀 우울한 이미지로 인해 심한 증상 외에는 구매하기를 꺼리지 않는가?

이처럼 기존에 형성되어 있는 아토피 시장에 대한 여러 의문이 꼬리에 꼬리를 물고 있었다. 세 가지 질문만으로도 더욱 큰 시장에 접근할 수 있는 방법들이 보이기 시작했다.

아토피에 대한 역발상: 관점을 바꾸다

이제 구체적인 방향이 설정되었다. 그리고 질문도 설정되었다. 구슬이 서 말이라도 꿰어야 보배가 아니던가. 꿰매는 작업을 하는 것은 조직과 사람이다. 그런데 작은 기업은 실행력과 스피드가 생명인데, 보령메디앙스는 이와는 거리가 다소 멀어 보였다. 그래서 실행력과 스피드 측면에 초점을 맞추어 리더십을 발휘해나가기 위해 프로젝트팀을 구성하기로 했다.

누가 이 과제를 맡을 것인가?

우선 프로젝트를 추진하기 위한 전담 조직과 인력을 새로이 구성했다. 그러나 문제는 사람이었다. 인사가 만사라고 했던가? 당시 내부 인력의 마케팅 수준은 제한적이었다. 그렇다고 당장 외부에서 사람을 데려올 수 있는 입장도 아니었다. 내부에서 해결할 수밖에 없었다.

히말라야의 여인, 오은선 대장은 산악 정상 정복을 위해 '산에 가고 싶은 열정과 마음' 그리고 '간절함'이 있는 사람을 기준으로 팀을 구성한다고 한다. 마찬가지로 우선 두 가지 기준을 가지고 내부에서 사람을 찾았다. 첫째는 뭔가 새로운 것을 달성하려고 하는 열정과 마음이 있어야 한다. 특히 조직이 작고 아직 시스템적으로 돌아가지 않는 상태에서 그 무엇보다 열정과 마음이 프로젝트 성공의 필요조건일 것이다. 둘째는 여성이면서 기혼자이면 좋겠다고 생각했다. 왜냐하면 아기를 키워본 경험을 가지고 있다면 아기를 잘 키우고 싶다는 간절함이 있을 것이기 때문이다. 이러한 조건에 맞는 직원을 찾았다. 그는 후에 유한킴벌리로 이직하여 '그린핑거'를 만들어 히트시킨 원은주 과장이었다.

이제 '빅 브랜드 만들기' 프로젝트가 가동되었다. 초기에는 많은 고생을 했지만, 그는 빨리 적응해주었고 점차 프로젝트를 원활히 이끌어갔다.

관점을 바꾸다

지금까지 국내 아토피 시장은 약국과 유아점을 중심으로 틈새시장을 형성하고 있을 뿐이었다. 틈새시장임에도 여러 경쟁사에서 아토피 제품을 출시하고 있었다. 아마도 미래의 성장성을 모두가 공감하고 있었기 때문일 것이다. 그러나 아직은 초기시장 단계에 불과했다.

이처럼 초기시장 단계로서 아토피 시장이 계속해서 성장할 것이라는 전망은 확실하지만, 단기간에 시장규모를 확대하기는 그리 쉬워 보이지 않았다. 이를 극복할 수 있는 방법은 관점을 바꾸는 데서 나온다. 가령 얼음이 녹으면 무엇이 되는가? 물? 그렇다. 아마도 대다수의 사람은 물이라고 답할 것이다. 그러나 이건 고정관념일 뿐이다. 다른 각도에서 보면 물이 아니다. 얼음이 녹으면 봄이 온다. 똑같은 상황을 두고도 관점의 차이에 따라 그 결과는 엄청난 차이가 존재한다.

이제 관점을 바꾸는 것이었다. 그동안 아토피 제품은 모두 스킨케어뿐이었다. 이제 앞에서 설정해둔 질문에 대해 하나씩 답을 찾아가기 시작했다. 각 질문에 대해 내부 직원들과 심층토의를 통해 정리해나갔다.

첫째, 아토피는 왜 유아에게만 존재하는가? 성인도 아토피가 있는데 이들은 왜 배제되는가? 또한 민감성 피부 역시 아토피 피부와 유사한 증상을 보이는데 그렇다면 민감성 피부까지 같은 영역으로 묶는 것은 어떤가?

베이비에서 발병한 아토피 환자가 성인이 되어 계속적으로 아토피 증상을 보유하게 되는 비율은 약 20%다. 따라서 베이비를 메인 타깃으로 하되 성인까지 확대하는 것이 바람직하다. 또한 아토피 증상은 산업화되어 갈수록 발생률이 높아지는 추세이며 관련 증상인 피부건조 및 민감성 증상을 포함하면 시장잠재력은 매우 높다고 할 수 있다. 민감성도 일종의 아토피 피부와 같은 영역이다.

둘째, 아토피 피부를 위한 제품은 왜 스킨케어에만 한정되어 있는가? 예방을 위한 제품으로 세제나 물티슈 등 환경위생에 초점을 맞추는 방법은 어떤가?

아토피는 환경위생에 의한 발병이 매우 높다. 따라서 '아토피 스킨케어'라는 좁은 영역을 탈피하여 '아토피 케어 atopy total care' 영역으로 확대할 수 있다.

아토피=피부=스킨케어? 그러나 스킨케어 영역이 아토피 사업 영역의 전부는 아니다. 아토피의 예방을 위한 다양한 제품 영역으로 확장할 수 있는 기회가 존재하고 있었다.

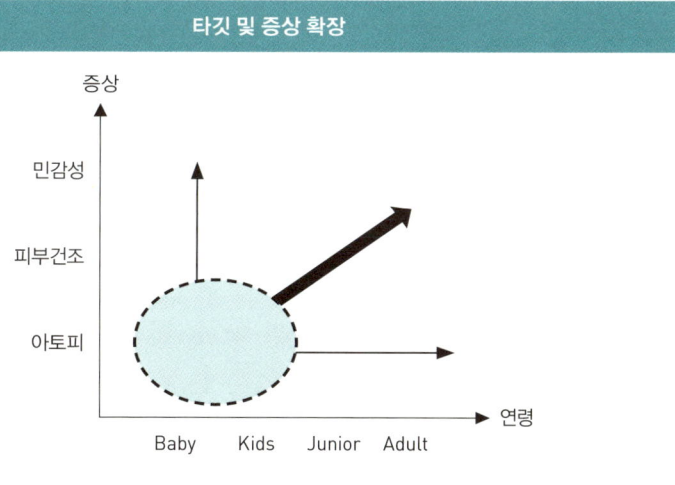

타깃 및 증상 확장

아토피는 예방이란 개념이 더 중요하다. 주변 생활환경 등을 자연친화적으로 바꾸어주어야 한다. 그래야만 아토피 증상의 발병을 막을 수가 있다. 따라서 스킨케어뿐만 아니라 세탁세제, 야외 활동의 청결을 위한 물티슈, 푸드 등까지 예방을 위한 친환경 콘셉트의 제품으로 확대할 수 있었다.

셋째, 아토피 제품들은 왜 약국에서만 판매하고 있는가? 약국에서 판매함으로써 오히려 피부병 증상이라는 좀 우울한 이미지로 인해 심한 증상 외에는 구매하기를 꺼리지 않는가?

아토피 피부는 '보습 강화'가 핵심인데 이를 쉽게 접근할 수 있는 일반 유통에서 적극적으로 판매함으로써 소비자들의 구매 접근성과 편리성을 높여줄 수 있다.

이처럼 산업화되어 갈수록 아토피 증상의 발병률이 높아지는 추세에 따라 타깃 확장, 제품 혁신, 그리고 유통 혁신을 통해 기존에 형성된 아토피 비즈니스를 재정의하였다. 이를 통해 더욱 큰 시장 형성의 가능성에 한발 다가서게 되었다.

타깃 확장 및 제품 혁신: 타깃과 제품에서 아토피의 경계를 넓히다

앞에서 설명한 것처럼, 먼저 타깃을 재정의하였다. 유아뿐 아니라 아토피 때문에 고민하는 성인 타깃까지 확대하였다. 또한 아토피뿐만 아니라 민감성 영역까지도 확대하였다.

다음으로 생각해야 할 요소는 아토피를 예방하고 치유하는 데 필요한 제품 영역을 설정하는 것이었다. 아토피 시장 영역을 '아토피의 원인'에 따라 세분화하여 제품 영역을 새로이 정의하였다. 따라서 직접적인 피부 관리의 스킨케어에 국한되어 있던 아토피 제품을 환경위생 관리의 개념을 도입하여 또

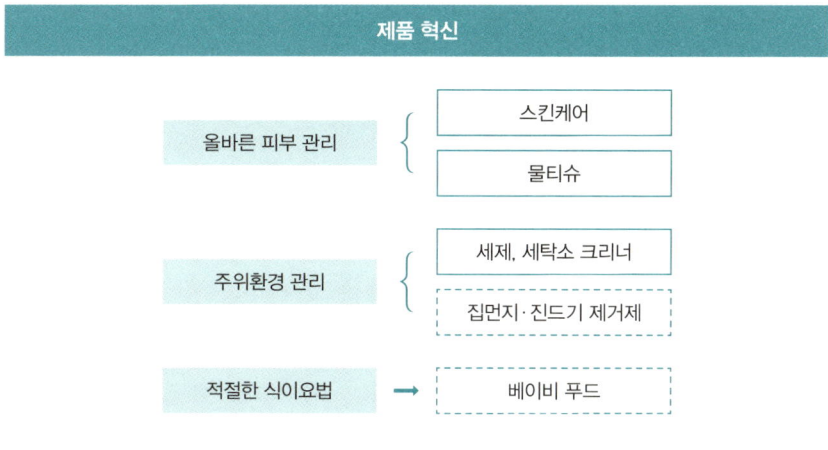

다른 아토피 제품 영역으로 확장해나갔다.

최종적으로 아토피 사업 영역군으로 '아토피의 원인'에 따라 올바른 피부 관리(스킨케어 물티슈), 주위환경 관리(세제, 집먼지 진드기 등), 그리고 적절한 식이요법(베이비 푸드) 등으로 세분화하여 제품개발을 진행하였다.

이름이 뭐예요?: 피부사랑 닥터아토! 피부지킴 닥터아토!

타깃 확장 및 제품 혁신을 효율적으로 관리하기 위해 브랜드 전략을 새로운 관점에서 수립해나갈 필요가 있었다. 따라서 아토피 영역을 통합할 수 있는 브랜드 전략과 브랜드 요소들을 새로이 개발했다. 특히 브랜드 요소들을 개발하기 위해 외부의 디자인 전문회사와 공동 작업을 진행했다.

왜 닥터아토인가?

좋은 네이밍은 제품의 콘셉트를 소비자에게 전달하는 최우선의 매개체

다. 때문에 핵심 콘셉트가 적절하게 녹아 있는 네이밍 개발에 전력을 기울이지 않을 수 없다.

이러한 원칙에 따라 우리는 타깃 확장 및 제품 혁신에 부합하는 브랜드 네임과 요소들을 개발하고자 하였다. 그러나 네이밍에서 제약요인이 있었다. 아토피와 관련한 단어를 제품에 표기하는 것은 규제의 대상이었다. 이런 한계성을 극복하기 위해 'Dr.'와 'ato'라는 단어를 조합하여 네이밍했다. 새로운 조합의 Dr.ato에서 'Dr.'는 전문성의 제품 이미지를 전달해주는 역할을 한다. 또한 'Dr.'는 '보령'이라는 제약회사의 이미지와도 일치된다. 'ato'는 atopy의 줄임말로 아토피 피부를 위한 제품임을 쉽게 연상할 수 있도록 해준다.

또한 유아용 제품 특성을 고려하여 병아리 캐릭터를 도입하여 상품의 매력을 증가시켰다. 아토피는 피부에 순함과 순수, 자연 등을 필요로 하는데 이를 떠올리게 하는 엄마 닭과 병아리를 캐릭터화했다. 특히 병아리 캐릭터는 모성애, 따뜻하고 친근한 이미지 등을 제공하는 데 안성맞춤이었다.

디자인 측면에서 패키지 컬러는 자연친화적인, 생명력, 푸른 새싹, 건강함, 편안함을 주는 그린을 채택했으며, 캐릭터 컬러는 아이들, 밝고 따뜻한, 명랑, 긍정, 희망적인 이미지를 주는 옐로로 특징을 부여했다.

시장도입 단계부터 통일 브랜드 전략을 펼치다

기존에 출시되어 운영되고 있던 닥터아토피스를 기초로 하여 아토피 시장을 새로이 정립하고 이를 바탕으로 타깃 확장, 제품 혁신, 그리고 유통 혁신을 다음과 같이 진행했다.

- 타깃 확장: 베이비 중심에서 성인 등으로 타깃 시장의 확장
- 제품 혁신: 아토피 스킨케어에서 아토피의 발생을 예방하는 제품군으로 확장
- 유통 혁신: 약국 및 베이비 전문점 중심에서 대형마트로 유통 채널의 확대

이러한 세 영역을 담을 수 있는 통일 브랜드 전략을 검토했다. 일반적으로 브랜드 전략에는 개별 브랜드 전략과 통일 브랜드 전략이 있다. 여러 제품군에서 동일한 효익을 제공하는 경우에는 통일 브랜드 전략이 효과적이다. 동일한 효익을 제공하는 데 각 제품군별로 개별 브랜드를 운용하는 경우 마케팅 비용과 노력의 분산을 초래할 수 있다.

따라서 통일 콘셉트 하에서 작은 규모의 여러 카테고리를 형성하고 있는 아토피 비즈니스를 효율적으로 공략하기 위해 초기 단계에서부터 통일 브랜

닥터아토 시리즈의 브랜드 구조

Dr.ato
[피부사랑 닥터아토! 피부지킴 닥터아토!]

스킨케어	세제류	지류
Dr.atopeace Dr.atomild	Dr.atozero	Dr.atomild 우리아기 물티슈

연결 네이밍의 예			
HP	Laserjet	Inkjet	Deskjet
Nestle	Nescafe	Nestea	Nesquik
McDonald	McNugget	McMuffin	McRib

드 전략을 펼쳤다. 'Dr.ato'를 통일 브랜드로 도입하고, 스킨케어와 세제류, 지류 등 각 카테고리의 특징을 반영할 수 있도록 연결 네임linked name 전략을 도입했다. 연결 네임 전략을 통해 각 제품의 특징을 반영하면서도 공통 이미지의 후광을 적극 활용할 수 있었다. 가령 HP, 네슬레Nestle, 맥도날드McDonald의 경우에도 연결 네임을 이용하여 효율성을 극대화하고 있다.

마찬가지로 Dr.atopeace, Dr.atomild, Dr.atozero, Dr.atoclean 등 연결 네임 전략을 활용함으로써 Dr.ato의 이미지를 중심으로 각 카테고리의 특징을 반영하여 통일 브랜드로서의 시너지를 극대화할 수 있었다.

전사적 IMC 활동: '피부평화' 캠페인을 전개하다

"좋은 제품만 만들어놓으면 알아서 잘 팔린다"는 것은 옛말이다. 많은 회사가 비슷한 가격에 고품질의 상품이나 서비스를 제공하고 있다. 따라서 오늘날에는 브랜드를 '얼마나 알기 쉽게, 알려야 할 사람에게 알릴 수 있는가' 하는 비즈니스 커뮤니케이션이 갈수록 중요해지고 있다.

쉽게 설명하자면, 비즈니스는 '커뮤니케이션'이라고 할 수 있다. 우리가 매일 하고 있는 일은 '고객에게 알린다, 시장에 알린다, 사회에 알린다, 협력회

사에 알린다, 직원에게 알린다' 등 모두 '알리는 일'에 깊이 관련되어 있다.[1]

이처럼 비즈니스 커뮤니케이션을 강화하기 위해 삼각 커뮤니케이션$_{tripartite\ communication}$을 추진했다. 즉 보령메디앙스 – 전문가 그룹 – 소비자 대상의 삼각 체계를 구축하여 통합적 커뮤니케이션을 추진했다.

먼저 전 조직원들의 참여와 몰입을 이끌어내는 내부 브랜딩에 초점을 맞추었다. 이러한 내부 브랜딩을 통해 모든 조직원을 브랜드 홍보대사 역할을 하게끔 했다. 또한 브랜드 성장률, 판매 개수 등 사내 현수막이나 포스터를 부착하여 의도적인 축제 분위기와 붐업 조성을 통해 직원들의 승리 정신$_{winning\ spirit}$을 조성해나갔다.

아울러 제품 출시에 앞서 대리점 사장 등 주요 이해관계자들을 불러서 '닥터아토 시리즈 발매식'을 개최했다. 이러한 발매식은 서울(세라톤 워커힐)을 시작으로 부산, 대전까지 이어졌다. 출시 배경부터 제품의 특징, 그리고 브랜드 전략 등에 대해 상세하게 설명하여 그들의 이해력을 높여주었다. 무엇보다 우리의 이해관계자들이 우리 제품에 대해 자신감을 가져야 한다는 점에서 초기 출시 시점부터 교육을 강화했다.

전문가 추천$_{expert\ recommendation}$ 활동도 강화해나갔다. 피부과 전문가 추천 유도를 위해 피부과 임상실험, 피부과 학회에서의 제품 홍보 활동 지속, 그리고 이를 PR로 연계하는 활동을 지속해나갔다. 이러한 활동을 통해서 제품의 전문성과 신뢰성을 확보해나갔다.

마지막으로 소비자 대상 커뮤니케이션 역시 새로운 트렌드를 담아 강력히 전개했다. 웰빙 트렌드를 반영하여 요가하는 엄마와 아기를 모델로 등장시켜 화제를 모았던 광고를 통해 제품 특징을 명확히 전달할 수 있었다. 화제를 모은 '피부평화, 닥터아토마일드' TV CM의 스토리라인을 잠깐 보자.

아기와 엄마의 요가명상 시간.
갑자기 부스럭 소리(가려움증에 못 이겨 피부를 긁는 소리)에 평화가 깨지고 아기는 불편해한다.
닥터아토마일드라는 대안이 제시되고 이를 통해 다시 되찾은 엄마와 아기의 평화…….

특히 광고에서 엄마와 아기를 함께 등장시킨 이유 중 하나로 엄마와 아기가 함께 쓰는 패밀리용으로 타깃을 확대하고자 한 의도도 담겨 있었다.

또한 구전 활동도 강화해나갔다. 2013년 극장가를 강타한 영화 〈관상〉에는 수양대군이 조선 최고의 관상가를 자기편으로 끌어들여 관상가의 입을 통해 자신이 왕이 될 관상임을 말하게 만들려고 했다. 왕이 될 관상이라는 평가는 백성들에게 반란의 정당성을 입증하는 가장 효과적인 방법이기 때문이다.

베이비 비즈니스 역시 일반 대중매체보다 구전의 위력이 훨씬 큰 특징을 가지고 있다. 이렇다 보니 모든 엄마는 스토리텔러다. 그도 그럴 것이 아기는 말을 할 수 없기 때문에 엄마가 아기를 대신해서 모든 일을 수행해야 한다. 그래서 모든 의사결정에 신중할 수밖에 없고, 그것이 결국 모든 엄마를 스토리텔러로서의 역할을 수행하게 한다.

히트 상품에 대한 간절함: Go! Go! Medience

'Go! Go! Medience' 행사는 매주 월요일 아침 전사적으로 대강당에 모여서 여러 정보를 공유하는 아침 조회다. 'Go! Go! Medience' 행사를 통해 '피부평화' 캠페인의 진행 상황을 공유하고 점검했다. 특히 성공 사례를 공유하면서 모두가 하나의 목표로 몰입하도록 했다.

어떤 시장에서든지 성공적인 마케팅 전략을 살펴보면 제품, 가격, 포지셔닝 그리고 유통의 제 요소가 갖추어져 있음을 우리는 잘 알고 있다. 그리고 이러한 마케팅 믹스가 계획대로 실행에 옮겨지기 위해서는 기업 내의 여러 부서에서 일하는 사람들이 공통의 목표를 향해 참여와 열정을 보여주는 것이 중요하다.

이런 측면을 고려하여 닥터아토 시리즈는 출시 초기부터 최대한 내부 활동을 최우선으로 중요하게 고려했다. 직원이야말로 스스로 브랜드 홍보대사로서 매일 고객과 만나고 협력회사를 접해야 한다. 따라서 출시 초기부터 전사적으로 조직원들을 대상으로 아토피 제품에의 참여와 몰입을 유도했다.

또한 당근과 채찍도 함께 했다. 특히 'Go! Go! Medience' 행사 시간에 우수한 성과를 달성한 사원들에게는 그 자리에서 당근을 주었다. 각본 없는 즉흥적 시상을 했다. 이러한 방법이 조직원들에게 큰 반향을 일으켰다. 더불어 'Go! Go! Medience' 행사를 통해 소통과 공감의 장으로 만들었다. 또한 이를 승화시켜 조직 문화로 정착시켜 나갔다.

현장 방문도 강화했다. 나는 1주일에 3일은 누구도 눈치채지 못하게 혼자서 현장 방문을 정례화했다. 영업사원 누구에게도 어떤 곳을 방문하는지를 말하지 않았다. 현장 방문 후에는 매주 월요일 실시하는 'Go! Go! Mediemd' 시간에 현장 느낌을 같이 공유하면서 잘한 영업사원과 못한 영업사원에 대한 당근과 채찍을 병행해갔다. 이런 활동에 자극을 받은 조직원들은 너 나 할 것 없이 자기가 담당하고 있는 지역을 철저하게 관리해나갔다.

이처럼 본부장으로서 나는 사무실보다는 현장으로 사전 예고 없이 손오공처럼 이곳저곳을 헤집고 다녔다. 영업사원들은 서로가 연결망을 가지고 나의 동선을 감시 아닌 감시를 하고 있었다. 좋은 의미에서 그들은 긴장하고 현장 활동에 노력을 기울였다.

이에 더해 전사적으로 마이숍 캠페인My Shop Campaign을 전개해나갔다. 모든 직원이 그들의 집 주변의 거래처를 1~2개씩 마이숍으로 선정하여 퇴근 시나 주말에 직접 방문하여 애로점을 청취하고 해결해주는 활동을 지속적으로 전개해나갔다.

한마디로 통합적 활동을 전개하여 전 조직원의 참여와 몰입을 유도했고, 이것이 결국 조기에 시장에서 큰 반향을 일으키게 하는 요인으로 작용하였다.

히트 브랜드: 회사의 운명을 바꾸다

초기에는 조직원들이 내심 어려울 것으로 생각하는 듯 적극적인 동조와 참여보다는 뒷짐 지고 눈치 보는 듯한 행태를 보여주었다. 특히 오랫동안 근무해왔던 부장급 고참들은 동참에 매우 소극적이었다. 물론 그들은 나보다 열 살 이상 많았다. 당연히 그들의 속내는 불편할 수밖에 없을 것이었다. 이럴 때일수록 나 자신이 먼저 솔선수범으로 현장 활동을 누비면서 리더십을 발휘해나갔다. 이러한 활동의 결과 점차 성과가 가시화되기 시작했다. 눈을 의심할 정도로 가파른 성장세를 보여주었다. 매월 기록을 경신했다. 이제 조직원들은 서로를 믿기 시작했다.

조직원들의 마인드 변화로 출시 초기 70억의 매출에서 4년 만에 400억, 그리고 2011년 기준 700억의 매출을 달성했으며, 보령메디앙스의 2002년 회사 전체 매출액 450억 규모에서 1600억 규모의 회사로 거침없는 성장을 하는 데 견인차 역할을 했다.

이제 닥터아토 시리즈의 출시로 보령메디앙스는 중소기업에서 중견기업으로 탈바꿈했다. 외형적인 성장뿐만이 아니었다. 보령메디앙스 창업 이래 단기간에 성장의 견인차 역할을 한 닥터아토 시리즈는 조직 문화의 변화를 가져오는 계기가 되었다. 히트 상품은 조직을 춤추게 하는 법이다. 그동안 좀처럼 변하지 않던 '수동적이며 눈치 보는' 조직 문화는 히트 상품을 통해 새로운 변신을 거듭하게 되었다.

성공 방정식: 전 조직원의 참여와 몰입을 이끌어내다

단기간에 매출 700억 달성의 요인은 무엇인가? 물론 결과만 고려한다면 여러 해석이 가능할 것이다. 그러나 직접 참여한 경험자가 보는 성공요인은 이렇다.

첫째, 기존에 형성된 아토피 시장을 재정의함으로써 아토피에 대한 관점을 바꾸었다. 기존의 아토피 스킨케어 중심의 좁은 영역을 탈피하여 물티슈, 세제 등 '아토피 케어' 영역을 개척하여 빅 시장을 만들어냈다. 아토피 시장 태동기에는 베이비 대상의 스킨케어를 중심으로 약국 채널에서 주로 판매되었다. 이렇다 보니 틈새시장에 불과했었다. 지속성장의 가능성을 간파하고 타깃 확장(베이비 중심에서 성인까지 확장), 제품 혁신(스킨케어 중심에서 세제, 물티슈 등 아토피 예방 차원 제품으로 확대), 그리고 유통 혁신(약국 중심에서 대형마트 등 일반 유통으로 확대)을 통해 큰 성공을 이루어내었다.

둘째, 신뢰감 있고 기억하기 쉬운 브랜드 네임과 통합 브랜드 전략이 적중했다. 기능성 법이 발효되지 않았던 때라 아토피 제품은 기능성 제품이 아니라 '아토피' 용어를 전혀 사용할 수 없었다. 닥터아토피스, 닥터아토마일드 등에서처럼 아토피가 연상될 수 있도록 브랜드 네임을 '닥터아토' 하에서 연결 네임으로 하여 소비자들이 쉽게 이해할 수 있도록 했다.

셋째, 아토피는 산업화의 가속화에 따라 계속 증가하므로 친환경 등 주변 환경을 자연으로 돌려놓는 것이 중요하다. 자연주의, 웰빙을 반영한 패키지 디자인과 제품의 친환경 원료 등은 소비자들에게 신뢰감을 부여했다.

넷째, 실행력 강화를 위해 지속적이고 일관성 있는 광고, 홍보 활동 등 IMC 활동을 전개했다. 특히 IMC 활동의 결과를 공유하기 위해 'Go! Go! Medience' 행사를 진행했고, 이를 통해 소통과 공감의 장을 마련했다. 더욱이 이를 조직 문화로 승화시켜 나갔다.

남은 과제: 과거의 성공 방정식을 버려라

아이보리를 보자. 아이보리는 더 순수한 세안용 화장비누에게 세안용 화장비누 시장의 선두 자리를 빼앗긴 게 아니다. 비누 재료의 4분의 1은 보습 효과가 있는 모이스처라이징 로션을 넣고 만든 도브에게 선두 자리를 빼앗겼다.

기업들은 선두 자리를 빼앗기 위해 두 가지 유형의 방법을 쓴다. 첫째 유형은 더 좋은 제품이나 서비스를 개발하여 기존 선두주자를 추월하려는 기업이다. 그러나 이런 방법은 매우 어렵다. 둘째 유형은 새로운 제품 카테고리에서 새로운 브랜드를 처음으로 진출시켜 시장의 선두가 되고, 더 좋은 제품과 서비스로 도전하는 수십 개의 경쟁 기업을 물리치는 기업이다. 이처럼 '더 좋은' 제품이나 서비스를 통해서 선두 위치를 차지한 것이 아니다. '최초의 것'에 의해서다. 그래서 최고보다는 최초가 더 나은 것이다.[2]

아토피 시장으로 되돌아와 보자. 닥터아토마일드를 통해 베이비 스킨케어 시장에서 선두 지위를 확고히 차지하고 있었다. 시장의 독주가 한동안 계속

되면서 보령메디앙스는 브랜드 관리에서 혁신보다는 현실 안주에 만족하고 있었다. 너무 쉽게 이루어낸 1등이기 때문이었을까? 아니면 샴페인을 너무 일찍 터뜨렸는가? 어찌 보면 어제와 오늘의 성공이 미래에 걸림돌이 되고 있는 것이다. 두 가지의 관점에서 생각해보자.

첫째, 아토피 카테고리의 넘버원으로서의 브랜드 로드맵brand roadmap을 일관성 있게 실행하지 못했다는 점을 생각해볼 수 있다. 초기의 계획대로만 끈기 있게 지속되었다면 지금보다 훨씬 큰 시장을 만들어냈을 것이다.

둘째, 아토피 포지셔닝을 더 뾰족하게 하기 위해 아토피 전용, 의약외품 승인 등의 추진을 함께 하면서 적극적인 증상 중심적 접근법으로 갔어야 했다. 대신 유한킴벌리 '그린핑거'의 시장진입에 '퓨어가닉'으로 적극 방어했어야 했다.

숨은 이야기를 하나 해보자. 나는 보령메디앙스에서 성공적인 영업·마케팅 본부장으로서 역할을 완수하고 모회사인 보령제약으로 자리를 옮겨 OTCOver The Counter(처방 없이 구매할 수 있는 일반약) 마케팅 부문장으로 업무를 수행하게 되었다. 어느 날 닥터아토 시리즈 출시를 함께 작업했던 원은주 과장이 나를 찾아왔다. 유한킴벌리에서 스카우트 제의가 있었고, 이직을 하겠노라고 말했다.

순간 머리가 띵했다. 드디어 올 것이 왔구나 하고 생각했다. 닥터아토 시리즈를 개발했던 직원이 유한킴벌리로 스카우트되어 간다면 분명 베이비 스킨케어 시장의 진입을 위해서일 것이다.

어느덧 현실에 안주하는 사이 유한킴벌리가 '그린핑거'

를 통해 베이비 스킨케어 시장에 진출했다. 그들은 닥터아토마일드와는 다른 특징으로 시장을 공략했다. '그린핑거'는 아토피 콘셉트를 탈피하고 유아 보습 전문 콘셉트로 시장을 공략해왔다. 물론 보령메디앙스에서 대응제품으로 '퓨어가닉'이라는 브랜드가 있었다. 그런데 어떻게 된 일인지 '퓨어가닉'을 통해 '그린핑거'를 직접적으로 공략하지 않았다. 아마도 퓨어가닉을 통해 그린핑거를 공략할 경우 닥터아토마일드 고객들의 이탈을 염려했던 것 같다. 즉 닥터아토마일드의 자기잠식이 발생할 것으로 생각했던 모양이다.

"너 자신이 최대의 적이 되어라"는 말이 있다. 자기잠식을 두고 하는 말이다. 만약 누가 당신의 점심을 먹으려고 한다면, 차라리 그가 적이기보다 친구인 편이 낫다. 만약 어떤 브랜드의 세분시장에 타 제품이 들어올 여지가 있다면, 다른 회사의 브랜드보다 자기 회사의 다른 브랜드와 경쟁하는 것이 낫다.[3]

가령 지하철 부근의 목 좋은 자리에 화장품 점포를 운영하고 있다고 치자. 물론 상권이 좋으니 장사가 잘된다. 이를 호시탐탐 노리는 다른 장사꾼이 맞은편에 점포를 개설하려고 할 것이다. 이를 눈치챈 점포 주인은 맞은편에 먼저 또 하나의 점포를 개설하는 것이다. 그래서 다른 사람이 주변에 점포를 내지 못하게끔 방어망을 쳐버리는 것이다.

그런데 불행하게도 몇 년이 지난 후 유한킴벌리의 그린핑거가 유아용 스킨케어 시장에서 확실한 1등 위치를 차지했다. 1등은 영원하지 않은 법이다. 한동안 업계 최초의 자리에 있더라도 그것이 성공을 보장해주지는 못한다. 잊지 말아야 할 것은 업계의 최초가 되는 것은 중요한 성공요인이지만, 계속 선두에 머무는 것은 별개의 문제라는 점이다.

성공의 파도를 잘 타기 위해서는 엄청난 노력과 에너지가 필요하다. 닥터아토마일드는 아토피 콘셉트를 중심으로 아토피라는 더욱 큰 목표를 가지고 피부과 의사들과 연계한 아토피 커뮤니티를 구축하여 지속적으로 아토피

퇴치운동을 사회적 어젠다로 이끌어냈어야 했다. 사실 보령제약의 연구기능 기반과 의사 네트워크를 통한 아토피 커뮤니티의 구축은 출시 초기에 계획되어 있었던 방향이었다. 그러나 보령메디앙스에서 보령제약으로 이동하면서 초기의 계획들이 빛도 보지 못하고 사라져버렸다.

이제 보령메디앙스는 대기업 집단의 경쟁사로부터 공격받고 있다. 유한킴벌리와 매일유업의 제로투세븐$_{0to7}$이 강력한 경쟁자로 시장 전면에 나서고 있다. 특히 유한킴벌리는 기존 사업인 기저귀에서 스킨케어, 심지어 수유용품(일본 피죤의 '모유실감'을 '더블하트' 브랜드로 새로이 구축했다)까지 전방위로 공략해오고 있다.

과거에는 경쟁 상대가 중소기업이었다면 이제는 대기업 집단의 기업들이 공략해오고 있다. 이제 보령메디앙스는 어떤 전략으로 경쟁 게임에 대응해야 할까?

CHAPTER 6

[사용자가 아닌
구매자의 심리 자극하기]

| 우리아기 물티슈 | 브랜드 네이밍에서 표적고객을 표현하다

우리아기 물티슈
브랜드 네이밍에서 표적고객을 표현하다

유한킴벌리의 독주뿐, 그러나 기회는 무한대

《매일경제》〈MK MBA〉에서 만화가 이현세와 인터뷰한 내용이 있다. 범재가 천재를 이기는 방법에 대한 이야기다.

우리는 흔히 범재가 천재를 이기기 위해서는 정면승부를 하지 말라고 한다. 범재가 천재를 만난다는 것은 주눅이 들고 상처를 입는 끔찍하고 잔인한 일이다. 자신의 능력과 비교하니까, 당연히 좌절하고 힘들어한다.
결과적으로 천재와 경쟁하다가 상처투성이가 되든지, 아니면 자신의 길을 포기하게 된다. 그렇다면 이를 어떻게 극복하는가?
나를 천재와 비교하는 것을 뿌리치고 천재를 그냥 먼저 보내주고, 이기기를 포기하면 되는 일이다. 대신 1등이나 최고를 지향하기보다는 '오로지 나만의 것'을 찾으려고 하면 된다.[1]

비즈니스 관점으로 보면 천재는 골리앗이고 범재는 다윗이다. 물티슈 시장은 유한킴벌리가 떡하니 버티고 있는 다윗과 골리앗의 시장구조다. 이런 시장에서 유한킴벌리의 '하기스 베이비 물티슈'를 따라가는 것은 계란으로 바위 치는 게임이다.

그러면 골리앗에 대항하기 위한 다윗의 전략은 무엇인가? 손바닥만 한 주걱이 커서 편한 때도 많겠지만 커피잔에 설탕을 떠넣는 용도로는 불편하다. 따라서 거인의 비대해진 몸집에도 파고들 빈틈은 있다.

유한킴벌리가 주도하는 물티슈 시장을 좀 더 자세히 들여다보면 많은 기회가 존재하는 시장이었다. 왜냐하면 고객 가치보다는 유한킴벌리가 만든 시장 프레임에 따라 움직이고 있었기 때문이다. 고객 관점에서 시장을 보니 유한킴벌리가 보지 못하는 새로운 기회가 보였다.

시장으로 다가가기: 오로지 나만의 길을 가다

물티슈 시장은 유한킴벌리의 프레임에 따라 움직이는 정형화된 시장이었다. 따라서 이러한 정형화된 시장에서 탈피하기 위해 엄마와 아기의 관점에서 물티슈 시장을 새로이 정의하는 것이 요구되었다. 따라서 세 가지 관점에서 유한킴벌리의 프레임을 이탈하여 오로지 나만의 길을 가고자 하였다.

물티슈가 가제 손수건을 대체한 제품임을 고려하여 현재의 시점에서 두 제품을 깊이 있게 비교 분석했다. 역시 물티슈는 가제 손수건과는 많은 차이를 보이고 있었다. 유일하게 물티슈가 우월한 점은 편리성이었다. 그 외에는 여러 측면에서 가제 손수건이 우월했다.

물티슈의 사용자 타깃이 베이비이기에 1회용 제품이지만, 품질의 중요성이 매우 높은 제품이었다. 이러한 관점을 고려하여 편리성만을 추구하는

1회용 제품을 뛰어넘는 '가제 손수건'과 같은 제품 품질을 구현하는 데 초점을 맞추었다. 즉 1회용 같지 않은 도톰한 '1회용 가제 손수건'을 만드는 것이었다.

또한 그동안 유한킴벌리의 방식에 따라 모든 경쟁사는 'OOO 베이비' 물티슈로 통칭되고 있었다. '베이비'는 영어로 친근함과 배려 등의 어감에서 다소 떨어져 있다. 이를 극복하는 친근한 순우리말에 초점을 맞추었다. 그것은 바로 '우리 아기'다.

마지막으로 물티슈는 아토피 예방을 위한 환경위생 제품으로 친환경 콘셉트를 구현하는 것이었다. 이를 위해 품질뿐만 아니라 친환경 콘셉트의 '그린' 디자인에 초점을 맞추었다.

이와 같은 세 가지 측면에서 유한킴벌리 대비 혁신을 전개하였다. 다음에서 세 가지 혁신 전략을 어떻게 전개했는지 살펴보자.

'물티슈＝1회용 가제 손수건'이다?

물티슈가 나오기 전에는 주로 가제 손수건이 오랫동안 아기를 위해 사용되어 왔었다. 그런데 물티슈의 탄생으로 가제 손수건이 물티슈에게 자리를 물려주었다. 물티슈는 편리성의 장점 외에는 여전히 가제 손수건만큼의 효용 가치를 제공하지 못하고 있었다.

그러나 가제 손수건을 대체한 물티슈는 편리함만으로 엄마들의 큰 호응을 얻었지만, 가제 손수건과 같은 역할에서는 미흡했다. 따라서 가제 손수건의 품질과 효용을 대체할 수 있는 정도의 품질이 요구되었다. 이를 바탕으로 세 가지 관점에서 제품 혁신을 추구했다.

물티슈는 닦아내기만 하면 된다는 생각에서 탈피하여 물티슈에 '천연목초액 콘셉트'를 접목시켜 아토피, 발진으로부터 아기 피부를 보호한다는 기능성을 추가했다. 이는 최초의 '기능성' 물티슈를 표방했다. 또한 엄마의 마음으로 더 순수한 물(최초의 7단계 정수 필터링 도입)을 강조했다. 마지막으로 가제 손수건과 같은 도톰함을 강조하여 1회용 가제 손수건으로 위치시켰다. 이렇게 해서 기존 물티슈 대비 차별화된 제품을 확보하는 데 성공했다. 고객들은 제품 품질 측면에서 기존의 물티슈와는 다르다는 것을 체감으로 인지했다.

이름이 뭐예요?: 우리아기 물티슈

기존에 나와 있는 물티슈들은 모두가 '베이비'라는 단어를 쓰고 있었다. 엄마들이 대화할 때 베이비라고 하는가? 그래서 베이비에 대한 특별한 의미를 가질 수가 없었다. 가령 유한킴벌리의 베이비 물티슈를 생각해보라. 어떤 의미가 떠오르는가?

우리는 새로운 물티슈를 출시하면서 네이밍 작업에서 '베이비'의 특징을 가장 잘 나타내는 독특하고 친근한 단어를 발굴하기로 했다. 특히 엄마들이 쉽게 부르는 생활 속의 언어를 채택하기로 했다.

엄마들끼리 서로 이야기를 하면서 '우리 아기'라고 부른다. 아기의 소중함과 친근함, 그리고 나만의 아기를 나타내기 위해 '우리 아기'라고 부르는 데 착안했다. '베이비'와 '우리 아기'에 대한 느낌이나 연상은 확연히 다르다. 그동안 '베이비 물티슈'가 주를 이루고 있었지만, 새로이 출시하는 제품은 '우리아기 물티슈'로 네이밍하여 그 자체에서 메시지와 이야기를 담고자 했다.

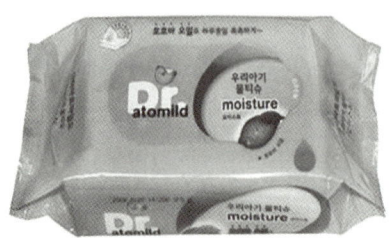

이렇게 하여 탄생한 '우리아기 물티슈'는 기존의 '베이비 물티슈'와는 다르게 친근하면서도 소중함이 담겨 있는 네이밍으로 엄마들에게 쉽게 다가갔다.

자연을 담은 디자인: 친환경의 개념을 담다

　손과 얼굴을 대상으로 사용하는 물티슈는 여린 피부와 직접 접촉한다. 그래서 엄마들은 제품의 친환경성을 가장 중요시한다. 항상 사용하면서도 화학물질의 함유나 세균 등에 대해서 민감하게 반응한다. 이러한 관점들을 고려해 친환경 제품을 도입했다. 품질뿐만 아니라 제품 패키지에도 이러한 친환경 개념을 도입했다. 바로 그린 패키지다.
　새로이 출시한 '우리아기' 물티슈는 친환경 성분을 사용했을 뿐만 아니라, 그린 패키지를 적용함으로써 매장에서 엄마들의 시선을 끄는 데 주목도를 높여주었다. 이것만으로도 기존 제품 대비 차별화 요인으로 작용했다.

빅 히트!: 닥터아토 시리즈의 매출을 주도하다

　새로이 출시하는 물티슈 역시 닥터아토 시리즈의 통합 브랜딩 체제를 따라간다. 바로 '닥터아토 우리아기 물티슈'다. 따라서 모든 마케팅 활동은 닥터아토 시리즈에 기초해 통합적으로 진행했다. 이를 통해 브랜드 관리 측면뿐만 아니라 시너지를 극대화할 수 있도록 체계화해나갔다.
　출시 후 우리아기 물티슈는 가파른 매출 상승을 주도하면서 닥터아토 시리즈의 매출을 견인하는 전략 제품군으로 자리매김했다. 이러한 성과에 힘입어 보령메디앙스의 매출 규모는 불과 4년이 채 되기도 전에 450억에서

1000억에 가까운 회사로 탈바꿈했다. 단기간에 비약적인 매출 성장을 달성했다.

그러면 성공의 요인은 무엇인가? 앞에서도 언급했듯이 기존의 시장 프레임에서 벗어나 엄마와 아기의 관점에서 시장을 보려고 했었다. 그 결과 골리앗이 떡하니 버티고 있는 시장이었지만 새로운 기회들이 다가왔다. 오로지 나만의 길이 보였던 것이다.

첫째, 단순 물티슈 개념에서 탈피하여 가제 손수건과 같은 도톰함을 강조하여 '1회용 가제 손수건'으로 위치시켰다. 이것만으로도 기존의 베이비 물티슈와 차별화되는 개념을 선점하게 되었다.

둘째, 별 의미를 느끼지 못하는 '베이비'를 '우리아기'라는 차별적 개념을 찾아내어 이를 브랜드화했다. 사실 엄마와 아기의 관계를 관심 없이 보면 '우리아기'가 눈에 보이지 않는다. 베이비 그 자체로서 족한 법이다.

셋째, 친환경 개념을 발 빠르게 도입했다. 물티슈는 닦아내기만 하면 된다는 생각에서 탈피하여 물티슈에 '천연목초액 콘셉트'를 접목시켜 아토피, 발진으로부터 아기 피부를 보호한다는 기능성을 추가했다. 이는 최초의 '기능성' 물티슈를 표방한 것이다. 또한 엄마의 마음으로 더 순수한 물을 강조했다. 제품 품질뿐만 아니라 포장 등에 그린 개념을 도입함으로써 친환경 제품임을 알리는 데 큰 역할을 했다.

다시 주저앉은 물티슈: 흔하면 지는 것이다

음식도 과하면 체하는 법이다. 브랜드 관리에서 반드시 귀담아들어야 할 원칙이다. 어느덧 매출에 취해 브랜드 관리는 뒷전으로 밀려나 있었다. 오히려 영업 부문에서 브랜드를 좌지우지하면서 매출 위주의 활동에 초점이 맞추어져 있었다.

전체 매출 목표에 미달할 경우 매출 달성을 위해 우리아기 물티슈에 집중했다. 한마디로 우리아기 물티슈를 통해 부족한 매출을 메꾸
어나갔다. 영업은 누가 뭐래도 손쉬운 방법으로 찾아가게 마련이다. 영업사원들은 항상 전체 매출을 달성만 하면 된다는 생각이 지배적이다. "모로 가도 서울만 가면 된다"는 속담과 같다. 그 결과 시장에서 물티슈는 넘쳐나게 되었다. '흔하면 지는 것이다'란 원리를 망각해버렸던 것이다.

또한 그러는 사이 대형마트들의 자체 브랜드PL: Private Label로 내놓은 물티슈에 고객을 계속 빼앗기고 있었다. 고객들이 '통큰 물티슈'와 '우리아기 물티슈'의 차이를 못 느끼면서 가격이 비싼 우리아기 물티슈의 인기는 시들해져 갔다.

이럴 경우 어떻게 해야 하는가? 최근 《매일경제》〈MK MBA〉에서 브랜드 연구 분야의 세계적 석학 장 노엘 캐퍼러 HEC 교수가 자체 브랜드의 맹공격서 브랜드를 살리는 방법에 대해 사례를 들어 설명했는데 그 내용은 이렇다.

유럽 과일주스 브랜드 팜프릴Pampryl은 한때 최고 점유율을 누렸지만 시장점유율이 점점 하락하는 난관에 부딪혔다. 대형마트인 오샹이나 슈퍼 U가 자체 브랜드로 내놓은 주스에 고객을 계속 빼앗겼던 것. 고객들이 오샹 주스와 팜프릴의 차이를 못 느끼면서 가격이 비싼 팜프릴의 인기는 시들해져 갔다. 시장점유율이 4위까지 하락하자 팜프릴은 패키지에 변화를 줬다. 패키지 업체와 협력해 '바렉스'라는 당시로는 혁신적인 패키지를 들고 나온 것이다. 새로운 투명 플라스틱 용기였는데 유리 용기보다 훨씬 가벼우면서도 신선도를 높이는 데 문제가 없었다. 소비자들은 마트 자체 상품에서 볼 수 없는 가볍고 투명한 패키지에 열광했고 몇 달 만에

팜프릴은 잃어버렸던 시장점유율을 되찾았다.[2]

이처럼 대형마트 전성시대에 그들은 막강한 유통 채널을 바탕으로 영역을 가리지 않고 PL 제품들을 내놓고 있다. '반값 피자' '통 큰 치킨' 등 구호에서 알 수 있듯이 낮은 가격을 무기로 기존 브랜드들을 공격하고 있다.

이런 상황에서 기존 브랜드들은 양자택일을 강요받고 있다. 자사 제품 가격을 확 낮추든지, 아니면 PL 제품이 쉽게 모방할 수 없는 혁신을 통해 차별화해야 한다. 전자를 택하면 수익성이 나빠질 수밖에 없다. 그렇다면 당연히 후자를 택해야 한다. 팜프릴이 그랬다. 패키지를 혁신해 큰 성공을 거두었다.

이제 '우리아기 물티슈' 역시 새로운 혁신에 도전해야 한다. 이것만이 잃어버린 시장의 지위를 찾을 수 있는 방법이라고 생각한다.

CHAPTER 7

[낡은 브랜드에
새 생명력 불어넣기]

| 트리오 | 부활의 화살, 실버블릿 제품을 출시하다

트리오
부활의 화살, 실버블릿 제품을 출시하다

트리오는 지는 해였다

LG생활건강을 대표하는 제품이 '페리오' 치약이듯이, 애경을 대표하는 제품은 '트리오' 주방세제다. 트리오는 1966년에 출시한 국내 최초의 주방세제로 전통 있는 실속형의 위대한 장수 브랜드였다.

그러나 오랜 세월을 거쳐오면서 트리오의 인지도는 매우 높지만 낡은 브랜드로 인식되어 있었다. 더불어 자연퐁, 순샘 등 마일드 주방세제의 등장으로 퐁퐁과 함께 트리오는 저가 제품으로 분류되어 있었다. 불과 2년 사이에 주방세제 전체 시장에서 애경은 시장점유율 30% 수준에서 24% 수준으로 큰 폭으로 하락하고 있었고, 더욱이 트리오 브랜드는 2006년 15.4%에서 2007년 13.1%로 하락세가 두드러지게 나타나고 있었다.

그나마 트리오는 13.1%의 점유율 중 대량으로 사용하고 있는 식자재 시장 B2B에서 76%를 점하고 있었고, 트리오 주 타깃인 가정용 주방세제 시장에서

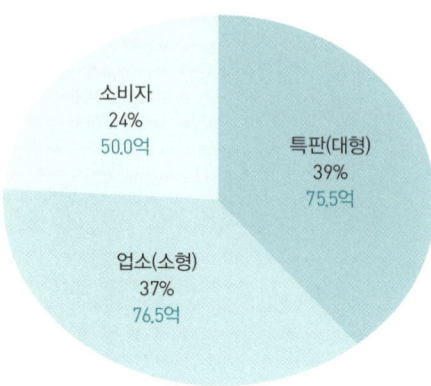

는 24%에 불과했다. 이제 트리오는 업소와 단체 납품용으로 한정되어 있는 절박한 상황에 처해 있었다.

사실 트리오는 애경의 성장을 견인했던 한때 최고 점유율 70% 이상을 누렸던 브랜드로 주방세제의 대명사다. 전통 있는 장수 브랜드로서 트리오는 부활의 노래를 불러야 한다. 따라서 위기에 빠진 트리오를 구하는 것이 나의 첫 과제이자 도전으로 목표를 설정했다. 이제 트리오를 구하려면 빨리 행동하지 않으면 안 되었다.

일반적으로 마케팅 디렉트들은 임명된 지 3개월 이내에 매출 성과가 저조한 품목들에 대해 무슨 조치를 취하지 않으면 안 된다. 나는 새로운 조직에서 업무를 맡은 첫날부터 3개월 동안은 조직의 이야기를 듣고 이해하는 데 소비한다. 그리고 나서 CEO에게 가서 "이것이 제 생각에 마케팅이 해야 하고 할 수 있는 일인 것 같은데, 어떻게 생각하세요?"와 같이 분명한 의견을 제시한다. 그래야만 마케팅이 중요한 역할을 하고 있다는 것을 느끼게 할 수 있다.

트리오를 위기에서 구하려면

천천이 뜨거워지는 물 속의 개구리는 뜨거운 줄도 모르고 죽는다. 트리오는 솥 안에 담긴 개구리와도 같았다. 천 길 낭떠러지를 향해 천천히 걸어가고 있는데 대부분의 사람들이 인식조차 못 하고 있었다. 트리오가 트렌드를 쫓아가지 못하고 과거 전통에 안주해 있는 동안 순샘, 자연풍, 참그린으로 대표되는 마일드 브랜드들이 시장을 주도해버렸다.

트리오 시장점유율이 계속 감소하고 있는 상황에서 극단의 처방을 내려야만 했다. 우선 트리오가 그렇게 병들게 된 이유를 파악하기 위한 첫 단계로서 트리오의 주 고객층이 누구인가를 확인하는 것이었다.

트리오가 시장에서 13.1% 수준의 점유율을 가지고 있었지만, 가정용에서는 3.1%에 불과했다. 나머지는 대부분 업소용으로서 10%의 점유율을 가지고 있었다. 그동안 트리오의 충성고객들은 대부분 이탈하고 저가 선호의 일부 고객층만 트리오의 주 구매고객으로 존재하고 있을 뿐이었다. 이처럼 가정 내 트리오 사용이 축소된 것은 새로운 소비자 트렌드를 전혀 반영하지 않았고, 또한 브랜드 뉴스가 부재했던 것에서 기인했다.

많은 소비자가 트리오의 이름을 알고 있고 명성도 좋은 편이지만, 이것만 가지고는 매출로 직결되지 않았다. 그 이유는 무엇인가? 트리오는 전통 있고 신뢰 있는 이미지를 가지고 있지만, 시장 트렌드를 반영하지 못해 별로 새롭지가 않고 오래되고 노후한 브랜드로 인식되고 있었다. 그 결과 많은 사람이 트리오를 외면하고 있었던 것이다. 따라서 새로운 소비자 트렌드를 전혀 반영하지 않은 트리오 브랜드의 쇠퇴는 판촉 활동 등 단기적인 처방만으로 반전되지 않는다.

이것은 우울한 상황이기는 하지만, 그렇다고 해서 트리오에게 사형선고가 내려진 것은 아니었다. 42년여의 역사를 가진 브랜드는 쉽게 사라지지 않는다. 트리오의 시장점유율이 미미하기는 하지만, 인지도는 높으므로 이를 고려한 대책을 세워야 했다. 이제 트리오가 쇠퇴하고 있는 이유는 명확해졌다. 이제 부활의 화살을 쏘아 브랜드를 위기에서 구해야 한다는 목표가 명확해졌다.

부활의 화살: 실버블릿 제품을 출시하다

트리오도 잘만 하면 다시 좋은 미래를 맞이할 수 있다는 확신이 들었다. 부활의 핵심은 실버블릿(은제탄환) 제품을 개발하여 가정 내 시장에서 트리오의 경쟁력을 다시금 확보하는 것이었다. 이를 통해 연어가 고향으로 회귀하듯 고객들을 트리오로 다시 돌아오게 할 수 있을 것이다.

1960년대를 살았던 사람들은 공감할 것이다. 지나간 1960~1970년대는 지독히도 생활이 가난했다. 아니, 하루하루 먹을 끼니를 걱정하며 보내야 했던 시절이었다. 사정이 이런데도 자식들은 보통 가족당 5명 이상을 두고 있었다. 하지만 자식 중 누군가 한 사람이 사법고시에 합격한다면, 그 집안은 생활의 윤택함은 물론이고 사회적 지위나 계급도 덩달아 오른다. 그래서 하나의 아들에 집중했다.

브랜드 관리에서도 똑같은 이치가 적용된다. 힘이 없는 브랜드는 실버블릿 제품을 론칭시켜 이를 통해 힘없는 브랜드에 새로운 생명력을 불어넣을 수 있다. 여기서 실버블릿이란 다른 브랜드 이미지에 긍정적으로 영향을 주는 브랜드나 하위 브랜드로서, 이는 브랜드 이미지를 구축하거나 바꾸거나 유지시키는 데 강력한 파워를 제공한다. 예를 들면 IBM 씽크패드 ThinkPad, 아이오페 레티놀2500 Retinol 2500, 소니 워크맨 Walkman 등이다. 씽크패드는 IBM의 새로운 이미지를 구축하는 데 역할을 했으며, 워크맨은 소니의 혁신적 소형화의 아이덴티티를 지원하는 역할을 했다.

특히 아모레퍼시픽의 '아이오페' 브랜드는 실버블릿 제품을 통해 브랜드력을 강화시킨 대표적인 사례다. 아이오페는 LG생활건강의 '이자녹스'보다 1년 후에 출시한 제품으로 '레티놀2500'을 출시하여 아이오페 도약의 발판을 마련했다. 이처럼 아이오페는 주름 제품 '레티놀2500'을 실버블릿 제품으로 출시하여 아이오페 이미지를 구축하는 데 성공했다.

트리오는 오래된 저가의 브랜드로서 40대 이상 중장년층, 그리고 업소용 제품 이미지가 강하다. 이러한 트리오의 고착화된 이미지를 탈피하고 쇠퇴해진 브랜드력을 실버블릿 제품 출시를 통해 브랜드 부활을 꾀하는 것이 시급한 과제였다.

주방세제 시장은 트리오, 퐁퐁으로 대표되는 일반 주방세제(저가 시장), 순샘, 자연퐁, 참그린으로 대표되는 마일드 세제, LG생활건강의 '세이프'가 대표적인 고가 마일드 세제(프리미엄 시장), 그리고 기타 할인점 자체 브랜드 등 4개의 카테고리가 경쟁하는 복잡한 시장구조를 보여주고 있었다. 특히 마일드 시장은 소비 트렌드의 웰빙화로 인해 가장 크며, 더욱 성장하고 있는 추세였다.

저가의 주방세제 트리오는 세척력이 강한 반면, 자극적이고 저렴한 오래된 브랜드라는 인식이 강하게 존재하고 있었다. 또한 엄마 세대가 썼던 브랜드로 성분, 용기 등의 측면에서 전반적으로 마음에 들지 않는 것으로 나타났다.

이런 부정적인 트리오 이미지를 희석시키기 위해 마일드 세제의 출시가 시급히 요구되었다. 더욱이 소비자들은 주방세제에 대한 인식 변화로 성분을 기반으로 한 환경친화 제품을 강력하게 원하고 있었다.

따라서 이러한 시장환경의 변화에 맞추어 트리오는 마일드 콘셉트를 담은

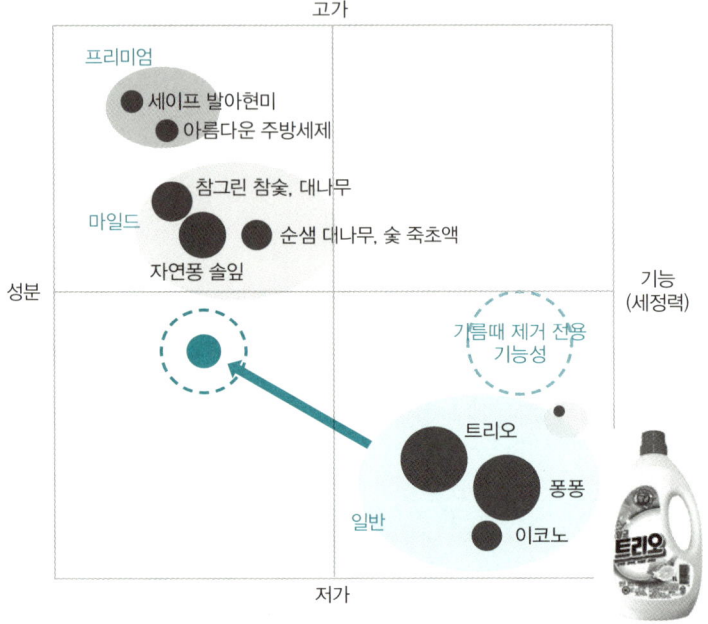

제품의 개발을 진행했다. 특히 제품개발에서 마일드 콘셉트에 부합되도록 세제 향취를 구수하고 부드러운 이미지의 전통 곡물을 연상할 수 있는 향을 내세웠다. 기존 주방세제의 익숙한 향과는 다른 변신이었다. 심지어 세제 성분의 색상까지도 곡물 성분의 특징을 반영하였다.

이름이 뭐예요?: 트리오 곡물설거지

새로운 신제품은 제품 콘셉트와 일치하는 네이밍, 디자인 등 마케팅 요소를 철저하게 일관되게, 그리고 통합적으로 전개했다. 이는 마케팅 성공의 출발점이다.

브랜드 네이밍: 그 상품의 콘셉트를 눈에 띄게 한다

'나쁜 투표, 착한 거부' '고소영 내각'. 과거 민주당을 비롯한 진보세력이 중요한 정국의 고비마다 내놓은 네이밍이다. 대부분의 네이밍은 성공했다. 짤막한 단어 하나로 정국 주도권을 장악했다. 이처럼 네이밍의 힘은 엄청나다.

프랑스 주방용품 브랜드 '테팔'로 유명한 그룹세브코리아에서 최근에 베스트셀러로 자리 잡은 주방용품 '매직핸즈' 브랜드가 있다. 원래 제품명은 '인지니오'다. 이것은 프라이팬과 냄비 등 주방용품 손잡이를 분리해 보관할 수 있는 제품이다. 원래의 제품명 '인지니오'의 뜻을 알 수 없어 쉽게 다가갈 수 있는 이름으로 바꿨는데 대박이 났다.

또한 명문제약의 붙이는 멀미약 '키미테'는 원래 이름이 '스코로보'였다. 스코로보가 잘 팔리지 않자 제품 이름을 키미테로 바꿨다. 이후 소비자들은 이름만 듣고도 '귀밑에 붙이는 멀미약'이라고 생각하게 됐고, 곧 멀미약의 대명사로 자리 잡았다.

이처럼 다양한 신제품 속에 콕콕 박히는 이름을 만드는 것은 그 자체로 엄청난 광고 효과를 낼 수 있고, 제품의 운명과도 직결되기 때문이다. 브랜드 네이밍은 소비자가 제품을 이해하고 판단을 내리는 첫 번째 기준이다. 잭 트라우트가 "가장 중요한 마케팅 결정은 브랜드 네이밍"이라고 말한 것처럼 제품 운명을 좌우할 수도 있다.

네이밍만 좋다면 그 자체가 콘셉트이며 캐치프레이즈를 필요 없게 한다. "이름은 실체를 나타낸다"라는 말처럼 네이밍만큼 많은 것을 말해주는 것은 없다. 이처럼 네이밍은 아주 중요한 브랜드 전략이며, 네이밍에 에너지를 쏟는 일은 판매와 연관된 수고를 크게 줄여준다.

훌륭한 네이밍은 뛰어난 영업사원 몇 사람만큼이나 가치가 있다. 엄청난 정보사회에서 우리가 만든 네이밍을 고객의 머릿속에 각인시키는 작업은 결코 쉽지 않다. '좋아하니까, 듣기 좋으니까'라는 이유로 잔뜩 멋을 부려 외국어 이름을 붙일 것이 아니라, 듣는 사람의 심리를 고려하고 배려해야 한다.[1]

심지어 브랜드 네이밍은 시각·청각 이미지에, 이야기까지 담아야 한다. 이름에 이야기를 담는 것도 소비자의 공감을 얻으며 쉽게 관심을 끌 수 있는 방법이다. '스타벅스Starbucks'는 1971년 미국 시애틀에서 커피원두를 볶는 작은 상점으로 시작했다. 당시 이름을 정할 때 미국 작가 허먼 멜빌Herman Melville의 소설 《모비딕》에 나오는 이야기를 담았다. 소설에서 스타벅은 열정적인 성격에 다정다감하면서 커피를 매우 좋아하는 항해사로 묘사되어 있다. 세계문학의 걸작으로 꼽히는 《모비딕》을 찾는 독자가 매년 생겨나고, 이들은 스타벅이라는 인물이 등장할 때마다 스타벅스와 커피를 떠올린다.[2]

고객의 마음을 사로잡는 키워드: '곡물'과 '설거지'에 주목하다

일반적으로 애경의 네이밍 원칙에는 애경만의 전통적 문법이 있다. 그것은 직관적 네이밍의 형태를 취한다는 점이다. 가령 2in1 샴푸인 '하나로 샴푸(하나로+샴푸)', 세탁세제인 '울샴푸(울+샴푸)'에서 보듯이 연상작용을 나타내는 단어라기보다는 직관적 단어다.

트리오 역시 이러한 원칙에 충실했다. 트리오는 40여 년을 이어온 장수 브랜드다. 트리오는 세척력이 강하고, 자극적이며, 화학적이고, 저렴한 낡은 브랜드의 이미지가 강했다. 그러나 반대로 트리오는 '전통 있는 주방세제의 대명사'로 긍정적 이미지를 가지고 있었다.

이제는 비즈니스 세계에서 자연적인 것이 더 부각된다. 자연으로 돌아가고자 하는 것이 인간의 본연적인 욕망이다. 인간은 삶에 때 묻지 않은 순수함을 그리워하는 욕망이 있는 것이다. 이러한 트렌드를 네이밍에 담는 것이 핵심이었다.

따라서 네이밍에 있어서 여러 후보안이 제시되었다. '설거지'라는 단어가 주는 느낌이 주방세제와 직접적인 연관은

있으나 설거지에 대한 주부들의 부정적 이미지(조사 결과: 귀찮고 하기 싫은……) 로 인해 다른 브랜드 네임으로 의성어인 뽀드득, 싹싹이나 곡물헹굼 등 다소 간접적 표현의 네이밍이 많이 거론되었다. 그러나 직접적인 표현이 콘셉트를 정확히 반영한다는 판단으로 최종 네이밍으로 선정했다.

사실 주방과 관련해서 가장 익숙한 단어는 '설거지'다. 설거지는 곧 주방세제와 연관되고 주방세제의 대명사는 트리오다. 따라서 전통 있는 주방세제의 대명사 '트리오'와 '설거지'는 조금도 어색함이 없다.

또한 과거부터 우리 어머니들은 주방세제, 세안 등에 주로 곡물을 사용해왔다. 따라서 전통의 설거지는 자연친화적 성분의 곡물을 사용해왔다. 이 둘을 조합하여 '곡물설거지'가 탄생했다. 이렇게 탄생한 '곡물설거지'는 제품의 콘셉트이자 네이밍으로서 무엇을 위한 브랜드인지 설명할 필요가 없다. '곡물'은 '성분'이고 '설거지'는 '행태'를 보여준다. 따라서 브랜드 이름 그 자체가 즉시 제품의 콘셉트를 떠올리게 설명해준다. "가족의 건강을 생각한다면 설거지도 곡물로 하세요"처럼 곡물설거지는 어색함이 전혀 없는 익숙한 단어다.

이러한 '곡물설거지'의 친숙함 및 익숙함과 주방세제의 대명사로 각인되어 있는 트리오가 서로 결합될 경우 더욱 강력한 브랜드력을 발휘할 수 있다. 이처럼 익숙하고 친숙한 보통명사를 먼저 선점하여 브랜드화할 경우 소비자

이해를 쉽게 유도할 수가 있다.

또한 향후 '설거지'를 키워드로 '곡물' 외에 다양한 형태의 성분이나 콘셉트를 결합함으로써 확장성을 용이하게 할 수 있는 플랫폼으로서도 손색이 없었다. 이처럼 곡물설거지는 이어 항균 콘셉트를 담은 '항균설거지', 홍초 콘셉트를 활용한 '홍초설거지'로의 확장을 용이하게 해주었다.

브랜드 전략: 콘셉트의 부조화를 극복하다

트리오 브랜드는 저렴하고 강한 세척력의 낡은 이미지로 강하게 인식되고 있었다. 따라서 마일드 세제 콘셉트의 '곡물설거지'와 '트리오'는 부조화가 발생할 염려가 존재하고 있었다. 오히려 누구나 알고 있는 트리오의 기존 이미지가 마일드 세제와는 상충되고 있었던 것이다.

소비자들과의 인터뷰에서 '아무리 유기농을 해도 트리오 이름이 따라가면 유기농이란 개념이 안 든다. 트리오를 작게 하고 곡물설거지를 크게 하는 것이 필요하다'고 응답했다. 따라서 '곡물설거지'를 강조하고 '트리오' 브랜드 노출을 약화시키는 전략이 요구되었다.

때로는 좋은 아이디어는 혼자 설 수 있어야 한다. 좋은 아이디어는 위대한 브랜드 네임과 결합해야만 성공할 수 있다는 가정은 잘못되었다. 실은 새로운 아이디어가 브랜드 네임의 도움 없이 혼자 일어설 수 없다면, 그것은 시도할 가치조차 없다.

특히 소비자들이 별다른 고민 없이 물건을 구입하는 저관여 제품에서 브랜드는 때로는 큰 의미가 없을 수 있다. 그래서 저관여 제품에서 좋은 아이디어는 중요하다.

곡물설거지는 혼자서도 설 수 있다. 따라서 브랜드 전략은 '곡물설거지'를 강조하면서 전통 있는 주방세제의 대표 브랜드 '트리오'의 후광을 활용하는 서브 브랜딩 전략을 전개했다. 일반적으로 확장 상황에서 유사성이 떨어지는 상이한 영역으로 브랜드 확장을 하는 경우 모 브랜드 명을 직접 사용하지 않고 서브 브랜딩sub-branding을 통해 간접적으로 활용하는 방법이 있다. 이러한 방법은 '트리오'라는 이름을 계속 사용할 수 있으므로 기업의 입장에서 좋다. 또 소비자의 입장에서는 '새로운 주방세제는 어떤 브랜드일까?'라는 의문을 조그맣게 보여주는 '트리오' 이름으로 해소할 수 있다.

여기에 덧붙여 전통의 유산을 제시하는 방법으로 출시년도를 브랜드 명과 함께 제시하는 것이었다. 'Since 1966'을 '트리오 곡물설거지'와 함께 제시했다. 이처럼 브랜드의 출시년도를 시각적으로 표현함으로써 원조나 최초의 오리지널을 강조했다.

환골탈태: 패키지로 브랜드 이미지를 강화하다

비주얼 커뮤니케이션visual communication은 중요하다. 이는 언어로만 소통verbal communication하는 것과는 차원이 다르다. 언어로 하는 소통이 1차원이라면 비주얼 소통은 3차원이다.

'나노실버'는 누구나 사용할 수 있는 일반명사다. 그러나 이것 이상의 콘셉트를 제시할 수 있는 단어가 없기에 '나노실버'를 활용하되 시각적 요소를 차별적으로 개발하여 브랜드 정착을 꾀하였다. 초기에 이러한 방법을 통해 큰 성공을 거두었다. 자일리톨도 마찬가지다.

이처럼 특정 카테고리를 대표하는 보통명사를 활용하거나 디자인적 요소를 적극 활용하여 차별화된 브랜드 이미지를 구축한 사례는 우리 주변에서 많이 접할 수 있다. 그만큼 언어적 표현뿐만 아니라 시각적 이미지도 매우 중요하다는 사실을 보여주고 있다. 인간은 음성적 요소보다는 시각적 요소에

더 좌우된다는 여러 연구 결과도 존재한다.

따라서 브랜드를 키우려면 언어적 표현과 시각적 이미지가 모두 있어야 한다. 그래야 소비자의 마음속에 어떤 말 한마디를 분명하게 못 박아둘 수 있다. 비유하자면 말은 못에 해당하고, 이미지는 못을 두드려 박는 망치에 해당한다. '말보르'는 말과 독특한 심상의 결합이 얼마나 강한 호소력을 발휘하는지 여실히 보여준다.[3]

'그린워싱green washing'과 '팜워싱farm washing'은 최근 친환경적이고 농장에서 갓 수확한 듯한 신뢰감을 제품에 부여하고 있는 브랜드를 지칭하는 새로운 용어다. 그린워싱은 '순수한, 녹색의, 농장에서 수확한, 신선한, 공정거래' 등의 느낌을 강조하는 브랜드들이 주도해온 현상들이다.[4] 이러한 테마에 주목하여 디자인 방향성을 설정했다.

소비재 산업FMCG에서 액션을 부르는 최강의 무기는 패키지 전략이다. 패키지는 소비자들의 구매욕을 강력하게 자극할 수 있는 가장 좋은 의사전달 수단이다. 패키지는 진열대에서 제품을 집어 들려는 바로 그 순간에 소비자들에게 메시지를 전달한다. 제품이 제공하는 정보는 소비자들의 관심과 구매욕을 자극할 수 있도록 간결하고 호소력이 있어야 한다.

따라서 패키지의 중요성을 고려하여 전면적인 변신 작업이 진행되었다. 그러나 브랜드 네임과 디자인은 발상 자체가 하나의 뿌리에 있어야 한다. 콘셉트가 살아 있어야 한다는 것이다.

기존의 디자인에서 환골탈태하여 곡물설거지의 핵심 메시지에 부합되도록 곡물 성분을 강조하고 전체적으로 부드럽고 순한 느낌을 주는 디자인 이미지를 설정했다. 특히 트리오의 아이덴티티 컬러인 '옐로'를 버리고 '곡물설거지'의 마일드 콘셉트에 충실한 디자인을 개발했다. 기존 '트리오' 디자인의 핵심은 '옐로'다. 어떤 위치에서도 옐로는 눈에 띄고 그 컬러는 트리오의 전유물이었다. 그래서 트리오 아이덴티티 컬러 '옐로'를 버린다는 것은 그렇게 쉬운 결정이 아니었다.

또한 곡물설거지 로고는 굵은 옛 글자체를 활용했다. 이를 통해 전통적이면서도 현대적인 트렌드를 반영했다.

이러한 디자인에서 환골탈태를 통해 매장 진열에서 선보인 '트리오 곡물설거지'는 가장 강력한 시선을 끌 만큼 군계일학의 모습을 보여주었다. 더불어 제품 콘셉트, 네이밍, 디자인, 향 등 '곡물설거지'를 축으로 한 일관성과 통합성은 마케팅 활동과 비용을 불필요하게 하는 효과를 가져다주었다.

아울러 여러 후속 버전이 출시되더라도 브랜드의 공통성을 유지하는 동시에 소비자가 새로운 버전을 쉽게 식별할 수 있도록 해야 한다. 곡물설거지는 이러한 패밀리형 디자인에 초점을 맞추었다. 앞서 언급했듯 향후 곡물설거지는 향균설거지 등 여러 콘셉트들로 확장해나가도록 설계되었다.

그런데 패밀리형 패키지의 함정에 갇히는 경우가 종종 있다. 하나의 브랜드로 여러 종류의 제품을 판매할 때는 종류마다 패키지를 달리해야 하지만 패밀리형 브랜드 형태를 그대로 유지하는 경우가 많다. 이런 문제는 약간의 색상 구분을 통해 보완될 수도 있지만, 더욱 파격적인 변화를 필요로 할 때도 있다. 일관성 있는 디자인을 만들기란 어렵지만, 소비자들에게 우리 회사의 제품과 경쟁사의 제품을 확실하게 구분시킬 수 있어야 한다.

콘셉트가 전부: 콘셉트가 보이는 브랜드는 마케팅 비용을 줄여준다

애경을 그만두고 1년이 지난 어느 날, 애경에서 근무하고 있는 지인을 통해 재미있는 얘기를 전해 들었다. 임원회의 시 안용찬 부회장님께서 다음과 같은 말씀을 하셨다고 한다.

"김재영 상무가 출시한 '트리오 곡물설거지'야말로 마케팅 활동과 비용을 불필요하게 하면서 성공한 케이스다. 제대로 된 차별적 콘셉트의 제품을 만드는 것이 성공을 보증한다. 반드시 마케팅 비용을 많이 투입해야만 성공하는 것은 아니다. 성공의 지름길은 차별적 콘셉트 발굴에 있다."

차별적 콘셉트를 브랜드화하는 것은 마케팅 활동과 비용을 불필요하게 만드는 원천이다. 기업이 브랜딩한 '차별화 요소'가 결국은 소비자들에게 타 기업의 브랜드와 혼동되고 있다면 이것은 얼마나 불행한 일인가? 이것을 미연에 방지하기 위해서는 '전략적'이고, '장기적'인 관점에서 차별화 요소의 브랜딩이 신중하게 고려되어야 한다.

차별화 요소의 브랜드화 이유

오늘날 대다수의 브랜드들은 '가격'이라는 요인에 의해 쉽게 구매를 결정해버리는 소비자들에게 큰 의미를 부여하지 못하고 있다. 하지만 여기서 제시하는 새로운 방법은 '평범함'으로부터 브랜드를 차별되게 하는 데 도움을 줄 수 있다.

오늘날 브랜드는 과잉 경쟁(수요<공급), 마진폭의 감소, 그리고 가격 인하 압박 등에 직면하고 있다. 또한 제품 역시 진부하여 제품만으로는 차별화하기 어려운 현상이 만연하고 있는 현실이다.

이런 상황에서 브랜드 파워의 주요 원동력의 하나인 '차별화 요소 differentiator'를 창조하고 유지하는 데 많은 어려움이 따른다. 또한 제품은 진부함과 흥미 상실로 소비자들의 관심도 저하가 뚜렷이 나타나고 있다.

'차별화'는 브랜드라는 전차가 달리기 위한 엔진의 역할을 한다. 엔진이 멈추게 되면 '브랜드'라는 전차 역시 멈추게 되는 것이다. 따라서 차별화 요소를 창조하여 브랜드화함으로써 제품의 진부함과 흥미 상실을 극복할 수 있는 것이다. 이런 차별화 요소를 브랜드화하는 것은 여러 가지 측면에서 이점을 가져다준다.

첫째, 차별화 요소의 브랜드화는 그 브랜드가 강조하고자 하는 특장점을 알리는 데 있어 신뢰성credibility을 더해준다.

둘째, 차별화 요소의 브랜드화는 소비자들로 하여금 차별화 요소를 쉽게 기억하도록 도와주며, 또한 모 브랜드 또는 마스터 브랜드와 연계할 수 있도록 해준다.

셋째, 차별화 요소의 브랜드화는 브랜드 네임 자체로서 타깃 소비자들에게 소구하기 때문에 효율적이며 효과적인 커뮤니케이션을 가능하게 만든다.

넷째, 차별화 요소의 브랜드화는 브랜드가 적극적으로 관리될 경우 지속 가능한sustainable 경쟁상의 우위점competitive advantage의 근간이 된다.

이처럼 차별화된 요소를 통한 효과적인 브랜딩은 브랜드의 무차별적인 공격에 지친 소비자들에게 어둠의 지팡이와 같은 역할을 하게 된다. 또한 이러한 차별화 요소의 브랜딩은 신중하게 선택되어 사려 깊게 관리될 때 지속적으로 브랜드의 활력을 불어넣어 줄 수 있는 것이다.

차별화 요소의 브랜드화를 위한 4가지 영역

앞에서 설명한 것처럼 차별화 요소를 브랜딩하는 것은 여러 가지 측면에서 이점을 가져다준다. 그렇다면 차별화 요소를 브랜드화할 수 있는 영역은 무엇인가?

첫째, 특징의 브랜드화branded features로서, 눈에 띄는 특징feature을 브랜드화할 수 있다. 가령 오랄비Oral-B는 Oral-B Indicator(치솔모의 색상 변화로 교체 시기 인식), Oral-B Power Tip 치솔모(치솔모가 닿기 어려운 곳까지 구석구석 닦아

줌) 등 특징을 브랜드화했다.

둘째, 서비스의 브랜드화branded services로서, 성숙기 영역의 브랜드에서 흔히 사용하는 방법인데 서비스를 추가함으로써 브랜드화할 수 있다. 서비스의 브랜드화를 통해 모 브랜드를 지속적으로 재활성화하는 역할을 한다. 가령 P&G의 Tide 세제는 Tide 웹사이트의 Tide Stain Detective 섹션 개설로 Tide의 사용용도를 지속적으로 확대했다.

셋째, 프로그램의 브랜드화branded programs로서, 로열티 프로그램이 전형적인 방식이다. 이는 신중하게 관리되어야 하며, 지속적인 업데이트가 필수적이다. 가령 힐튼호텔Hilton Hotel의 HHonors, P&G의 Pampers 홈페이지에서는 다양한 육아 정보 제공, 고객 이벤트 등을 브랜드화했다.

넷째, 성분 또는 요소기술의 브랜드화branded ingredients로서, 성분ingredient 또는 기술technology을 브랜드화하는 방법이다. 브랜드에 신뢰감을 부여하여 소비자들의 체감 품질을 제고할 수 있다. 가령 셰브런Chevron의 Techron(차별화된 가솔린)의 경우 Techron의 의미는 소비자들이 정확히 인식하지 못하나, 차별화된 가솔린으로서 인식한다.

트리오 2.0: 부활의 노래를 부르다

화려한 부활의 날개를 펴고 있는 트리오 곡물설거지는 여러 측면에서 시장에서 함축 의미가 크다. 곡물설거지는 명확한 성공요인이 있다. 아울러 곡물설거지가 시장에 끼친 성과 또한 큰 의미를 가지고 있다.

트리오 곡물설거지는 어떻게 성공했는가?
트리오는 마케팅 비용과 활동을 최소화하고도 단기간에 주방세제 시장에서 넘버원을 다시 탈환했다. 그 원인은 무엇인가?

첫째, 곡물설거지라는 명확한 콘셉트(네이밍) 설정에서 시작했다. 엄밀히 말하면 곡물설거지는 콘셉트가 보이는 브랜드다. '곡물설거지'는 소비자들에게 친숙하고 전통적 향수를 불러일으켰다. 특히 제품 콘셉트와 일치하는 네이밍, 디자인, 성분 등 마케팅 요소를 일관되고 통합적으로 전개했다.

둘째, 마일드 제품을 착한 가격에 출시했던 것 또한 성공의 큰 요인이다. 금융위기 등의 상황에서 착한 가격을 제시하여 소비자들의 호응을 이끌어 냈다. 그러나 과거의 저가 이미지와 새로이 출시한 곡물설거지의 착한 가격과는 큰 차이가 있다. 오히려 곡물설거지 출시를 통해 과거의 저가 이미지를 완전히 탈피했다. 이제는 트리오를 퐁퐁처럼 저가 이미지의 브랜드라고 말하지 않는다.

셋째, 트리오의 후광을 활용하면서도 새로운 콘셉트형 '곡물설거지'와 서로 충돌하지 않게 상호 영향을 미치는 구조로 잘 정립되었다. '곡물설거지'를 강조하고 '트리오' 브랜드 노출을 약화시켜 두 브랜드의 부조화를 최소화시키고 오히려 상호 시너지를 극대화하였다.

넷째, 고객 접점에서 활동하는 대리점과 판매사원들의 역할도 한몫했다. 이들의 마음을 다잡기 위해 그들과 함께하는 다양한 활동을 펼쳤다.

특히 대전 유성호텔에서 대리점 사장들을 모셔놓고 신제품 설명회를 가졌다. 여느 설명회와 비슷했지만 특별한 퍼포먼스를 준비했다. 마케팅 부문 전 직원들을 설명회 무대로 불러서 대리점 사장들을 향해 큰절을 올렸다. 물론 하나의 퍼포먼스이기도 했지만, 진심을 담은 간절함의 표현이었다. 우레와 같은 박수 소리가 울려 나왔다. 단숨에 그들의 환심을 샀다. 이러한 퍼포먼스 하나로 그들의 마음을 움직였던 것이다.

또한 판매사원 교육 때 마케팅 본부장으로서 나는 무대 앞으로 나가 제품 설명을 하기 전에 큰절을 했다. 그들은 기립박수를 보냈다. 300명이나 되는 판매원들을 내가 어떻게 일일이 다 기억할 수 있겠는가? 이 절 한 번으로 매장에 나가면 그들은 먼저 내게로 다가와 인사를 하면서 시장 상황들을 상세하게 설명해주었다. 이들의 마음을 빼앗은 아주 사소한 절 하나가 이런 큰 성과를 거두는 데 기여했다고 생각한다.

트리오 곡물설거지의 시장 성과는 무엇인가?

트리오 곡물설거지의 출시를 통해 주방세제 시장에서 다시금 과거의 영광을 찾았다. 특히 트리오 그 자체로만 보면 1등의 위치를 확실히 되찾았다. 트리오 곡물설거지는 여러 측면에서 시장 성과에 기여하고 있다.

첫째, 죽어가는 브랜드의 부활을 이루어낸 전형적인 사례다. 낡은 브랜드 트리오는 마일드 콘셉트를 담은 '트리오 곡물설거지'로 리뉴얼하여 300억대 매출을 달성했다. 현재 주방세제 부문에서 넘버원 브랜드로 확고한 위치를 점하며 화려한 부활의 날개를 펴고 있다.

특히 트리오는 과거의 화학적이고 저가 이미지에서 완전히 탈피하고, 자연친화적인 마일드 세제로의 전통 있는 브랜드로 화려하게 변신했다. 리뉴얼 직전 트리오의 가정용 시장에서 점유율은 3.1%에 불과했었다. 이것이 이제는 15% 이상의 점유율을 보여주고 있다. 더 중요한 것은 이탈한 고객들을 다시 돌아오게 했다는 점이다.

여기서 하나의 에피소드를 보자. 사실 트리오를 마일드 세제에 접목하는 것은 그리 쉽지만은 않았다. 트리오의 부활을 위한 실버블릿 제품으로 초기 기획을 하여 제품개발을 진행하였다. 그러나 워낙 '곡물로 설거지한다'는 콘셉트 자체가 차별화되고 새로운 콘셉트의 접근이었기에 영업과 마케팅팀 내부에서 성장하는 마일드 시장의 주력 브랜드 '순샘'에 '곡물설거지' 콘셉트를 적용하자고 주장했다. 때마침 순샘 역시 점유율이 고전하고 있는 상황에서 성장시장에 집중을 해야 하는 게 아닌가? 그래야 고가격 포지셔닝을 통해 영업이익을 확보할 수 있고 트리오는 이미 저가 이미지를 가지고 있기에 밑 빠진 독에 물 붓기라는 주장이 강하게 제기되었다. 그러나 나는 마케팅 본부장으로서 생활용품을 오랫동안 해온 마케터로의 확신이 있어 트리오의 브랜드를 강하게 밀어붙였고, 그 결과 중저가 마일드의 새로운 영역을 개척하여 트리오 부활의 화살을 쏠 수 있었다.

둘째, 시장 관점에서 보면 과거 프리미엄 마일드 시장, 마일드 시장, 저가의 일반 시장으로 세분화되어 있던 시장에서 트리오 곡물설거지의 출시를 통해 중저가 마일드의 새로운 세분시장을 창출했다. 이어서 LG의 퐁퐁 '아침보리'도 이 시장에 가세해주었다. 새로운 세분시장 형성에 동참함으로써 이제는 중요한 세분시장으로 자리매김했다.

셋째, '설거지'를 키워드로 곡물 외에 다양한 형태의 성분이나 콘셉트를 결합함으로써 확장성을 용이하게 할 수 있는 플랫폼을 구축했다. 트리오 곡물설거지에 이어 항균 콘셉트를 부여한 '항균설거지', 홍초 콘셉트를 활용한 '홍초설거지'로의 확장을 용이하게 할 수 있었다.

결론적으로 업소용 등 B2B 전문 브랜드로 국한되어 소비자들의 뇌리에서 점차 멀어지게 될지도 몰랐던 트리오 브랜드를 부활의 화살로서 곡물설거지 출시를 통해 소비자들의 품으로 다시 돌아오게 했다. 이제는 주방 세제 시장에서 과거의 영광을 되찾아 넘버원 브랜드로 자리매김했다. 얼마나 위대한 성과를 이룩했는가? 그것도 죽어가는 브랜드를

다시 살려놓았으니 말이다.

주방의 모든 것: 트리오 3.0

주방세제 시장에서 양대 산맥을 이루었던 애경의 트리오와 LG의 퐁퐁, 그들은 지금 어떤 운명에 처해 있는가? 지금 트리오는 부활에 성공하여 과거 저가 이미지에서 완전히 탈피하고 시장에서 1위를 재탈환하여 승승장구하고 있다.

반면 퐁퐁은 지금 어떻게 되어 있는가? 트리오 곡물설거지의 성공에 이어 퐁퐁은 미투 제품 '아침보리'를 마일드 중저가 시장에 출시했으나, 그 성과는 크게 만족스럽지 못하고 있다. 이 둘의 차이점을 보자.

첫째, 콘셉트(네이밍) 관점에서 보자. 트리오 곡물설거지는 '트리오(보증 브랜드)+곡물(성분)+설거지(행태)'의 구조를 가지고 있어서 소비자들이 쉽게 제품을 이해할 수 있다. 직관적인 네이밍으로 제품에 대한 더 이상의 설명이 요구되지 않는다. 반면 퐁퐁 아침보리는 '퐁퐁(보증 브랜드)+아침(감성)+보리(성분)'의 구조를 가짐으로써 콘셉트의 이해도에서 상대적으로 떨어지고 있다. 특히 아침보리만을 놓고 보았을 때 세제라기보다는 빵 등을 떠올리게 한

다. 저관여 제품에서 중요한 직관적 이해도가 다소 떨어지는 측면이 있다.

둘째, 선점의 효과다. 퐁퐁 아침보리는 출시 후 트리오 곡물설거지 대비 30% 수준의 가격 할인을 했음에도 시장점유율은 트리오 곡물설거지 대비 50% 수준에 그치고 있다. 이런 결과가 선점의 효과를 잘 대변해주고 있다. 그만큼 미투 제품의 후발주

자는 더 많은 비용을 투입하고도 매출 성과는 떨어지는 전형적인 선점 효과를 보여주고 있다.

곡물설거지에서 보는 것처럼 혁신은 조그만 생각의 차이에서 출발한다. 만약 중저가 마일드 세제의 개발에만 초점을 맞추고 트리오가 가지고 있는 숨은 가치를 무시했다면 '곡물설거지'라는 콘셉트를 도출하지 못했을 것이다. 단지 또 하나의 신규 아이템 추가로 기존의 제품운용 방식의 틀에서 머무르고 말았을 것이다.

브랜드는 살아 있는 생물이다

제품은 수명주기가 있지만, 브랜드는 수명주기가 없다. 따라서 브랜드가 성장기 후에 성숙기에 접어들고 결국 시장에서 소멸되고 만다는 것을 인정할 수가 없다.

기존의 브랜드 관리는 제품수명주기 product life cycle 에 기초하여 관리되어 왔

브랜드 수명주기

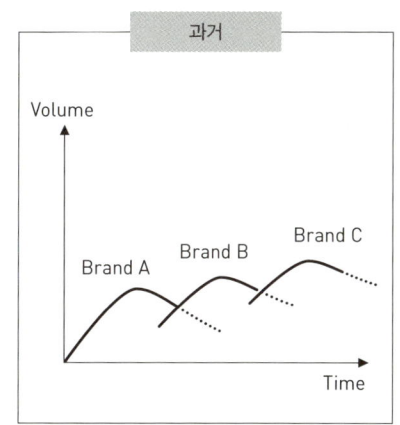
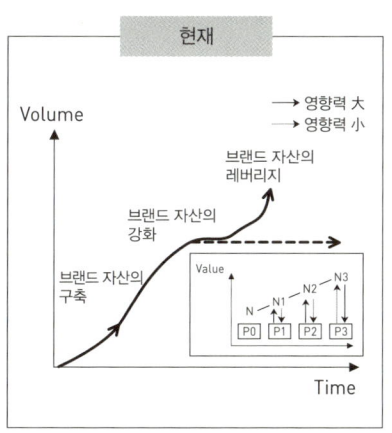

다. 따라서 제품수명주기 관리가 중심축에 있으며 브랜드 관리는 이에 대한 한 부분으로서 관리되어 왔던 것이 사실이다. 이렇다 보니 제품수명주기에 따라 제품이 쇠퇴하면 브랜드 자체도 철수하는 우를 범하게 되었다. 따라서 기존 매출 감소 시에는 브랜드 철수를 우선 고려하게 되고, 신규 브랜드로 대응하는 과정들을 되풀이하게 되었다. 이것은 결국 브랜드에 투여된 마케팅 노력이 투자라기보다는 비용으로 인식되어 오게끔 하는 결과를 초래하게 되었다.

빠르게 변화하는 세계에서 제품과 서비스의 수명주기는 점점 짧아지고 있다. 대부분의 비즈니스가 10년 전에 가졌던 제품에 대한 초점이 이제는 브랜드에 대한 초점으로 도전을 받고 있다. 끊임없이 증가하는 속도로 왔다가 사라져버린다. 그러나 브랜드는 항상 머물러 있다. 과거 대부분의 브랜드는 제품과 함께 진화했다. 그러한 관계에서 브랜드와 제품을 분리하는 것은 불가능하다. 하지만 오늘날 많은 브랜드들은 관련된 제품과 거의 독립적으로 존재한다.

패션 브랜드를 예로 들어보자. 캘빈클라인Calvin Klein과 같은 브랜드는 패션 의류뿐만 아니라 향수, 안경, 인테리어 디자인, 그리고 심지어 자동차까지 사용되고 있다. 제품의 수명주기가 점점 짧아지고 있는 이상 브랜드에 의해 커버되고 있는 제품의 범위는 더욱 넓게 활용되고 있다. 거의 대부분의 회사들은 하나 혹은 몇 개의 대표 브랜드master brand에 집중하는 것을 더 선호한다.

브랜드 관리는 비용의 관점에서 단기적 보상에 기초한 관리가 아닌 자산의 관점에서 지속적이고 장기적 자산화 과정으로 관리되어야만 한다. 결국 단기적인 제품수명주기 중심의 브랜드 관리 방식을 탈피하여 브랜드 자산을 축적하는 사고 및 관리 체계로 전환하여 브랜드를 관리해야 할 것이다.

트리오3.0: 계속 '옷'을 갈아입혀 줘야 잊혀지지 않고 빛난다

인간은 죽음을 피할 수 없다. 브랜드 역시 죽음을 피할 수 없다. 그래서 '생명 연장'에 대한 꿈을 꾸며 체질개선에 끊임없이 나서야 한다. 한 번 쇠퇴기에 접어든 브랜드를 부활시키는 것은 새로운 브랜드를 출시하는 것만큼이나 어렵다는 사실을 우리는 잘 알고 한다.

1970년대의 포크송 대부, 송창식이란 가수가 있다. 천재 가수, 작곡가, 작사가로 평가받는다. 그는 항상 1000곡의 자기 노래가 있다고 주장한다. 왜냐하면 기존 히트했던 노래를 부를 때마다 신곡이 탄생하기 때문이다. 노래를 부를 때마다 새로운 감정과 열정을 쏟아붓기에 대중들은 항상 신곡처럼 느낀다. 송창식은 항상 새로움을 기존 노래에 담는다. 이러한 교훈을 브랜드 관리에서도 적용해야 한다.

다가오는 트리오3.0은 어떤 방향이어야 할까? 하나의 발상은 트리오를 '주방의 모든 것'을 아우르는 종합 브랜드를 꿈꾸는 것이다. 앞에서 설명한 패션 브랜드 캘빈클라인처럼 트리오3.0은 주방세제를 중심으로 주방에서 필요로 하는 모든 생활용품을 거느리는 브랜드로 육성하는 것이다. 즉 '트리오=주방의 모든 것'이다. 이것이 다가오는 트리오3.0의 모습이다. 가령 설거지와 관련된 품목들을 살펴보자. 주방세제, 수세미, 행주, 고무장갑, 밀폐용기 등 여러 카테고리를 들 수 있다. 주방 관련 제품군으로 확장을 통한 주방의 토털 브랜드화를 시도해보는 것은 어떨까?

또 하나는 곡물설거지를 통해 트리오가 포지셔닝을 한껏 업그레이드했으나 올드한 이미지 개선을 위해 지속적인 신제품 개발이 필요하고(항균설거지, 홍초설거지와 같은 확장 외) 내 할머니 때부터 써오던 믿을 수 있는 제품이기에 젊은 층이 공감할 수 있는 커뮤니케이션과 마케팅 활동을 통해 트리오가 가지고 있는 인지도에 브랜드의 활력을 더해 또 다른 도약을 꿈꿔야 할 것이다. 하나의 방법으로 대한민국 주방세제 대표 브랜드로서 모든 가정을 아우를 수 있는 범국민 프로젝트를 진행해보는 것이다. 이름 하여 '세대공감' 프로젝트다. 1960년대부터 내 할머니, 내 어머니들로부터 사랑받아 온 브랜드로 젊은 층에게 지속적으로 사랑받기 위한 세대공감 프로젝트에 대해 현직의 마케터들이 고민해보는 것도 필요할 것이다.

CHAPTER 8

[틈새 브랜드의
시장규모 키우기]

| 울샴푸 | 중성세제의 사용용도를 넓히다

울샴푸
중성세제의 사용용도를 넓히다

동원참치, 피죤, 우루사의 공통점은?

동원참치, 울샴푸, 피죤. 이들의 공통점은 무엇인가? 해당 카테고리를 대표하는 확고한 1등 브랜드다. 이들은 소위 카테고리의 대명사격인 브랜드들이다. 문제는 이들 브랜드가 시장에서 성장의 한계에 직면해 있다는 점이다. 따라서 이들은 시장 확대를 최우선의 과제로 삼고 있다.

이를 극복한 동원참지의 예를 보자. 참치캔은 성숙후기에서 쇠퇴기 시장에 접어들고 있었다. 이때 제일제당 및 엔프라니 대표를 거쳐 동원참치에 부임한 김해관 사장은 참치캔의 부활에 시동을 걸었다.

참치캔 시장은 1999년에서 2004년에 걸쳐서 10%대의 성장을 했으나, 2004년 이후 정체 및 마이너스 신장을 보였다. 또한 제품은 성숙후기에서 쇠퇴기로 접어들고 있었다. 상황이 이렇다 보니 이 회사는 경쟁자와의 가격, 매장 등 경쟁 중심의 사고로 주로 제품개발에 초점이 맞추어져 있었다. 이러한 가격 경쟁은 모두를 파멸로 이끌고 있었다.

따라서 자신만의 차별적 가치 제공을 통해 시장 수요를 증대하는 것이 필요하다고 인식하였다. 자신만의 차별적 가치 발굴을 위해 소비자 조사 등 다양한 활동을 전개하였다. 그러나 소비자 조사에서 제안된 참치캔의 소비 확산은 고급 참치캔 출시로 시장을 증대하고, 매장 시식회와 요리 강습으로 호기심 증대, 그리고 참치 요리 광고 등 기존의 전통적 방식뿐이었다.

이런 전통적 방식을 탈피하여 새로운 콘셉트와 신규 시장에서 고객을 창출하는 역발상 전략을 설정하였다. 이를 위해 우선 제품, 브랜드의 '숨은 가치'를 찾는 데 주력하였다.

참치캔은 바다, 수산물, 저칼로리, 저지방, 오메가-3, DHA, EPA 등의 특징을 가지고 있었다. 여기서 '바다, 건강'이라는 가치를 도출해냈다. 이를 바탕으로 그동안 '편의식품' 개념에서 '건강식품' 개념으로, 그리고 타깃 역시 기존의 10대 중심에서 여성(저지방, 저칼로리), 그리고 50대 이후 남성(오메가-3)으로 확장하였다.

3년 동안의 광고 캠페인 공백을 마감하고 '이 세상의 모든 먹거리 참치를 질투하다: 바다에서 온 건강'으로 캠페인을 전개하였다.

이러한 캠페인 활동의 결과로 동원참치를 '영양이 풍부한 식품'으로 떠올리는 비율이 30% 이상 나왔다. 매출 역시 마이너스 성장에서 2007년 11.7%의 성장을 보였으며, 특히 50대 이후 장년층의 새로운 시장을 개척하였다.

이처럼 정체되어 있는 브랜드에서 숨은 가치를 찾아내 이를 새로운 가치로 설정하고 강화했으며, 이러한 가치에 부합하는 새로운 타깃을 확대함으로써 새로운 수요를 창출하여 시장 확대를 이끌 수 있었다.

시장의 1등, 하지만 여전히 배가 고프다?

울샴푸는 중성세제 시장에서 강력한 브랜드 파워와 시장점유율 70% 이상을 차지하고 있는 부동의 1등 브랜드다. 울샴푸는 울세제와 동의어다. 그러나 울샴푸가 탄생한 지도 20여 년의 세월이 흘렀지만, 소비자 인식 상에서 울소재 전용으로만 사용성이 한정되어 있어서 시장이 더 이상 성장하지 못하고 있었다.

그런데 조직 내부에서 지금까지 울샴푸를 전형적인 니치시장으로 인정하고 있었다. 니치시장이 아님에도 스스로 최면을 걸어 니치시장으로 안주해 있었던 것이다. 시장을 자세히 들여다보니 엄청난 성장잠재력이 있었다.

따라서 울샴푸 브랜드의 매출 성장을 위해 중성세제로서 시장규모를 확대할 필요성이 강력히 제기되었다.

기업이 브랜드 하나를 출시하여 성공시키면 다음을 준비할 수밖에 없다. 그 준비태세는 크게 두 가지로 나뉜다. 하나는 현재의 성공적으로 안착한 브랜드에 모든 역량을 집중해 더 키워나가는 것이고, 다른 하나는 현재의 시장을 세분화하여 분가시키거나 혹은 다른 시장에 추가로 론칭하는 것이다. 이를 브랜드 확장 전략이라 한다. 가령 버진Virgin의 예를 보자.

버진이 무엇이든 할 수 있다는 것은 놀라운 일입니다. 사람들이 버진 라디오로 아침에 눈을 뜨고, 버진 청바지를 입으며, 버진 메가스토어에 가서 버진 콜라를 마십니다. 또 버진 애틀랜틱 항공으로 미국으로 날아갑니다. 조만간 버진 상표의 '출생'과 버진 상표의 '결혼', 버진 상표의 '장례'도 제공받게 될 것입니다. 따라서 버진을 '전천후 브랜드'로 다시 명명해야 할 것입니다. 버진은 태어나서 죽을 때까지 사람들과 함께 있을 것입니다.[1]

시장 확대를 위한 하나의 방법은 울 전용으로 한정되어 있는 울샴푸의 사용용도를 확대하여 울샴푸가 울 전용 세제가 아니라 중성세제라는 점을 강조하는 데 초점을 맞추는 것이다. 고급 의류나 속옷의 제품 태그tag를 보면 중성세제로 세탁할 것을 주문하고 있다. 그래서 울샴푸가 중성세제라고 이해하게 되면 그만큼 사용성이 확대되는 효과를 얻을 수 있다.

또 하나의 방법은 중성세제의 용도 중 가장 큰 시장 영역으로 울샴푸를 확장시키는 것이다. 가령 P&G의 크레스트Crest는 토털, 충치, 치주질환, 미백, 치석, 민감 등으로 계속 분가하여 대형 브랜드를 만들었다. 마찬가지로 중성세제의 세탁 영역 중 가장 큰 시장, 가령 아웃도어 영역으로 확장하여 아웃도어 전용 세탁세제를 시장에 새로이 출시하는 것이었다.

요약하면 매출 규모는 작지만 브랜드 파워가 강력한 울샴푸는 시장 확대를 위해 두 가지 전략에 초점을 맞추었다. 하나의 전략은 울샴푸의 사용용도를 확대하는 것에, 또 다른 전략은 중성세제의 영역 중 큰 시장으로 확장하는 것에 초점을 맞추었다. 이를 통해 울샴푸를 니치 브랜드에서 탈피하여 빅 브랜드를 만드는 것으로 목표를 설정했다.

제품 명칭으로부터 비롯된 사용용도의 함정에 갇히다

울샴푸가 울소재의 세탁으로 제한되어 있는 원인은 여러 가지 있겠지만, 다음의 두 가지 요인에서 기인했다.

첫째, 소비자들은 울샴푸에 대해 "울만 세탁할 수 있는 거잖아요"라고 응답한다. 이처럼 소비자들은 '울세제' 하면 울샴푸로 매우 강한 연상을 보이는 반면, '중성세제'로는 울샴푸의 연상이 3.5%로 매우 낮은 수준을 보이고 있었다. 이것은 '울샴푸'라는 브랜드 네임에서 기인하고 있다. 즉 울샴푸는 직관적 네임으로 '울소재를 세탁하는 세제다'라고 이해하고 있다. 결과적으로 '울세제=울샴푸'라는 인식이 강하게 연결되어 있었다. 울샴푸는 브랜드 네임뿐만 아니라, 심지어 카테고리 네임으로도 통한다.

둘째, "몰라서 못 쓰는 경우가 많죠"라는 응답 또한 많이 나타난다. 울세제가 있는지도 몰라서 못 쓰는 경우가 많다. "있는 것 자체를 몰랐어요. 모든 옷을 일반세제로 빨고 있기 때문에" "옷감 표시에 중성이라고 되어 있었는데 그게 울샴푸로 세탁하라는 표시인지 몰랐어요"라는 소비자 응답이 대부분을 차지한다. 틈새시장이기에 아는 사람만 아는 정도에 지나지 않았다.

이렇듯 울샴푸는 울세제로 인식되어 있기에 본래의 세탁용도인 중성세제로의 역할이 제한적일 수밖에 없었다. 이제 '울샴푸=울세제≠중성세제'라는

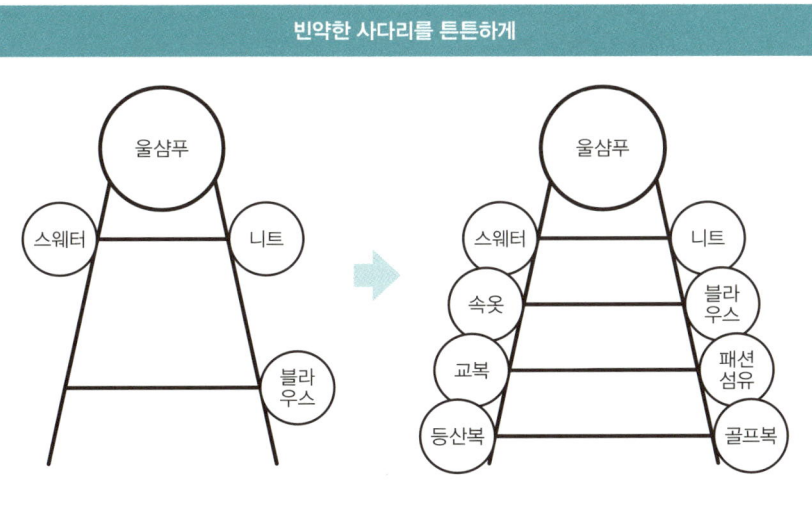

빈약한 사다리를 튼튼하게

빈약한 사다리를 중성세제의 용도로 튼튼한 사다리로 강화하는 방법을 찾기로 했다.

일반적으로 제품 명칭은 사용용도를 설명한다. 특히 울세제의 경우가 그렇다. 가령 울샴푸, 울터치, 울드라이, 울라이트 등이다. 모든 메이커가 스스로 '울'에 한정시키고 있다. 이렇다 보니 소비자들은 울소재 세탁 전용으로만 알고 있다. 그러나 울샴푸는 울만이 아니라 속옷 등 고급 옷감 종류도 세탁 가능한 중성세제다. 물론 제품 뒷면의 문구를 보면 세탁 종류가 나온다. 속옷, 교복, 울 등의 세탁용으로 설명하고 있다.

우리가 입고 있는 의류를 보면 세탁 방법을 설명해주는 태그가 있다. 태그를 자세히 들여다보면 어떤 옷은 중성세제로 세탁하라는 표시 문구가 나온다. 이런 옷감들은 대부분 울샴푸, 울터치 등으로 세탁해야 한다. 그러나 소비자들은 중성세제와 울세제는 다른 것으로 이해하고 있다.

사용용도 확대를 위한 학습의 위계 단계를 바꾸다

사무용 복사기로 유명한 제록스는 복사기와 전혀 상관없는 컴퓨터와 주변기기로 사업을 확장하여 소비자들에게 어필하려다 수백만 달러의 손실을 입었다. 코카콜라는 새로 나온 콜라, 즉 뉴코크New Coke가 오리지널보다 낫다고 주장하다가 많은 돈과 명성을 잃었다.

이처럼 시장에서 소비자의 인식을 바꾸는 것만큼 어려운 일은 없다. 마음은 좀처럼 움직이지 않는다. 실제로는 소비자들이 새로운 것보다 익숙한 제품에서 더 강한 인상을 받는다는 사실이 여러 연구에서 밝혀졌다. 본래 사람들은 익숙하고 편안한 제품에 더 큰 영향을 받는 특성으로 인해 태도 변화를 시도하는 것은 매우 어려운 일이다.

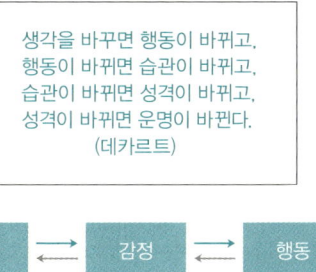

데카르트는 "생각을 바꾸면 행동이 바뀌고, 행동이 바뀌면 습관이 바뀌고, 습관이 바뀌면 성격이 바뀌고, 성격이 바뀌면 운명이 바뀐다"고 했다. 이는 생각부터 바꾸면 궁극적으로 운명이 바뀐다는 것으로 생각, 즉 태도가 바뀌면 궁극적으로 운명이 바뀐다는 점을 강조하고 있다. 행동 이전에 생각이나 태도를 강조하고 있다.

그러나 비즈니스 세계에서 인식을 바꾸기란 매우 어렵다. 이를 극복하기 위해 기업들은 먼저 행동을 바꾸어 그것이 습관화되면 점차 인식을 바꾸게 하는 데 초점을 맞추고 있다.

이러한 사례를 다음의 오뚜기 마요네즈에서 볼 수 있다. 오뚜기는 이런 원리들을 이용해 사용용도를 확대하여 시장을 키운 대표적 사례로 알려져 있다. 어떤 과정들을 통해 이루어내었는지 보자.

이미 '마요네즈'는 '과일샐러드'라는 인식 상의 전형성은 매우 강하게 형성되어 있었다. 즉 마요네즈 하면 과일샐러드(마요네즈=과일샐러드)라는 등식이 성립되어 있었다. 그래서 '마요네즈=과일샐러드'라는 강하게 형성된 인식을 바꾸기가 쉽지 않았다. 그래서 마요네즈는 먼저 행동이나 행태의 변화를 통해서 인식을 바꾸기로 하였다.

일반적으로 소비자들은 호프집에서 맥주를 마시면서 대표적인 안주로 오징어를 시켜 먹었다. 그런데 오징어는 주로 고추장에 찍어 먹는다. 이를 마요네즈로 대체하기로 했다.

'마른오징어를 마요네즈에 찍어 먹자' 캠페인을 전개했다. 이러한 활동을 전개하기 위해 먼저 영업사원을 비롯한 전 직원이 호프집에서 안주는 무조건 오징어를 주문하게 했다. 그다음 오징어 소스로는 고추장과 함께 마요네즈를 요청하게 했다. 이것이 구전되어 이제는 오징어를 고추장보다는 마요네즈에 찍어 먹는다. 이제 저절로 가정집에서도 마요네즈를 사용하게 되었다.

이러한 활동을 통해 '마요네즈는 곧 과일샐러드'라는 등식으로 강하게 형성된 인식의 고리를 끊고 태도를 변화시켰다. 즉 행태를 먼저 바꾸고 그러한 행태의 전파를 통해 인식의 변화를 가져오게 했다. 과일샐러드로의 사용용도가 제한적이었던 마요네즈를 모든 음식의 맛을 높여주는 value up 드레싱으로 사용용도의 확장을 통해 시장규모를 키웠다.

울 전용 세제 이미지 탈피하기: 사용용도를 아이콘화하다

소비자들은 울샴푸를 울 전용 세제로 인식하고 있다. 이런 인식을 바꾸기란 매우 어렵다. 인식을 바꾸기 이전에 행동이나 행태를 바꾸는 것이 오히려 쉬울 때가 있다. 그것은 바로 고객 접점에서 행동을 이끌 수 있는 방법을 보여주어야 한다는 것이다. 그것은 무엇인가?

각주구검의 고사에서 배우다

고사성어에 '각주구검刻舟求劍'이란 말이 있다. 특히 이 말은 시장의 흐름에 촉각을 세워야 하는 마케터들은 귀담아들어야 한다.

춘추시대春秋時代 초楚나라 때 한 무사가 양자강을 건너기 위해 나룻배를 탔다. 배 안에는 여러 사람이 타고 있었는데, 강폭이 워낙 넓어 시간이 많이 걸렸으므로 무료함을 달래기 위해 자연히 이야기꽃을 피우게 되었다. 무사는 원래 말하기를 좋아하는 성격이어서, 자기 무용담을 풀어내느라 신바람이 났다. 다른 사람들이 눈살을 찌푸리는 줄도 모르고 제 자랑에 취해 한참 떠들어대던 무사는 큰 실수를 하고 말았다. 손짓을 너무 크게 하는 바람에, 들고 있던 보검이 각도가 기울어진 칼집에서 쑥 빠져나와 강물에 떨어진 것이다.
"이크, 이런!"
무사는 당황하여 손을 뻗었으나, 칼은 금방 가라앉아 버렸다. 사공은 아랑곳하지 않고 노를 저었고, 싯누런 강물은 유유히 흘렀다. 그러니 무사로서는 속수무책일 수밖에. 다른 사람들은 안타까워하는 척했지만, 속으로는 고소하다고 생각했다. 무사는 얼른 허리춤의 단검을 뽑아, 자기가 앉은 쪽 뱃전에다 흠집을 냈다. 사람들이 의아하여 그 까닭을 묻자, 무사의 대답이 걸작이었다.
"내 보검이 여기서 떨어졌기에 표시를 해둔 것이외다."
"표시라니오?"
"나중에 찾으려고요."
사람들은 그 엉뚱한 대답에 벌어진 입을 다물지 못했다. 이윽고 나룻배가 건너편 강기슭에 도착하자, 무사는 바짓가랑이를 걷어 올리고 물에 들어가 흠집이 있는 뱃전 옆에서 엎드려 칼을 찾기 시작했다. 그렇지만 칼을 떨어뜨린 장소에서 멀리 와도 한참이나 와버렸으니 칼이 있을 리가 있나. 그런데도 무사는 그것을 깨닫지 못하고 칼을 찾느라 여념이 없었다.
"하하, '각주구검'하는 저런 멍청하고 어리석은 자가 다 있담."

사람들은 손가락질하며 비웃었지만, 무사는 아랑곳하지 않고 언제까지나 물속을 휘젓고 있었다.[2]

이야기에서처럼 '각주구검'은 상황의 변화도 깨닫지 못하고 낡은 것만 고집하는 미련함을 비유하는 말이다. 울샴푸 역시 울 전용 세제라는 낡은 틀에서 벗어나야 한다.

관찰에서 발견한 Aha: 사용용도를 아이콘화하다

어느 날 대형마트의 '울샴푸'가 진열되어 있는 매대 앞에서 한참 동안 울샴푸를 자세히 들여다보고 있는 소비자를 발견했다. 그 소비자는 울샴푸가 어떤 의류의 세탁에 사용하는지가 궁금했었던 모양이었다. 제품을 들고 한참 동안 앞뒤를 들여다보고 난 후, 그 소비자는 결국 울샴푸를 구매했다. 구매 과정에서 어떤 생각을 했는지가 몹시 궁금했다. 그래서 그 소비자에게 다가가 매대 앞에서 제품구매 과정에서 망설이면서 생각했던 혹은 행동했던 내용들을 알고 싶다면서 잠깐만 시간을 내줄 수 있는지 물었다. 그는 쾌히 응해주었다. 그래서 몇 가지 질문을 하면서 구매 과정에서 일어났던 숨은 생각들을 파악했다.

그는 대답 과정에서 "속옷 세탁을 위한 세제를 구매하려고 했었는데, 속옷용 세제를 찾기가 어려웠다"고 했다. 특별히 속옷용 세제가 눈에 띄지 않았다고 했다. 그래서 제품의 후면에 있는 설명서를 읽고서 울샴푸가 속옷용 세제라는 것을 이해하게 되었다고 말했다. 그런데 깨알 같은 글씨로 사용용도가 설명되어 있어서 소비자의

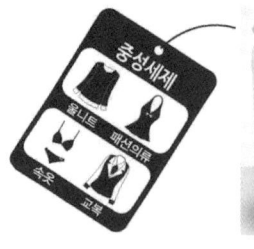 

불편을 초래하고 있었다. 바로 그 순간 무릎을 쳤다. 울샴푸의 사용용도를 제품의 전면에 아이콘화해서 소비자들이 쉽게 이해할 수 있도록 하면 좋겠다는 생각이 순간 뇌리를 스쳐 지나갔다.

바로 사무실로 들어온 직후 마케팅 팀원들과 함께 소비자의 구매 과정 관찰에서 발견한 아이디어에 대해 논의를 시작했다. 나는 기존 울샴푸의 후면에 있는 제품 사용설명서를 제품 라벨의 전면에 아이콘화해서 소비자들이 쉽게 이해할 수 있도록 리뉴얼해보자고 제안했다. 모두가 오케이 사인을 보내주었다. 곧바로 리뉴얼 작업을 진행했다.

이처럼 관찰과 질문을 통해 나온 아이디어를 활용하여 울샴푸의 사용용도를 제품의 전면에 아이콘화함으로써 소비자들에게 제품의 사용용도를 쉽게 이해하도록 해주었다. 소비자들은 울샴푸의 사용용도를 이제 매대 앞에서 쉽게 이해할 수 있게 되었다.

현장 중심과 마케팅 문화의 이노베이션에 답이 있다

"최근 유통업체들의 파워가 점점 더 강해지면서 PB 상품들이 넘쳐나고 있다. 이에 따라 기존 제조업체들은 혁신적인 제품들을 빠르게 내놓아야 한다. 또한 유통업체와의 윈윈 전략이 필요하며, 강력한 브랜드의 필요성을 고민하게 되면서 '프리미엄화'가 트렌드로 자리 잡았다."

이는 지난해 말 애경의 생활용품 부문 CMO로 영입돼 최근 본격적인 시장공략에 나선 김재영 상무가 내리는 시장 진단이다. 다른 때보다 좀 더 창조적인 아이디어가 필요하다는 것.

이에 그는 '현장 중심'과 '마케팅 문화'를 강조한다. 이번에 애경이 출시한 신제품들이 주부들로부터 좋은 반응을 얻고 있는 것도 '현장 중심'과 '마케팅 문화'의 이노베이션 덕분이라고 강조한다.

"실제로 '아이린 자연초'의 경우는 출시한 지 며칠 되지도 않았는데, 광고에 대한 감상평만 1만 5000건이 넘게 올라오고 있다. 특히 '트리오 곡물설거지'는 이를 판매하는 판매자들이 감탄할 정도로 제품에 만족을 보이고 있다"는 게 그의 설명이다.

현장에 가면 답이 보인다

"대형마트에 갔다가 '울샴푸'라는 제품을 이리저리 돌려보는 소비자를 발견하고, 유심히 관찰했다. 그 소비자는 '울샴푸'의 사용용도에 대해 찾고 있었다. 이에 곧바로 '울샴푸'의 사용용도가 표시된 라벨을 눈에 잘 띄는 곳에 표기하도록 그래픽 디자인을 전면 리뉴얼하기로 결정했다. 현장에 가면 가장 쉽게 고객들의 요구를 알 수 있다."

소비자들의 구매상황을 제대로 파악할 수 있고, 그에 걸맞은 적절한 전략을 세울 수 있는 곳이 바로 '현장'이라는 것. 이에 김 상무는 마케팅 팀원들에게 고객들의 구매 행태를 관찰하고 현장 토론을 통해 그들이 필요로 하는 미충족된 니즈 혹은 불편한 점이 무엇인지 아이디어를 낼 것을 주문한다. 일부러 직원들을 데리고 같이 나갈 때도 많고, 심지어 디자인센터 팀원들과 함께 시장을 조사하기도 한다. 왜냐하면 디자이너들은 마케터가 보지 못하는 감성적 측면을 잘 파악해내는 장점이 있기 때문이다.

이번에 출시한 '아이린 자연초·아토맘' '트리오 곡물설거지' '순샘 대나무 수액·숯 죽초액' 등도 이러한 현장 조사관찰의 결과다. 웰빙 관점에서 친환경 소재를 강조했고, 점점 더 고급스러워지는 인테리어의 변화를 고려해 용기 디자인을 새롭게 바꾼 것이다.

그는 LG생활건강에서 '이자녹스'를 키울 때에도 현장을 강조했다. 외국 화장품들이 인기를 얻고 있던 1990년대 중반. 그는 '화장품은 프랑스'라는 생각으로 프랑스 시장을 오가며, 트렌드를 조사했다. 이자녹스에 프랑스 이미지를 씌우면서 LG의 브랜드는 철저히 감췄다. 이후 IMF를 맞으면서 이자녹스는 소매점의 판매업자들 사이에서도 외국 제품으로 분류돼 잠시 외면당했지만, 김 상무는 브랜드 안착에 성공했다는 걸 확신하고, 국산이라는 것을 감췄다. 결국 IMF가 지나고 수입 화장품 시대가 다시 오면서 이자녹스의 판매는 급속도로 증가하는 계기가 됐다.

마케팅 조직은 다이내믹해야
김 상무는 이 같은 현장관리를 효과적으로 하기 위해 몇 가지 장치들을 마련해놓고 있는데, 그중 가장 중요한 장치는 뭐니 뭐니 해도 애경의 마케팅팀이다.

"'Marketing'은 말 그대로 동적이며 진행형이다. 지속적인 혁신과 변화가 필요하며, 고객의 요구에 즉각적이어야 한다는 것이다. 때문에 마케팅팀은 지시와 명령의 보수적이고 정체된 조직이 아닌, 토론이 활발하게 이루어지는 역동적이며 열린 조직이어야 한다."

때문에 김 상무는 우수한 외부 인재를 영입해 자극제로 활용하는가 하면, 대리급 이하의 팀원들에게 현재의 시장 상황과 대응책에 대해 서로 토론하고 해결해보라는 식으로 매월 과제를 주면서 인포멀 스터디 그룹도 운영하고 있다. 조직 구성원들 간의 열띤 토론과 진취적인 팀 분위기를 강조하는 그는 "현재 애경의 마케팅팀이 더욱 스피드하고 유연하게 바뀌고 있지만, 계속 진화하는 조직이 되기 위해서는 좀 더 시간이 필요하다"면서 "마케팅에서는 계급을 떼고 일에 파묻힐 때도 있어야 한다"는 말로 애경 마케팅팀의 조직 문화를 다이내믹하게 바꾸는 노력을 계속하고 있다. 이는 현장조사 과정에서 활발한 토론이 이루어질 수 있는 이유다.

한편 그는 산학협력 차원의 현장조사 프로그램을 통해 학생들에게도 상당히 좋은 반응을 얻고 있다. 학생들이 직접 시장조사를 하고 그들의 시각에서 나온 아이디어를 자유롭게 발표하는 시스템이다. 괜찮은 아이디어를 많이 내고 활동 성적이 좋은 학생들은 회사에서 스카우트하기도 한다.

김 상무는 이에 대해 "마케팅과 관련한 강의를 가끔 하는데, 학생들을 만나면 신선한 생각들을 접할 수 있고, 고정관념을 깰 수 있어 도움을 많이 받고 있다. 기존 직원들에게 자극제가 될 수 있을 것"이라고 설명한다.

결국 김재영 상무가 강조하는 '현장 중심'과 '마케팅 문화'의 이노베이션은 '철저한 고객 중심'의 철학에 기초한다. 이를 통해 그는 "향후엔 애경 스스로 트렌드를 주도하는 마케팅으로 시장을 선점하는 것도 가능할 것"이라며 포부를 밝힌다.

《CEO NEWS》 제226호)

사용용도 확장을 위한 커뮤니케이션: '울세제'에서 '옷의 원형을 보호하는 중성세제'로

일상생활에서 자주 사용하는 제품의 경우 사용해야 할 이유, 사용해야 할 시간$_{time}$, 장소$_{place}$, 경우$_{occasion}$를 만들어주는 것이 중요하다. 일반적으로 습관적으로 소비하는 예를 찾아보자. 주부들은 보통 세탁세제와 함께 표백제를 함께 사용한다. 세탁세제에 표백 성분이 들어 있다고 해도 그 습관에서 벗어나지 못한다. 피자와 햄버거를 먹을 때면 콜라를 마신다. 이 모든 것이 습관화의 결과인 것이다.

어쩌면 새로운 상황을 만들어내기보다는 타깃 측면에서 상호 연계성이 높은 상품과 서비스를 같이 연상시켜 연상작용을 강화함으로써 습관을 만들어낼 수 있을지도 모른다. 아이들은 아이비 쿠키에 아이스크림을 발라 먹는다. 이런 것이 바로 상품 간의 연상작용일 것이다. 이것은 일종의 결핍 전략 deprivation strategy 이다. 한쪽은 다른 쪽을 원한다. 서로가 연합한다면 효용을 극대화할 수 있다.

이러한 결핍 전략을 활용하여 성공한 대표적인 사례가 'got milk?'(우유 있어?)' 캠페인이다. 'got milk?' 캠페인 마케팅 전략의 큰 방향은 결핍 전략을 가지고 접근했으며 최종 결과는 '우유가 없다면 맛있는 음식도 없다'는 것이었다. 캠페인의 광고는 우유가 시리얼, 초콜릿칩 쿠키, 피넛버터 그리고 젤리 샌드위치 등과의 완벽한 보충물의 하나라는 점을 강조했다. 결론적으로 우유를 마셔야 하는 이유에서 우유를 마실 수밖에 없는 이유를 제시함으로써 큰 성공을 거두었다(상세한 사례 설명은 9장을 참조하기 바란다).

마찬가지로 울 전용 세제로 인식되어 있어 울샴푸를 '고급 옷의 원형을 보호해주는(아끼는 모든 옷엔 울샴푸) 중성세제로 확장하는 것이 시장을 키우는 방법이었다. 브랜드 네임에서 느껴지듯이 '울'이라는 카테고리를 뛰어넘는 것이다.

따라서 '중성세제=울샴푸'라는 등식을 강조하는 마케팅 커뮤니케이션 활동에 초점을 맞추었다. 그렇다고 '울샴푸는 중성세제입니다'라고 소비자들에게 알리는 것은 아니었다. 중성제제로 세탁하는 옷감 종류별로 구분하여 커뮤니케이션 활동을 전개했다. 소비자에게 울샴푸의 다양한 용도를 가장 효과적으로 교육할 수 있는 방향은 일반세제 사용 시 발생하는 옷감 손상의 실제 사례와 소비자 경험에 초점을 맞춰 소구하는 것이다. 즉 중성세제를 쓸 수밖에 없는 이유를 제시하는 것이다.

가령 교복의 경우, 자주 입고 자주 빨아서 생기는 옷감 손상의 실제 사례와 그로 인해 경험한 소비자 사례에 초점을 맞춰서 소구했다. 한 번 산 교복 3년간 매일 입어서 "엉덩이가 반질반질~ 그렇다고 교복을 드라이해? 워낙 자주 입고 자주 빨아야 하는 교복" 엉덩이가 반질거려서 부끄러운 교복 – 울샴푸 해봤어?

브레지어·수영복의 경우, 극히 개인적인 용품으로 개인의 관여가 높은 제품으로 세탁소 드라이는 회피하게 되는 제품의 특성에 맞춰서 소구했다. 작지만, 소중한 속옷 드라이하기에는 좀~ "작지만, 나에게 매우 소중한~ 그렇다고 세탁소에 맡기긴 창피하고, 드라이 하자니 돈도 아깝고" 누구에게도 보여줄 수 없는 소중한 속옷 – 울샴푸 해봤어?

또 다른 시장 확대 전략: 큰 시장으로 분가시키다

소비자 요구를 정확히 겨냥한 세분화 분석을 통해 용도 확장을 이루어 시장에서 성공한 '밴드에이드'의 사례를 보자.

밴드에이드는 용도 세분화의 효과를 보여준 훌륭한 사례이다. 수십 년 동안 일회용 반창고 품목은 약국이나 슈퍼마켓에서 치열한 경쟁을 벌인 품목이었다. 이 품목에서는 '존슨앤드존슨' 사가 제조하는 밴드에이드와 '콜게이트 팜올리브' 사가 제조하는 큐래이드가 양대 산맥을 이루고 있다. 1960~1980년대를 거치며 이 분야에서는 주목할 만한 소식이 거의 없었다. 유일하게 관심을 끌 만한 품질 혁신이 있었다면 '떼어낼 때 고통이 없는' 밴드에이드가 등장했던 것과 유아용 제품에 색감과 흥미를 더하기 위해 만화 등장인물에 대한 판권계약을 맺었다는 것뿐이었다. 이런 상황에서는 밴드에이드와 큐래이드 사이의 시장점유율에 변화가 있을 리 없었다. 두 경쟁사는 이미 시장에서 확고한 입지를 굳히고 있었고, 팽팽한 정면 대결에 만족하는 듯 서로 특별한 공세를 취하지도 않았다. 그런데 1990년대에 접어들자 밴드에이드가 혁신을 꾀하며 지금까지의 양상을 깨고 도약하기 시작했다. 이른바 세분화 분석을 통해 용도에 대한 소비자의 요구를 정확히 겨냥한 여러 제품을 선보이기 시작한 것이다.

순식간에 소비자들은 알로에 베라와 비타민E 성분이 함유된 밴드에이드와 살균 처리된 밴드에이드, 손가락과 주먹의 상처에 붙일 수 있는 특수한 모양의 밴드에이드, 스포츠 밴드에이드, 방수 처리된 밴드에이드, 투명 밴드에이드, 살색 밴드에이드, 월트 디즈니 만화 주인공인 인어공주와 곰돌이 푸, 미키 마우스의 그림이 그려진 밴드에이드를 구입할 수 있게 되었다.

치열하던 점유율 경쟁은 하룻밤 사이에 일방적인 경기가 되고 말았다. 바로 여기에서 이 전략의 진수를 볼 수 있다. 밴드에이드는 소비자의 요구를 정확히 반영했을 뿐만 아니라 한 번에 여러 개를 구입할 계기를 마련한 셈이다. 무엇보다도 소비자들은 아이들을 위한 제품(상처 부위에 만화 주인공의 모습을 붙이게 된다)과 손가락과 주먹에 붙일 제품(가장 흔한 상처 부위), 남편과 농구를 좋아하는 10대 자녀를 위한 스포츠형 제품, 그리고 다양한 상처에 대비하여 구급상자에 준비해놓아야 할 비타민E가 처리된 제품이나 다용도 종합세트를 구입할 수 있게 되었다. 과거에 비해 특별히 일회용 반창고의 필요성이 증가한 것도 아닌데, 소비자들은 다양한 용도의 밴드에이드 제품을 여러 가지 마련해야 할 이유가 생긴 것이다.[3]

타이레놀 역시 증상별(두통, 심한 두통, 생리통, 관절통 등), 연령별(성인용, 소아용, 주니어), 그리고 제형별(Tablet, Caplet, Gelcap, 시럽제) 등 다양한 제품 라인으로 확장하여 시장규모를 확대했다. 이처럼 오랫동안 성공을 유지하는 브랜드는 '집중focus – 확장expand – 재정의redefine'의 사이클을 지속한다.

울샴푸 역시 현재 사용용도에 포함된 세탁 의류를 세분화하고 그중에서 큰 시장으로 확장하여 울샴푸를 틈새 브랜드에서 탈피하여 빅 브랜드로 육성할 수 있다. 가령 울샴푸 컬러, 울샴푸 아웃도어, 울샴푸 교복 등으로 세부 범주를 계속해서 만들어갈 수 있다. 물론 새로운 분야로 진출하기 전에 우리가 그 분야에 진출해도 되는가에 관한 고객의 허가와 신뢰를 얻을 수 있을지를 알아야만 한다.

종합해보면 울샴푸의 시장 확대를 위해 패키지 디자인 리뉴얼, 아웃도어용 신제품 개발, 그리고 울세제에서 중성세제로의 커뮤니케이션 강화 등 세 가지 전략에 초점을 맞추어 진행했다.

CHAPTER 9

[새로운 틈새시장
개발하기]

| 울샴푸 | 아웃도어 시장으로 분가하다

울샴푸
아웃도어 시장으로 분가하다

질레트 비너스: 남성 제품을 여성 제품으로 확장하다

먼저 남성 제품을 여성 제품으로 확장하여 큰 성공을 거둔 질레트 면도기의 사례를 보자. 여성이 사회의 중심에 서 있는 환경에서 '면도기'는 그들에게 어떤 의미를 가지고 있는가? 1903년 설립된 질레트는 세계 최초의 일회용 면도날 안전 면도기를 개발한 기업이다. 질레트는 이러한 사회적 변화에 맞추어 여성용 면도기 출시를 준비하고 있었다.

여성의 사회 활동에 따른 사회적 지위 향상에도 불구하고, 체모에 대한 따가운 시선이 여전히 존재하였다. 따라서 여성의 노출 수위가 높아짐에 따라 옷 사이로 보이는 털을 없애려는 욕구가 강해졌다. 물론 이러한 욕구를 충족시켜 주는 제모 크림, 왁스 등을 이용하는 방법이 존재하고 있었다. 그러나 면도를 하는 여자에 대한 인식은 부정적이었다.

이렇듯 질레트 브랜드가 당면한 문제로서 면도기는 남성 전용 제품이라는

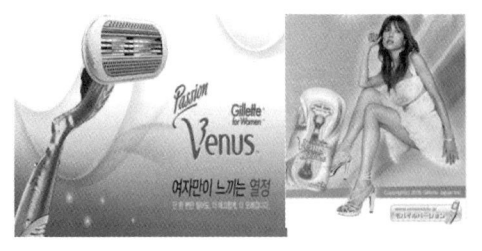

인식이 강한 상황에서, 남성 면도기 대표 브랜드인 질레트의 브랜드 이미지는 여성 고객을 유입하기가 어려운 상황이었다.

따라서 여성 면도기 시장으로 확장하기 위해 타깃 지향적 제품을 개발하는 것에 방향을 맞추었다. 이를 통해 기존 질레트 면도기의 남성 중심 이미지를 극복하고자 하였다.

첫째, 제품 콘셉트로 기존 남성용 면도기에서 여성을 위한 면도기로서 '아름다움을 추구하는 여성들을 위한 제품'으로 설정하였다.

둘째, 네이밍은 기존 강력한 느낌의 퓨전 파워 팬텀Fusion Power Phantom, 마하3Mach3 등을 사용했지만, 미와 사랑의 여신의 의미를 가지고 있는 '비너스'를 사용하여 '질레트 비너스'로 네이밍하였다.

셋째, 기존 질레트의 제품 디자인은 무채색 계열의 컬러, 직선을 활용한 투박한 디자인으로 적용되어 있었지만, 질레트 비너스는 핑크, 블루 등 파스텔 톤 컬러, 손잡이 부분은 곡선으로 부드러운 디자인을 적용하였다.

아울러 커뮤니케이션 전략으로 기존 질레트는 면도의 혁신적인 기능성을 강조하였다. 그러나 질레트 비너스는 철저한 소비자 조사 결과를 바탕으로 '샤워를 하면서 면도를 하고, 여성에게 면도는 더 아름다운 여성으로 거듭나기 위한 과정'으로 면도 행위를 미용의 수단으로 커뮤니케이션하였다.

따라서 아름다움, 당당함, 즐거움 등의 감성적 편익 위주의 커뮤니케이션을 전개하였다.

이런 활동의 결과 《워렌 버핏 평전》의 자료에 의하면, 여성용 면도기 시장에서 약 70%를 점유하였다. 또한 여성 면도기 시장으로 판매 영역을 넓히면서, 수년 만에 시장점유율이 65%에 달하는 고성장을 기록하였다. 아울러

AC 닐슨 자료에 따르면 2008년 1~2월 국제 시장점유율 59.3%로 부동의 1위를 차지하였다.

새로운 시장기회를 찾다

울샴푸의 시장 확대를 위한 또 하나의 방법은 용도 세분화를 통해 그중에서 큰 시장을 선정하여 새로운 신제품을 개발하는 것이었다.

먼저, 신제품을 개발하기 위한 첫 단계로 소비자들의 라이프스타일을 의복, 의류 사용 행태와 관련하여 연구했다. 이러한 연구를 바탕으로 중성세제와 적합도가 높은 세그먼테이션을 만들어가기 시작했다.

주5일 근무제의 확대, 웰빙·건강 트렌드에 맞춰 등산 등 아웃도어 스포츠 인구가 증가하고 디자인 혁신의 패션 브랜드로의 용도 확장을 통해 매년 20% 이상의 시장규모가 확대되고 있었다. 따라서 중성세제가 커버하는 아웃도어 의류, 컬러 의류, 교복 등 여러 옷감 종류에서 미래의 가장 큰 시장은 아웃도어 의류로 평가되었다. 우리나라 국민 10명 중 4명은 한 달에 한 번 이상 등산을 즐기는 것으로 조사되었고, 이를 바탕으로 시장규모를 예측한 결과 100억 원 이상의 시장 형성이 가능할 것으로 평가되었다.

그런데 아직 중성세제로 세탁을 권장하는 의류 중 울 니트, 속옷과 스타킹 등 간편 세탁물에 일부 중성세제를 사용하고 있으나, 반드시 중성세제를 사용해야 하는 기능성 특수소재의 사용 비율은 상대적으로 낮은 것으로 추정되었다.

아웃도어의 자켓류와 내피류의 세탁법 권장사항은 큰 차이 없이 표기되어 있고 공통으로 중성세제를 사용하여 손세탁할 것을 권장하고 있다. 가령 30℃ 물에 중성세제를 사용하여 손세탁하는 마크를 의류의 태그에서 보여주고 있었다.

그러나 매장 직원과의 인터뷰 결과 의류업체 측의 세탁법에 대한 소비자 교육 및 커뮤니케이션에 대한 관심이 아직은 미비했을 뿐만 아니라, 구매 시 세탁법에 대해 관심을 갖는 고객 역시 그 수가 그리 많지 않아 보였다. 이에 따라 등산복 등 아웃도어 의류 세탁에 대한 현장조사 결과 중성세제의 사용 권장에도 일반적인 세탁 방법으로 세탁하는 경우가 많아 기능성 의류에 적합한 제품개발의 필요성을 발견했다.

이러한 라이프스타일과 시장조사를 통해 기존 울샴푸가 커버하는 아웃도어 의류 영역을 또 하나의 새로운 니치시장으로 설정하고 새로운 카테고리를 만들기로 했다.

여기서 '니치'라는 말은 일반적으로 틈새를 말한다. 그리고 니치산업이라면 그 틈새를 메꾸어주는 산업인 것으로 알려져 있다. 다만 참된 의미의 니치라는 것은 그 어원이 기독교에서 유래한 것으로, 교회에 마리아상이 놓여 있는 대좌에 상이 안정되게 놓일 수 있도록 움푹 파인 곳을 만들었는데 이것을 니치라고 했다고 하며, 여기에 누구도 발을 들여놓을 수 없다는 장소라는 것이 본래의 의미라고 한다. 따라서 니치시장이라는 것은 자사밖에 잠입할 수 없으며 타사는 들어갈 수 없는 시장이다.

아웃도어 세제 시장은 니치시장으로서의 특징과 가치가 충분히 있는 것으로 판단되었다. 이제 아웃도어 의류용 세제를 개발하는 대장정이 시작되었다.

제품개발: 아웃도어 의류용 세제를 공동 개발하다

시장규모에 대한 메리트는 충분히 있을 것으로 보이나 소비자 신뢰성을 확

보하기 위해 의류업체와 공동 개발의 필요성이 요구되었다. 따라서 다음의 두 가지를 해결할 필요가 있었다.

첫째, 아웃도어 의류가 고가이기 때문에 아웃도어 전용 세제의 경우 신뢰가 뒷받침되어야 한다. 이를 위해서는 아웃도어 업체와의 공동 개발이 하나의 대안이 될 수 있었다. 그래서 국내에서 가장 잘 알려져 있는 코오롱 스포츠와 협업하기로 했다. 아웃도어 전문 브랜드 '코오롱'의 보증을 통해 기능성 세제로서의 신뢰도를 강화하고 향후 코오롱 매장과의 공동 프로모션을 통해 타깃 고객의 접점을 확보할 수 있을 것이다.

둘째, 아웃도어 의류의 기능적 효능과 신뢰성 강화를 위해 외부의 공인기관에서 제품 품질을 인증받는 것이 절대적으로 필요했다. 애경 중앙연구소와 코오롱 스포츠는 인하대학교 '스포츠·레저 섬유연구센터'에 의뢰하여 공동으로 품질 테스트를 진행하기로 했다.

물론 이러한 품질 테스트 결과를 제품에 표기하여 신뢰의 수단으로 적극 활용했다. 아울러 품질 테스트를 수행한 외부 연구기관인 인하대학교 스포츠·레저섬유연구센터의 '공식 품질 테스트 완료'의 인증 마크를 제품에 표기함으로써 신뢰를 한 단계 더 높여주었다.

이름이 뭐예요?: 울샴푸 아웃도어

오스트리아 출신의 디트리히 마테쉬츠는 태국에서 '크라팅 다엥'이라는 음료를 접한 후 이 음료를 '에너지 드링크'라고 불렀다. 결국 에너지 드링크라는 제품 카테고리가 생겼다. 마테쉬츠는 에너지 드링크 브랜드를 '레드불'로 정했다.

이처럼 새로운 제품 카테고리를 규정하는 이름으로도 간단한 것이 좋고,

새로운 브랜드 이름으로도 간단한 것이 좋다. '에너지 드링크'라는 제품 카테고리 이름은 간단해서 좋기도 하지만, 최초의 에너지 바energy bar인 파워바 Power Bar를 연상시킨다는 이점도 있었다.[1]

마찬가지로 울샴푸는 새로운 기능성 의류 시장을 공략하면서 제품 카테고리를 명명하는 것이 필요했다. 모 브랜드(울샴푸) 하에서 수식어modifier를 활용했다. 이러한 수식어는 제품의 물리적 특성, 제품의 형태, 제품의 카테고리, 그리고 제품의 품질 등을 활용해서 해당 제품의 특징을 정확하게 전달하는 역할을 한다. 그래서 별도의 광고 투자를 할 여력이 없는 경우에 많이 사용하는 전략이다.

특히 어떤 특정의 제품이 소비자들에게 아직까지 익숙하지 않은 카테고리에 진입하는 경우, 카테고리 명을 수식어로 직접 활용하는 것은 그 브랜드의 사용용도를 명확히 이해시킬 수 있는 이점이 있다. 그러나 제품군을 정하는 일은 생각만큼 그리 간단하지 않다.

따라서 신규로 출시하는 제품이 어떤 제품군에 속하는지 명확히 인식시키는 것이 중요하다. 새로이 진출하는 카테고리는 기능성 의류용 세제로서, 이를 어떤 네이밍을 하여 하나의 카테고리로 자리 잡게 할 것인가는 중요한 과제였다.

나이키의 경우를 보자. 나이키를 더 이상 운동화 전문 브랜드로 보는 사람은 없다. 나이키에서 확장된 '나이키 골프'에서는 비단 골프화뿐만 아니라 골프 의류도 출시한다. 나이키만으로도 충분하지만, 골퍼들에게는 그들만의 자존심을 세워줄 필요가 있다. 따라서 나이키가 보유하고 있는 확장성을 충분히 이용한다는 차원에서 별도의 제품 브랜드가 필요 없이 골프라는 수식어만으로도 충분한 브랜드 확장을 할 수 있는 것이다.

　이미 익숙한 아웃도어, 등산, 스포츠 등 여러 후보안이 제시되었다. 평가를 통해 새로 개발하는 제품의 카테고리 명을 '아웃도어'로 정했다. 여기서 아웃도어는 이미 의류에서 카테고리 명으로 일반화되어 있었다. 따라서 세제에서도 아웃도어를 그대로 활용함으로써 소비자들이 쉽게 이해하게 하는 장점이 있었다. 이를 통해 울 전용 세제로 인식되어 있는 울샴푸 하에서 '아웃도어'라는 새로운 카테고리 명을 직접 제시함으로써 소비자들은 사용용도를 쉽게 이해할 수 있었다.

디자인: 활동적인 아웃도어 이미지를 구현하다

　새로이 진출하는 영역의 카테고리 명이 결정되고 난 후 디자인 작업이 이어졌다. 무엇보다 제품 자체의 특징을 쉽게 설명할 수 있도록 등산의 이미지를 시각화하는 데 초점을 맞추고 진행했다.

보는 것은 믿는 것이고, 느끼는 것은 진실이 된다

　"보는 것은 믿는 것이고, 느끼는 것은 진실이 된다"라는 토마스 플러의 말을 상기해보자. 시각적 표현의 중요성을 언급한 말이다. 가령 말보르 광고에 나오는 카우보이를 보자. 멋있지 않은가? 그 카우보이는 정말 보기 드물게 효과가 좋은 시각적 소구 수단이다. 이처럼 용기, 패키징, BI 등 시각적 이미지에서 제품의 특징을 암시할 수 있도록 혹은 쉽게 이해할 수 있도록 하는 다양한 방법들이 있다.

　다음의 고지베리 제품의 이미지를 보라. 프리라이프에서 출시한, 얼 민델 박사의 '오센틱 히말라얀 고지 주스 Authentic Himalayan Goji Juice'는 고급스러워 보

이는 병에 인간의 발길이 닿지 않은 눈 덮인 에베레스트 산이 구름을 뚫고 웅장하게 솟아 있는 그림이 그려져 있다. 그리고 그 앞에는 작은 기적처럼 부드럽게 휘어져 있는, 잎이 많은 줄기에 새빨간 고지베리가 주렁주렁 매달려 있다.

왜 이렇게 디자인을 했는가? 여기서 히말라야라는 말을 들으면 어떤 느낌이 드는가? 불교 혹은 불교를 상징하는 모든 것? 아니면 순수함, 단순함, 열정, 지혜, 무아 그리고 궁극적으로 깨달음?

이처럼 고지 시장의 마케터들은 이러한 연상작용을 잘 알고 있으며, 그래서 기발한 방식으로 이런 영적인 특성들과 그들의 제품을 연관 짓도록 소비자들의 두뇌를 공략하고 있다. 이를 위해 제품 포장과 광고를 통해 고지베리가 히말라야에서 왔다는 사실을 강조하는 것이다.[2]

제품의 모양만으로도 콘셉트를 느낄 수 있게

콘셉트를 잘 드러내는 디자인의 중요성은 너무나 중요하다. 울샴푸 아웃도어는 디자인 개발에서도 아웃도어의 콘셉트에 초점을 맞춰서 진행되었다. 일반적인 액체 세제의 틀을 벗어난 심플하고 직관적인 형태의 디자인을 전개했다. 즉 제품의 모양만 보고도 이 제품이 어떠한 용도인지를 확실하게 소비자가 느낄 수 있는 디자인을 개발하는 데 초점을 맞추었다.

특히 울샴푸 아웃도어의 브랜드 네임에서 기존 울샴푸의 이미지가 훨씬 강할 수 있다. 이것을 극복하기 위해 울샴푸 아웃도어는 그 콘셉트에 걸맞게 용기에서 아웃도어의 대표 제품인 물통을 세제용기 디자인에 응용하여 적용했다. 즉 용기는 등산용 물통을 연상시키는 디자인으로 개발했다.

등산용 물통을 연상시키기 위해 물병 모양의 용기 형태와 고리 캡의 이미지를 형상화한 용기 캡을 개발했다. 이를 통해 울샴푸 아웃도어의 아이덴티티를 강화하고자 했다. 특히 파우치의 경우 기존 세탁세제의 일반적인 직사각형 모양에서 산 모양을 형상화하였다. 즉 산 모양의 파우치 실링은 이 제품의 콘셉트를 명확하게 보여주는 차별화 포인트의 하나로 자리 잡았다.

궁극적으로 '아웃도어 의류'와 '아웃도어 세제'가 별도의 제품이 아니라 등산과 관련된 아웃도어라는 큰 제품 범주에 자연스럽게 포함되도록 했다. 이것은 매우 중요한 포인트라고 생각한다. 일반세제에서 아웃도어 세제로의 진출보다는 아웃도어 제품군에 세제도 하나의 제품으로 자리 잡게 하는 데 주안점을 두었다. 그래야만 어쩔 수 없이 아웃도어 세제를 사용하는 것이 아니라 반드시 아웃도어 의류는 울샴푸 아웃도어 세제를 사용하도록 유도할 수 있는 것이다.

결핍 전략을 활용하여 사용성을 높이다

아직까지 소비자들의 아웃도어 세제에 대한 인식이 다소 부족한 편이다. 정체 상태에 있는 아웃도어 시장을 좀 더 확대시키는 방법으로 결핍 전략을 검토해볼 수 있다. 사용량 확대에 성공한 사례로 널리 알려져 있는 그 유명한 'got milk?' 캠페인을 생각해보자.

캘리포니아 우유 가공업자 이사회CMPB의 중역 관리자인 제프 매닝Jeff Manning은 점점 감소하고 있는 우유 소비를 확대할 수 있는 방법으로 깊은 고민에 빠졌다. 우유 소비는 20년에 걸쳐 지속적인 하락이 가속화되고 있었다. 이러한 하락을 극복하기 위해 이전의 우유 판매 촉진 캠페인은 '우유는 몸에 좋다'는 우유가 가진 이점에 초점을 맞추어 진행해왔었다. 그래서 우유가 건강에 좋고 많이 마셔야 한다는 사실에 대해 알고 있지만, 소비의 습관을 바꾸는 데 충분한 동기부여를 하지 못했다.

이러한 하락세를 보이는 이유를 조사하기 위해 시장조사를 수행했는데, '다른 음식과 우유의 관계'를 발견했다. 예를 들면 오레오나 다른 종류의 쿠키나 케이크를 먹을 때 한잔의 우유 없이는 즐길 수 없다. 또한 저녁에 시리얼과 함께, 또는 오레오 쿠키를 적셔 먹기 위해 우유가 필요하다.

이러한 반응은 우유와 여러 종류의 음식들(예를 들면 시리얼 쿠키와 같은)과의 긴밀히 맺어진 관계를 나타내주고 있었다. 이러한 조사 결과를 바탕으로 제프 매닝은 다음과 같은 전략 방향을 도출했다.

- 우유의 사용용도를 넓혀라.
- 패키지 상품과의 조인트 프로모션을 함께하라.
- 광고를 통해 우유에 대한 새로운 이미지를 창출하라.

따라서 마케팅 전략의 큰 방향은 결핍 전략을 가지고 접근했으며 최종 결과는 '우유가 없다면 맛있는 음식도 없다'는 것이었다. 캠페인의 광고는 우유가 시리얼, 초콜릿칩 쿠키, 피넛버터 그리고 젤리 샌드위치 등과의 완벽한 보충물의 하나라는 점을 강조했다.

'got milk?'는 이러한 음식을 즐길 때 우유의 결핍을 극대화시키는 엔딩 캠페인 슬로건으로 설정했다. 공동 프로모 션은 수많은 메이저 브랜드들과 함께 운 영했다. 대담한 공동 프로모션 중 하나 는 브랜드 네임 대신 'got milk?'가 써진 'Wheaties Cereal Box'였다.

이러한 캠페인 결과 엄청난 성과를 거두었다. 캠페인은 단 3개월 만에 상기도를 60% 수준으로 끌어올렸다. 1주일에 몇 번씩 우유를 소비한다고 기록된 소비자들의 수치는 캠페인 초기의 72%에서 연말에는 78%까지 뛰었다. 첫 번째 해의 연말에는 판매량이 6.8%씩 매달 증가했다.

더 많은 우유를 구매하는 것뿐만 아니라 소비자는 광고에 대해 긍정적인 반응을 보였고, 'got milk?' 로고가 새겨진 상품에 대해 열광적인 지지를 보냈다.

결론적으로 우유를 마셔야 하는 이유에서 우유를 마실 수밖에 없는 이유를 제시함으로써 큰 성공을 거두었다.

마찬가지로 울샴푸 아웃도어 역시 기능성 세제를 사용해야만 하는 이유에서 기능성 세제를 쓸 수밖에 없는 이유를 제시하는 것이다. 즉 기능성 세제를 사용하지 않을 경우 나타나는 아웃도어 의류의 문제점들을 보여주는 것이다. 아웃도어 의류는 반드시 아웃도어 세제와 함께 보충물의 하나라는 점을 강조하여 실과 바늘의 역할과 같은 점을 내세워보는 것이다.

아웃도어 시장의 형성: 후발주자들이 몰려온다

'섬의 규칙'이란 게 있다. 2003년 인도네시아의 프로레스 섬에서 발견된 수만 년 전 왜소인류 화석을 둘러싼 수수께끼의 실마리가 될 수 있는 새로운 증거가 발견됐다고 학자들은 발표했다. 런던 임피리얼 컬러지 연구진은《영국 생물학 저널》최신호에 실린 연구 보고서에서 호밋족의 작은 체구는 섬 특유의 환경이 주는 진화압력의 자연적인 결과, 즉 이른바 '섬의 법칙'에 따른 것이라고 주장했다. 먹을 것이 부족한 작은 섬에서는 작은 종의 생존력이 높아 시간이 지나면서 커지다가 나중엔 거대한 몸집으로 진화하는 반면, 몸집이 큰 종은 먹이를 놓고 치열한 경쟁을 벌이다가 적게 먹는 쪽으로 진화하면서 점점 작아진다는 것이 '섬의 법칙'의 골자다.[3]

마찬가지로 아웃도어 시장에서 경쟁 브랜드는 아직 작은 종에 불과하다. 반면 일반세제 시장에 있는 경쟁 브랜드들은 큰 종이다. 때문에 아웃도어 시장의 작은 종들은 경쟁을 통해 더욱 큰 종으로 진화할 것이다.

따라서 새로이 형성되는 카테고리의 시장규모를 확대하기 위해서는 경쟁사들이 뒤따라 시장에 진입해주어야 한다. 왜냐하면 경쟁자들의 진입은 아웃도어 시장의 인식을 확대시켜 주기 때문이다. 혼자 시장을 키우는 것보다는 경쟁자들과 함께 키우는 것이 유리하다. 경쟁자의 진입에 따라 시장의 규모는 더 커질 것이고, 그 결과 규모가 커진 시장에서 선발주자가 큰 이점을 누릴 수 있는 것이다.

가령 가구를 판매하는 매장이라면 큰길가에 혼자 점포를 운영하는 경우와 많은 업체가 함께 점포를 운영하여 가구거리를 형성하는 경우 고객의 유입이 달라진다. 여러 가구업체가 단지를 형성하게 되면 오히려 고객의 집객력이 높아져 혼자 있을 때보다 더 많은 매출을 올릴 수 있는 법이다.

3년여가 흐른 지금 점차 경쟁사들이 아웃도어 세제 시장에 진입하고 있다. LG뿐만 아니

라 CJ라이온 등 여러 세제 전문회사들이 진입하고 있다. 이들 경쟁사의 진입은 아웃도어 세제의 시장규모를 견인하게 될 것이고, 이러한 시장규모의 확대는 궁극적으로 복제 노래가 원곡의 유명도를 높여주듯이 최초의 진입자 울샴푸 아웃도어가 가장 큰 혜택을 받을 것이다.

여기서 잠깐 생각해보자. 최초는 여러 측면에서 이점이 있다. 왜 그런가? 마케팅에서 항상 '최초가 되라'고 강조한다. 첫사랑, 첫 경험 등은 늘 기억에 오래 남는 법이다. 여러분은 첫사랑, 그리고 그 이후 여러 사랑을 해보았을 것이다. 그러나 시간이 흘러 추억으로 남아 있는 사랑 경험 중 어느 것이 가장 기억에 남는가? 아마 대부분의 사람은 첫사랑이라고 말할 것이다. 이처럼 첫사랑은 오래가는 법이다.

비즈니스 역시 최고보다는 최초가 더 나은 법이다. 울샴푸 아웃도어는 이제 시장의 선두주자로서 아웃도어 시장을 이끌어가고 있다. 최초였기에 가능하다.

남은 과제: 유명인과 공동 브랜딩을 추진하다

론칭 후 핵심 타깃 core target 을 공략하기 위해 산 입구에서 산행을 시작하거나 마치고 내려오는 등산객을 대상으로 샘플링을 했다. 등산복을 착용한 등산객의 경우 옷을 입고 있는 시점에서 땀이 나고 오물이 묻어 냄새가 나는 상황이다. 이때 접하는 아웃도어 전용 세제에 대한 니즈가 직접적으로 작용하여 매장에 가서 구매로 연결되도록 하는 현장 마케팅 활동도 시장 안착에 큰 역할을 했다.

초기의 시장 안착 활동에 이어 시장이 가파르게 성장하고 있는 상황에서 이제 본격적인 시장 확대 전략이 요구된다.

'넛지효과_nudge effect_'란 것이 있다. 이는 어떤 일을 강요하지 않고 유연하게 개입함으로써 선택을 자연스럽게 유도하는 방법을 말한다. 원래 '넛지'는 '팔꿈치로 살짝 찌르다'는 뜻의 단어로 2009년 출간된 리처드 탈러와 캐스 선스타인의 베스트셀러 《넛지》에 소개되어 유명해진 말이다.

후발주자들이 몰려오는 단계에서 넛지가 필요할 수 있다. 그 하나의 대안으로 유명 산악인과의 공동 브랜딩을 추진하는 것을 검토해볼 필요가 있다.

전문가를 활용하여 성공한 '조성아 루나_RUNA_'에서 이미 체험했다(11장을 보라). 유명 메이크업 아티스트 조성아와 루나의 결합으로 제품의 신뢰도를 상승시킬 수 있었다. 전문가가 제품의 전문성을 보장하여 소비자에게 직접 제품을 권하는 직접 마케팅은 제품 성공에 큰 기여를 한다.

이처럼 유명 전문가의 후광을 울샴푸 아웃도어에서 적극 검토한다면 제2의 성장을 견인할 수 있을 것이다. 가령 울샴푸 아웃도어 By 엄홍길처럼 공동 브랜딩을 통해 제품의 신뢰를 확보할 수 있다. 한 분야의 믿을 수 있는 유명인사로서 '믿음과 신뢰=엄홍길'이라는 등식은 곧 '아웃도어=믿을 수 있는 제품'으로 연결시킬 수 있을 것이다.

더불어 조직원들이 주말에 산 입구에서 현장 샘플링 활동을 유명 전문 산악인과 함께 지속해나간다면 아웃도어 시장에서 확실한 위치를 차지할 수 있을 것이다.

CHAPTER 10

[이전에 없던
새로운 속성 만들기]

| **아이린 자연초** | 똑같은 속성을 경계하다

아이린 자연초
똑같은 속성을 경계하다

그냥, 피죤: 게임의 룰을 바꿀 수 있는가?

독자 여러분은 태블릿PC 하면 무엇이 떠오르는가? 또는 전기자동차에 관해 누군가 이야기한다면 어떤 단어가 떠오르는가? 대부분은 '아이패드'와 한창 주가를 올리고 있는 '테슬라'를 떠올렸을 것이다. 이들 제품이 해당 분야의 상품을 대표하는 브랜드로 자리 잡았기 때문이다.

이처럼 어떤 제품 카테고리가 기억에서 특정의 브랜드를 자동적으로 활성화시킨다면 그 브랜드는 다른 브랜드에 비해 상대적으로 우위의 포지션에 위치하게 된다. 이러한 카테고리 지배적 브랜드category-dominant brand는 심지어 소비자의 선택 과정을 선점할 수도 있다. 가령 투명 테이프를 찾을 때 "스카치테이프 어딨지?"라고 말하는 것과 같다. 호치키스 역시 스테이플러의 대명사처럼 쓰인다. 따라서 전형성이 높은 시장과 일반 시장의 게임 방식은 다르게 접근되어야 한다.

섬유유연제 시장은 매우 전형성이 높은 시장이다. 가령 섬유유연제 하면 피죤, 피죤 하면 섬유유연제라는 등식이 성립될 정도로 이 회사는 섬유유연제가 매우 강하다. 섬유유연제 시장은 2008년 6월 현재 피죤이 45.8%, 샤프란이 28.1%, 쉐리가 14.6%, 아이린이 5.2%의 시장점유율을 보이고 있다. 이런 상황에서 후발주자인 아이린은 더욱 차별적이고 혁신적인 마케팅 전략이 요구되고 있다.

그러면 전형성이 높은 시장에서 후발주자의 경쟁 방법은 무엇인가? 전형성이 높은 시장에서 후발주자의 공략 포인트는 경쟁의 판을 달리해야 한다.

브랜드의 구루 데이비드 아커 UC버클리대 교수는 "경쟁사와 품목이 유사해도 새로운 카테고리를 만드는 데 성공한다면, 독점 산업에 진출하는 것과 다름없는 효과를 누릴 수 있다"라고 강조하고 있다.

따라서 후발주자는 브랜드를 구축하기 위한 지름길로서 '새로운 카테고리(영역)를 만드는 것'이다. 비즈니스의 세계에서 새로운 카테고리란 이제까지 존재하지 않았던 새로운 비즈니스 아이디어나 분야를 가리킨다. 그렇다고 해도 어려운 이야기는 아니다. 아무것도 없는 무에서 새로운 비즈니스를 창조하는 것이 아니라, 이미 존재하는 사업의 콘셉트를 약간만 바꾸어 만드는 '차별화된 비즈니스'를 가리키는 말이기 때문이다.[1]

예를 들어보자. 촌스럽고 유치한데 볼수록 끌리는 '크레용팝'이라는 걸그룹이 있다. 앞서기는 하지만 제2의 싸이라고 모두 흥분하고 있다. 왜 그렇게 평가를 하고 있는가?

그것은 바로 그들만의 새로운 장르에 있다. 현재 가요계에서 활동하는 걸그룹은 그 수를 헤아릴 수 없이 많지만, 이들이 주로 택하는 콘셉트는 섹시한 의상, 완벽한 안무, 각선미 등으로 겹친다. 반면 크레용팝은 다른 길을 걷는다. 이들이 입는 의상은 원색의 운동복, 여기에 헬멧을 써 외모가 도드라져 보이지 않는다. 게다가 멤버 5명은 각각 2명, 3명으로 나눠 방향을 바꿔 뛰어오르는 일명 '직렬 5기통 춤'을 춘다.[2]

그렇다면 '섬유유연제=피죤'이라는 등식이 형성되어 있는 시장구조에서 후발주자인 애경의 '아이린'은 어떻게 해야 하는가? 크레용팝과 같은 발상을 할 수는 없는가? 기존 시장을 추종하는 모방 전략에 초점을 맞춘다면, 마케팅 비용의 상승만을 초래할 뿐이다. LG생활건강의 샤프란은 20여 년간 피죤을 따라잡기 위해 노력했지만 여전히 2위에 머물러 있다. 이런 시장에서 아이린 역시 샤프란과 같은 길을 걸을 것인가?

섬유유연제에서 향이란?

일반적으로 '향'은 섬유유연제의 유일한 품질지각 단서로서 작용해왔다. 소비자들의 목소리에서 이러한 사실들을 확인할 수 있었다.

- 향 때문에 좋은 것 같다.
- 유연제를 넣을 때 향이 은은히 나는 게 좋다.
- 세탁기를 열었을 때 나는 향이 좋다.
- 빨래를 널 때 향이 좋다.
- 퇴근 후 집에 들어왔을 때 빨래 건조방에서 나는 은은한 향이 아주 좋다.

이처럼 세탁 전에는 '매일 하는 빨래, 귀찮고 짜증 난다' '더러운 옷' '퀴퀴한 땀 냄새' '불쾌하다' 등에서 빨래 후 느끼는 '깨끗함' '상쾌함' '부드러운 뽀송뽀송한 감촉' '편안함' 등 상쾌한 섬유유연제의 향은 긍정적인 정서 가치를 느끼게 해주는 역할을 한다.

그러나 향은 중요하지만, 절대적 가치는 아니다. 소비자들은 무의식중에 또 다른 목소리를 대변한다. 숨겨져 있는 또 다른 욕구들이 존재하고 있었다.

- 향은 옷을 입을 때까지만 있으면 좋겠다.
- 여자는 화장품도 바르는데 섞이면 이상해지잖아요.
- 섬유유연제가 무슨 향수도 아니고…….

게임의 룰을 바꾸려면?: 똑같은 속성을 경계하라

상품의 질과 서비스 수준은 향상되고 있으며 또한 선택사항도 매우 다양해졌다. 따라서 소비자는 무엇을 사야 할지 모르는 상황에 종종 직면하게 된다. 예를 들어보자.

치약을 구매한다고 하면 어떻게 해야 할까? 눈앞에 진열된 여러 종류의 치약 앞에서 머리를 쥐어짜야 할 것이다. 그러나 소비자 입장에서 보면 어떨까? 소비자는 다양한 상품들 앞에서 어떤 상품을 살 것인지에 대한 판단 기준이 그다지 많지 않다. 그러므로 '늘 쓰던 것'이 가장 유력한 판단 기준이 된다. 바로 '늘 쓰던 것'이 되기 위해서는 상품의 선택 판단 기준을 명확하게 전달할 수 있어야 한다. 브랜드는 바로 그 선택의 기준에 매우 합당한 조건을 갖추고 있어야 한다.

섬유유연제는 저관여 카테고리로서 후발주자가 부가적인 효익을 소구한다고 해서 고객들이 귀를 기울여줄 것인가? 다음의 소비자 목소리를 들어보자.

- 섬유유연제 하면 피죤이니까 그냥 산다.
- 섬유유연제가 브랜드마다 뭐가 다른가?
- 그냥 계속 써왔으니까 정전기나 향, 부드럽게 그런 거 하기 위해서…….

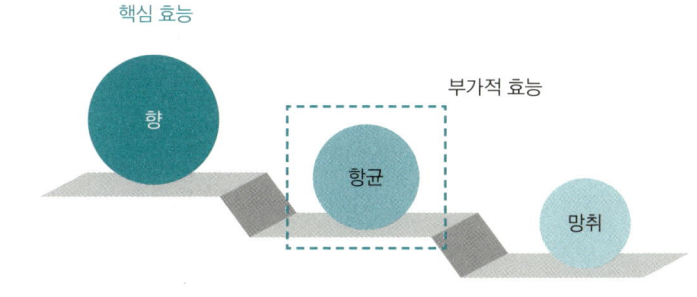

이처럼 고착화되어 있는 섬유유연제 시장에서는 새로운 구매준거를 제시하여 경쟁의 게임을 바꾸어야 한다. 즉 새로운 속성을 주장한 첫 번째 브랜드가 되어야 한다. 가령 '제옥스'는 숨 쉬는 신발 개념을 처음으로 주장한 브랜드다.

섬유유연제의 대명사 넘버원 피죤 대비 소비자들이 확인하고 체감할 수 있도록 섬유유연제의 새로운 구매준거를 제시해야 한다.

지금까지 섬유유연제의 속성 변화는 초기에는 주로 부드러움, 정전기 방지의 속성에 초점이 맞추어져 있었다. 그동안 의류의 품질이 향상되면서 부드러움이나 정전기 방지는 의류 자체적으로 해결되어 왔다. 따라서 현재 섬유유연제의 중요한 속성은 '향'이다. 그렇다면 다음의 또 다른 중요한 속성은 무엇인가? 웰빙에 대한 관심 증가로 '피부보호(스킨케어 섬유유연제)'가 중요한 속성으로 떠오르고 있다.

후발주자의 차별화 성공 사례

여기서 잠깐 속성의 의미를 보자. 마케팅에서 속성은 중요한 개념이다. 속성이란 사람이나 사물의 특성, 개성 또는 다른 것과 구별되는 독특한 형태를 가리킨다.

사람이나 사물은 여러 가지 속성을 동시에 지니고 있다. 사람들은 성$_{sex}$과 체형, 지식, 재주, 매력 등이 각기 다르다. 제품 역시 같은 종류라 할지라도 각기 다른 속성을 지닌다. 치약을 보더라도 충치나 프라그를 예방하는 치약이 있는가 하면 맛이 좋은 치약, 미백 효과가 있는 치약, 풍치 예방 치약 등 여러 가지가 있다.[3]

알리스와 잭 트라우트의 공저 《마케팅 불변의 법칙》에서 '속성의 법칙$_{the\ law\ of\ attribute}$'에 대해 설명하고 있다. 당신은 당신만이 소유할 수 있는 가장 중요한 속성을 차지하라. 그러지 못했다면 그보다 작은 속성을 잡아라. 문제는 속성 그 자체가 아니라 속성이 지니는 가치를 극적으로 부각시키라고 설명하고 있다.

너무도 많은 회사가 선도자를 흉내 내려 한다. "그들은 무엇이 제대로 된 것인지 알고 있을 거야." 그럴싸한 논리다. "그러니 우리도 비슷한 일을 하자고." 별로 좋은 사고방식이 아니다. 그보다는 선도자와 당당하게 맞설 수 있도록 만들어줄 정반대의 속성을 찾아내는 것이 더 좋다. 여기에서 중요한 단어는 '정반대'다. '비슷한' 것은 먹혀들지 않을 것이다.[4]

요약하면 강력한 리더가 있을 때는 차라리 양극화하는 '대안제품'으로 소비자에게 다가서는 방법이다. 한마디로 경쟁적 대립 이미지를 구축하는 것이다.

다음에서 보여주는 두통약 시장을 보라. 아스피린에 대해 후발주자들, 즉 바파린, 타이레놀, 아드빌 등은 고객의 입장에서 가장 중요한 의미를 지니는 속성을 찾아내어 제품의 속성으로 소유하려는 노력을 기울여 성공했다.

충치 예방은 치약이 지니는 가장 중요한 속성이다. 이런 속성을 찾아내야 한다. 그러나 경쟁자가 이를 먼저 성공적으로 사용하고 있다면 이것은 과감

후발주자의 차별화 성공 브랜드 예

브랜드	포지셔닝	넘어야 할 벽	핵심속성 차별화
바파린	위에 부작용을 최소화한 아스피린	부작용에 대한 소비자 기존 인식	부작용이 없는 아스피린
타이레놀	부작용이 없습니다	아스피린	안전한 진통제
애드빌	이부프로펜 성분으로 효과가 강하고 빠릅니다	타이레놀	효능이 뛰어난 진통제(이부프로펜 성분 강조)

히 잊어버려야 한다. 좀 더 세분화된 속성을 찾아내어 업계의 선두는 못 되더라도 그보다 작은 시장을 차지해야 한다. 그런 다음 당신이 찾아낸 차별화 속성을 대단한 것처럼 소비자에게 알려 시장점유율을 넓혀나가야 한다.

새로운 전략 아이린2.0: 혈통 좋은 한 마리의 개에 집중하다

앞서 말한 것처럼 섬유유연제 시장은 2008년 6월 현재 피죤이 45.8%의 점유율로 부동의 1위를 지키고 있고 그 뒤를 샤프란과 쉐리, 그리고 아이린이 뒤쫓고 있었다.

그동안 LG의 샤프란은 피죤을 따라잡기 위해 20여 년 이상을 경쟁해왔다. 그러나 피죤은 여전히 확고한 1위 브랜드다. 피죤이 최초로 시장에 진입했기 때문이다. 반면 샤프란은 20년 동안 2위에 머물러 있다. 물론 새로운 시도를 해왔지만 기존 섬유유연제를 위협할 정도의 새로운 카테고리를 형성하지 못했다.

한편 애경의 아이린은 이제 출시한 지 겨우 3년 된 브랜드다. 출시 3년 만에 100억 매출을 달성했지만 경쟁 심화에 따른 수익성 악화, 그리고 경쟁 영역에서 차별적 콘셉트가 미약해 성장에는 제한적일 수밖에 없었다. 애송이

'아이린'은 어떤 전략에 초점을 맞추어야 하는가?

먼저 출시부터 아이린이 어떤 변화 과정을 겪어왔는지 잠깐 살펴보자. 2005년 출시한 아이린은 '스킨케어 섬유린스'를 표방하면서 소비자들에게 알리기 시작했다. 그 이후에도 스킨케어 섬유린스로 포지셔닝을 강화하기 위한 노력을 펼쳐왔지만 뚜렷한 성과를 거두지 못하고 있었다.

돌이켜보면 경쟁시장에서 포지셔닝 방향은 올바르게 설정했다. 그러나 이를 소비자에게 소구하는 데 구체성이 결여되어 있었다. 다소 추상적이었다. 특히 저관여 제품인 생활용품의 경우 더욱 구체적인 혜택을 소비자에게 제시하는 것이 중요하다. 막연한 '피부보호'라는 속성이 아니라 이를 지지해주는 믿을 수 있는 근거가 있어야 했다. 또한 논쟁거리를 만들어야 했다.

요약하면 원래 섬유유연제의 가장 기본적인 효능이 '피부보호'라고 명제화하는 것(섬유유연제는 피부를 보호해주어야 합니다), 그리고 '피부보호'라는 속성을 지지해주는 이유나 근거를 제시하는 것, 그리고 이를 논쟁거리로 만드는 것이 필요했다.

그런데 여기서 명심해야 할 것이 하나 있다. 비유적으로 표현하자면 고객들은 혈통 좋은 한 마리의 개를 원하는 것이지, 여러 혈통이 섞인 잡종을 원하는 것은 아니라는 점이다. 다시 말해 고객들은 다른 부가 기능 몇 가지를 얻자고 정작 중요한 기능을 포기하지 않는다. 만일 한 기업의 제품이 한 가지 기능을 탁월하게 구현하는 것과는 달리, 시원찮은 기능을 주렁주렁 달고 있다면 그것은 결코 경쟁자들과의 차별점이 될 수 없다.[5]

마실 물을 길러 온 여인에게는 단순하게 마실 물로 대화를 시작해야 한다. 거울은 절대 먼저 웃지 않는 법이다. 콘셉트가 복잡하면 고객도 복잡하다. 콘셉트가 단순하면 고객도 단순하게 응대한다.[6] 이러한 원리를 명심하자.

이제 '향' 중심에서 '피부보호' 속성을 지지해주는 명확한 성분을 발굴하여 제시하는 것이 중요하다. 따라서 '피부보호' 속성을 보증해주는 새로운 성분을 개발하는 데 초점을 맞추고 아이린2.0은 발을 내디뎠다.

소비자는 익숙하면서 새로운 것을 원한다: 식초 섬유유연제

'피부보호' 속성을 지지해주는 믿을 수 있는 성분 개발에 주력했다. 우선 선정 기준은 피부에 좋은 성분으로 '대표성'과 그동안 알려지지 않은 '참신성'이 있어야 한다.

성분 발굴을 위해 깊은 고민에 빠졌다. 나는 고민에 빠져 있게 되면 주변의 지인들과 식사를 하면서 문제를 제시하고 그들의 생각 속에서 새로운 해결 아이디어를 찾곤 한다.

어느 날 대상의 홍초를 담당하는 마케터와 식사를 하게 되었다. 자연스레 나의 깊은 고민을 그에게 쏟아냈다. 현재 섬유유연제 성분으로 '식초'를 검토하고 있다고 먼저 설명해주었다. 그러자 그는 아주 자연스럽게 식초 콘셉트가 섬유유연제 성분으로 활용해보면 다양한 이점이 있을 거라고 장황하게 설명해주었다. 청정원 홍초를 담당하고 있었던 터라 그리 어렵지 않게 논리적 근거를 제시해주었다.

다음 날 사무실로 출근하자마자 식초의 구체적 특징들을 살펴보았다. 역시 피부와 관련된 내용이 주를 이루고 있었다. 다음의 몇 가지를 보자.

'피부 미인 되기'

식초의 비타민E는 피부의 젖산을 분해해 혈액순환을 촉진하고 피지 등의 기름을 융해한다. 또 피부의 세균이나 바이러스를 억제하는 기능도 있다. 이런 이유로 식초를 마시면 신진대사가 활발해지고 피부에 노폐물이 남지 않아 예뻐지게 되는 것이다. 피부에 식초를 바를 때는 사과식초를 이용하면 좋다.

식초 목욕 '피부 매끈하게'

가슴이 잠길 정도로 욕조에 물을 채운 후 사과식초 반 컵을 붓는다. 식초는 물을 깨끗하게 정화하는 역할뿐만 아니라 피로회복 효과도 뛰어나다. 또 피부도 매끈해진다. 세수할 때도 식초물을 사용하면 얼굴이 매끈해진다.

이와 같이 식초는 '피부보호' 성분으로 분명 대표성뿐만 아니라 참신성에서도 부합했다. 친정엄마가 알려주는 빨래 노하우, "아기 옷을 삶기 어려울 때 마지막 헹굼 시 식초를 몇 방울 떨어뜨려 준다"처럼 식초는 빨래에서 설거지의 쌀뜨물과 같이 생활의 지혜 속에서 익숙한 성분으로 알려져 있었다.

섬유유연제에 식초를?

식초가 대표성과 참신성에서 긍정적인 평가를 받았다. 그러나 섬유유연제에 식초를 사용할 경우 식초의 향에 대한 부정적 인식의 벽이 높았다. 특히 섬유유연제는 향이 제1의 구매준거다. 이러한 부정적 인식을 극복하기 위해 식초에 대한 이해를 쉽게 할 수 있는 스토리를 구성하기로 했다.

마케팅·디자인 부문 워크숍에서 섬유유연제의 식초 향에 대한 부정적 인식을 극복하기 위한 방안으로 도출된 스토리를 보자.

섬유유연제에 식초를?
옷에 냄새나서 어떻게 쓰니?
말도 안 돼. 우웩~

유연제는 향 때문에 쓰는데…
향에 대한 부정적 편견을 없애야…
초기 시험구매를 유도할 수 있고 시험구매 없이 재구매는 생각할 수도 없지.

그럼 가장 먼저 해야 할 일은…
향에 대한 거부감을 없애야 해.

(중략)

식초 성분이 그런 느낌을 상쇄할 수 있어. 그럼 이렇게 해보자.
자연초를 사용하면… 미끈거리지 않고
'산뜻한 부드러움'
식초를 사용하므로써 느껴지는 혜택이지.

아이린 자연초의 유연력은 이렇게 풀자.
미끈거리지 않는 '산뜻한 부드러움'

식초도 여러 종류인데 좀 더 좋은 식초는 없을까?
이왕이면 자연초 콘셉트에 좀 더 적합한 것을 찾아보면 좋을 텐데…
유기농 인증을 받은 원료를 사용하고 유기농 인증 식초 함유라고 적당히 잘
쓰면 제품 자체가 유기농이 되지 뭐. (도둑놈들^^)

잘 알려지고 유기농 인증받은 식초가 뭔데?
발사믹 식초. It's one of the Best Venigar!

엄~ 웁스!^^

그래 유기농 원료 사용을 부각하여 자연초 콘셉트를 강화하자!

이왕이면 식초도 고급 식초를 쓰자.
'유기농 인증 이탈리아산 발사믹 식초 함유'
발사믹? 그게 뭔데? 넘 어렵다.
그럼 어쨌든 '유기농 인증 ○○식초 함유'란 메시지는 부끄럽지 않게 쓸 수 있는
식초 원료를 찾아보자!

또, 냄새 관련하여 식초가 해결할 수 있는 건 뭘까?
옷에서 냄새가 나는 것은 섬유 속 세균이 있어서지.
그래서 뭐 어쩐다고?
식초가 살균 기능이 있잖아?

살균 기능과 냄새? 글쎄…
살균(항균) 기능이 섬유 속 세균을 없애 냄새 원인균을 제거하니까
자연스레 냄새가 없어지잖아! 그러면 피부보호 기능을 더 강조할 수 있고.
식초 냄새 걱정을 논리적으로 잘 풀 수 있겠다. 땡큐~

식초 냄새 제거에 대한 접근…
식초의 살균(항균) 기능이 섬유 속 냄새 원인균을 없애주므로
냄새 걱정 끄~~~읕!

(하략)

이름이 뭐예요?: 자연에서 온 피부에 좋은 초, 아이린 자연초

콘셉트를 전달하는 가장 중요한 수단은 네이밍과 디자인이다. 따라서 네이밍과 디자인에 콘셉트를 명확히 담고자 하였다.

일반적으로 식초에서 느껴지는 이미지는 자극적이고 쿼쿼한 향을 떠올린다. 특히 향은 섬유유연제의 핵심적이고 유일한 품질지각의 단서다. 그런데 소비자 조사를 해보면 섬유유연제에 활용하는 식초는 더욱더 부정적인 향으로 인식하고 있었다. 이를 극복하기 위해 자연의 개념을 표현해주는 네임이 필요했다. 그래서 나온 것이 '자연에서 온 피부에 좋은 초', 이를 줄여서 '자연초'로 네이밍했다.

이렇게 탄생한 '자연초'는 시각적 이미지에서도 자연에서 온 식초임을 명확히 표현해주었다. 따라서 네임과 디자인을 통해 식초에서 떠오르는 부정적 향의 이미지를 희석화시킬 수 있도록 했다.

의미 있는 실패: 아이린 자연초는 아직은 작고 덜 익은 토마토다?

아이린의 부흥을 꿈꾸며 의욕적으로 출시한 '아이린 자연초'는 초기의 집중적인 마케팅 노력에도 큰 성과를 거두지 못했다.

실패에도 의미 있는 실패가 있다. 단순 모방한 제품의 실패는 의미 있는 실패라 할 수 없다. 그러나 아이린 자연초는 단순 모방 제품이 아니다. 단지 아이린 자연초는 아직은 작고 덜 익은 토마토와 같았을 뿐이다.

　의미 있는 실패는 분명 또 다른 성공의 디딤돌이 되는 법이다. 아이린 자연초는 기존 섬유유연제 시장의 향 중심을 뛰어넘은 고도의 차별화 전략이었다. 그럼에도 불구하고 실패했다. 아이린만이 소유할 수 있는 중요한 속성을 발굴하고 그 가치를 극적으로 부각시키지 못한 것이다.

　식초에 대한 부정적인 인식을 극복하기 위한 설득력 있는 스토리를 만들어내지 못했다. '피부보호'라는 콘셉트를 지지해주는 믿을 수 있는 근거로서 식초의 긍정적인 측면을 부각시키지 못했다. 또한 논쟁거리를 만들지 못했다. 결국 고객의 마음을 바꾸지 못하고 실패하고 말았다. 사람들은 익숙하고 편안한 제품에 더 큰 영향을 받는다는 원리를 깨뜨리지 못했다.

　그런데 시장에서 강력한 1위가 존재하는 카테고리에서 후발주자의 조직들을 보면 강력한 1등의 트라우마에 사로잡히는 경우가 있다. 때로는 경쟁할 수 없는 시장이라고 단정해버린다. 그러면서 이런저런 핑계와 논리를 들이댄다. 그러나 강력한 1위가 존재하는 카테고리에서 후발주자들이 성공한 예는 많이 있다. 그들은 또 다른 구매준거를 제시하여 시장에서 승리했다. 다음의 예들을 보자.

　송염(7.6%), 2080(13.2%), 화이트(37.8%), 좋은느낌(18.7%), 태평양 미쟝센(25%), 하이트맥주(53%), 백설식용유(43%), 아시아나항공 등.

　따라서 강력한 1위가 존재하는 카테고리에서 성공하기 위해서는 조직 구성원들의 끈기와 열정이 있어야 한다. 히트 상품은 만들어가는 과정이지 탄생하는 것이 결코 아니다. 분명한 것은 덜 익은 토마토를 너무 일찍 뽑아버리거나 작은 초록 토마토를 두고 크지 않은, 빨갛게 잘 익은 토마토가 아니라고 비난해서는 안 된다는 점이다. 혹시 덜 익은 토마토를 일찍 뽑아버리는 우를 범하고 있지는 않은지?

섬유유연제 그리고 향: 아이린3.0, 체험적 이미지의 향을 담다

초기 출시 시점의 아이린1.0은 피부보호에 초점을 맞추었으나 믿을 수 있는 근거 제시가 부족했다. 이를 보완한 아이린2.0은 계속해서 '피부보호'에 초점을 맞추고 구체적인 믿을 수 있는 근거로서 '자연에서 온 피부에 좋은 초(자연초)'를 출시했다. 결과적으로 실패했다.

그렇다면 아이린3.0은 어떤 혁신을 담아야 하는가? '체험적 이미지의 향'을 콘셉트로 하는 섬유유연제의 출시다.

물론 이것은 현실화된 사례는 아니다. 그러나 콘셉트의 진화 과정을 보여주는 가상의 좋은 사례이기에 여기서 소개해보고자 한다. 특히 내구재 등 첨단산업 제품개발에 다세대 제품개발 MGPD: Multi Generation Product Development 방식을 활용한다. 이는 어떤 제품이 개발되면 이어서 다음 단계의 출시 제품을 지속적으로 준비해가는 것이다. 그때그때의 필요에 의해 제품을 개발하는 것이 아니라 여러 세대에 걸쳐서 제품개발을 진행하는 것이다. 이러한 다세대 제품개발 방식을 섬유유연제에도 적용하여 콘셉트를 개발해나갈 수 있을 것이다.

또 하나의 혁신: 아이린3.0

아이린 자연초를 출시하면서 다음 단계의 아이린3.0을 준비해나갔다. 물론 이것은 실제로 진행했던 사실이다. 자연초 출시 후 또 다음의 새로운 콘셉트를 검토해나갔었다. 섬유유연제는 옷감의 부드러움, 향 그리고 피부보호로 이어지는 콘셉트의 진화 과정을 보여주고 있었다. 그렇다면 다음 단계의 콘셉트는 무엇이어야 하는가?

그것은 아이린3.0으로 명명된 '체험적 이미지의 향'에 초점을 맞추었다. 사실 향은 섬유유연제의 유일한 품질지각 단서다. 가격과 함께 가장 중요한 차별화 요소다. 그러나 향이 중요한 차별화 포인트이지만 그 자체smell만으로 위닝 포인트winning point가 되지 못한다.

향은 '피부·환경 친화적 성분'과 함께 섬유유연제 선택·사용의 중요한 조건이다. 기존 아이린은 향과 감성 소구가 미흡했다. 아이린 자연초는 피부, 안전 등 기능 중심의 이성 소구였다. 따라서 피부 친화적 기능과 향의 감성을 믹스한 새로운 콘셉트로 진화가 필요했다. 향 자체의 품질, 섬유유연제의 기능적 속성만을 강조했던 콘셉트에서 '향+이미지+경험+α'까지 이미지화하는 방향으로 진행하는 것이다. '피부가 느끼는 자연 향기'에 초점을 맞추어 자연 성분이고, 피부에 좋고, 기분까지 맑아지는, 은은한 향기의 섬유유연제를 표방하고 나섰다.

아이린3.0의 콘셉트 방향성

'자연 체험'을 연상시키는 단어들로 다양한 콘셉트를 도출했다. 콘셉트는 '피부가 느끼는 자연 향기'를 충족시키기 위해 '언제(때·날씨)+어떠한(촉각·심상)+무엇(장소·행태)'을 담은 콘셉트 네이밍을 발굴했다. 다음의 몇 가지 예를 보자.

- 비온 뒤 숲속 산책
- 햇살가득 화원 산책

- 뽀송뽀송 구름 산책
- 투명잔잔 호수 산책

이런 신규 콘셉트에 대해 소비자들이 느끼는 연상은 다음과 같이 평가되었다. 특히 네이밍 자체에서 체험적 요소가 담겨 있어서 소비자들의 반응은 좋았다.

- 후각이 먼저 알아보는 향기가 아니라 피부에 직접 닿는 옷감의 향기로 피부가 먼저 느낀다는 콘셉트가 좋아요.
- 이름이 길지만 신선하고 새로워요. 대체 어떤 향일까? 너무 기대되네요.
- 고급스러우면서 색채를 향기로 바꾼 느낌으로 표현이 예뻐서 마음에 들어요.
- '어떤 향이다'라는 정확성은 없지만, 자신이 느끼고 맡아지는 향을 추상적으로 상상할 수 있어서 좋아요.
- 향기와 촉감 두 가지 감각을 직관적으로 제공하니까 유연제 구매 목적과 잘 맞는 것 같아요.

아이린3.0으로 명명된 '체험적 이미지의 향'에 초점을 맞추어 출시를 검토하는 것도 의미가 있을 것이다. 성형이 아름다움을 만들어가듯이 제품도 끊임없는 변화와 혁신을 통해 히트 상품의 반열에 오를 수 있는 것이다. 히트 상품은 탄생하는 것이 아니라 만들어가는 과정이라는 것을.

자일리톨은 1998년도에 처음으로 출시했지만 실패하고 시장에서 자취를 감췄다. 그러나 그로부터 3년 후에 다시 한 번 자일리톨을 시장에 재론칭하여 큰 성공을 거두었다. 자일리톨의 성공 과정들을 한 번쯤 더듬어보는 것은 어떨까?

CHAPTER 11

[공동 브랜딩을 통한 시너지 창출하기]

| 조성아 루나 | 메이크업 아티스트와 공동 브랜딩 전략을 펼치다

[# 조성아 루나
메이크업 아티스트와 공동 브랜딩 전략을 펼치다]

시작하면서: 때로는 직접 참여하면서, 때로는 조언하면서

조성아 루나는 단기간에 애경에서 성공을 거둔 대표적 메이크업 아티스트 브랜드다. 그것도 홈쇼핑 채널만을 통해 거둔 성공이었다. 그러면 조성아 루나는 어떤 출시 배경과 과정들을 통해 단기간에 성공한 브랜드의 아이콘이 되었는가?

2006년부터 애경 화장품사업부 마케팅팀과 함께 일하면서 그 인연을 찾을 수 있다. 당시 화장품사업부 마케팅 팀장으로 있던 최우태 부장과는 LG생활건강 화장품사업부에서 함께 근무했던 사이였다. 그래서 이전부터 마케팅 과제들을 서로 스스럼없이 논의하면서 지내온 사이였다. 따라서 자연스럽게 루나의 출시 초기부터 제품개발 방향 등에 관해 서로 의견을 주고받으면서 출시 상황을 깊게 이해하게 되었다.

이러면서 2007년 12월 애경 생활용품 부문 마케팅 본부장으로 자리를 옮

기면서 더욱더 가까이에서 루나의 진행 상황을 지켜봐 왔다. 이런 일련의 과정들 속에서 때로는 직접 참여하기도 하고, 때로는 지켜보면서 조언하는 입장에서 보고 느낀 점들을 생생하게 정리하였다.

새로운 채널에의 도전: 화장품이 홈쇼핑에서 가능할까?

마리끌레르, 포인트, a-Solution 등을 보유하고 있는 애경은 한때 화장품 업계에서 다크호스로 떠오른 적도 있었다. 그러나 2005년을 기점으로 시장환경 변화에 유연하게 대응하지 못하고 급격한 쇠락의 운명을 맞이하게 되었다.

이를 극복하기 위한 다양한 방법들이 시도되고 있었다. 애경 화장품사업부는 사업부장을 중심으로 연일 새로운 먹거리를 찾고 있었다. 특히 워크숍을 통해 화장품 프랜차이즈 사업에 진입하는 것을 목표로 새로운 비즈니스 모델을 찾기도 했었다.

이즈음 누군가 새로운 사업 전략을 들고 나왔다. 그것은 바로 홈쇼핑에 진입하자는 것이었다. 물론 기존 제품으로 홈쇼핑에 진입하자는 것이 아니라, 새로운 홈쇼핑 전문 브랜드를 개발하여 진입하자는 제안이었다.

홈쇼핑으로의 진입은 누구나 생각해왔고 특히 LG, 아모레퍼시픽에서 많은 검토가 있었지만 결국 실행에 옮기지 못했다. 물론 기존 제품을 통해서는 홈쇼핑에 집입하고 있었다. 그것도 어떤 브랜드가 리뉴얼하게 되면 기존의 구 제품을 통해 홈쇼핑에서 판매하는 형태였다. 그러나 애경은 이런 고민을 할 필요가 없었다. 실행에 옮기기가 용이했다. 왜냐하면 오프라인 사업이 침체되어 있었으므로 오프라인과의 충돌을 염려할 필요가 없었기 때문이다. 다만 어떤 유형의 제품으로 홈쇼핑 시장에 진입할 것인가, 그것이 문제의 핵심이었다.

어찌 되었건 화장품 사업에서 새로운 제품을 만들어 홈쇼핑에 공식적으로 진입하겠다고 선언한 최초의 회사가 되었다.

왜 색조 전문 브랜드에 초점을 맞추었는가?

어느 날 저녁 화장품사업부 마케팅팀에서 근무하고 있는 최 부장과 저녁 식사를 하고 있었다. 마침 그때의 이야기 주제는 자연스레 홈쇼핑 전용 화장품 개발 방향에 초점이 맞추어졌다. 특히 홈쇼핑 전용 제품으로 기초 제품군에 초점을 맞출 것인가, 아니면 색조 제품군에 초점을 맞출 것인가가 주된 논의의 포인트였다.

그러나 논의는 아주 싱겁게 끝나고 말았다. 그도 그럴 것이 아무래도 홈쇼핑에서 성공하려면 다음의 세 가지가 충족되어야 하는데 이에 부합되는 것이 색조 제품군이었기 때문이다.

첫째, 이미 잘 알려져 있는 유명 브랜드여야 한다. 이미 오프라인에서 인기를 누리고 있고 잘 팔리는 제품이어야 성공 가능성이 높다. 따라서 기초 부문은 상대적으로 어렵지만 색조 부문은 유명 메이크업 아티스트와 공동 브랜딩을 추진하면 유명 브랜드로서 위상을 용이하게 확보할 수 있었다. 왜냐하면 공동 브랜딩을 통해 메이크업 아티스트로부터 명성을 보증받을 수 있기 때문이다.

둘째, 제품 특징을 쉽게 설명하고 비주얼적으로 더욱 명확하게 보여줄 수 있어야 한다. 따라서 색조 영역은 시각적 표현에서 기초보다는 훨씬 용이한 부분이 있었다.

셋째, 홈쇼핑 특성상 항상 새로움을 부여해주어 지루함을 탈피하여 소비자에게 새로움을 제공해주어야 한다. 색조는 시즌별로 화장 패턴이 다르기 때문에 3개월 단위로 항상 새로운 신제품을 제시하는 데 유리했다.

이와 같은 이유로 색조 제품이 홈쇼핑에서 기초보다는 유리할 것으로 판단되었다. 색조는 패션 제품이기에 한 번 히트하면 대박 행진을 계속할 수 있는 매력 있는 영역이었다.

브랜드 개발: 메이크업 아티스트 브랜드를 표방하다

메이크업 아티스트 브랜드를 표방하고 본격적인 브랜드 개발에 착수했다. 메이크업 아티스트는 조성아 원장으로 결정하였고 그와 함께 제품 브랜드 개발을 진행하기로 하였다. 그에 앞서 우선 외국 메이크업 아티스트 브랜드의 성공요인들을 분석해보았다.

외국의 메이크업 아티스트 브랜드의 성공요인들

외국의 메이크업 아티스트 브랜드는 어떻게 해서 현재의 명성을 얻게 되었는가? 다음과 같이 네 가지로 요약된다.

- 브랜드 콘셉트와 개성의 차별화
- 스토리텔링을 통한 이미지 메이킹
- 혁신적인 제품의 강력한 입소문 효과
- 브랜드 이미지에 포커싱된 장기적 커뮤니케이션 캠페인 운영

현재 로레알 그룹의 '슈에무라'는 1958년 설립되었다. 브랜드 콘셉트는 '아름다운 피부를 위한 메이크업'을 표방하고 있다. 특이점은 세계 최초 메이크

업 아티스트 브랜드로 세계 최초의 클렌징 오일을 개발했다.

또한 현재 에스티로더 그룹의 '맥MAC'은 1985년 설립되었다. 브랜드 콘셉트는 드라마틱하고 화
려한 메이크업을 표방하면서 전 세계 유명 메이크업 아티스트를 보유하고 있다. 이들은 맥 프로팀을 운영하여 연극, 영화, 뮤지컬 배우 메이크업 룩을 통한 프로모션을 전개해나가고 있다.

에스티로더 그룹의 '바비브라운'은 1991년 설립되었다. 브랜드 콘셉트는 '간편하고 현실적이며, 자연스러운 메이크업'을 표방하고 있다. 이들은 바비브라운 자서전 출시 등을 통해 PI Personal Identity 활동, 또한 매장 방문 시 무료 메이크업 서비스 등을 활발히 전개하고 있다.

메이크업 아티스트 조성아 원장과 브랜드를 개발하다

외국의 유명 메이크업 아티스트 브랜드를 표방하고, 이에 부합하는 타깃을 설정하였다. 타깃으로 설정한 고객들은 전형적인 한국 사회의 20대 후반의 표준 라이프스타일이다. 그들의 프로파일은 이렇다.

서울에 사는 29세에 접어든 여성으로, 4년제 대학 졸업 후 중견 패션 회사 MD로 일하고 있다. 주로 케이블 TV의 도전 리얼리티 쇼를 즐겨 보고 싸이월드 미니홈피와 자신의 관심 분야인 와인과 사진 클럽 활동을 월 1회 이상 하고 있다.
정보를 검색할 때는 네이버 검색과 블로그를 주로 이용한다. 출퇴근이나 약속이 있을 때는 지하철과 버스를 타는 경우가 대부분이며, 가끔 남자친구가 데리러 올 때에만 승용차를 이용한다. 겨울에는 보드, 봄·가을에는 요가나 댄스를 배우며

몸매를 가꾸고, 연 1회 이상은 가까운 외국에 쇼핑, 관광을 목적으로 나가고 있다. 평일 저녁이나 휴일에는 강남과 홍대 등지에서 자주 친구들을 만나며 주말에는 브런치 모임을 갖거나 공연 혹은 영화와 같은 입소문 난 문화생활을 월 3회가량 챙겨서 경험하고 있다.

성형에 대해서도 떳떳하며, 실제로 한 군데 이상 했거나 관심이 있다. 성형이란 남에게 예쁘게 보이기 위해서가 아니라 자신에게 당당하기 위해서라고 생각한다.

핵심 고객의 특성을 고려하여 그들의 라이프스타일에 부합하는 브랜드 개발은 세 가지 방향에 초점을 두었다.

전문가의 노하우를 최대한 반영하여 누구나 쉽게 자신의 아름다움을 드러낼 수 있는, 소비자의 피부를 생각하는 스킨케어 중심으로 색조 기본 기능에 충실하며 자연스런 색감 표현이 가능한 '메이크업 아티스트 브랜드'를 표방했다.

일반적으로 소비자의 색조 제품에 대한 니즈를 나타내는 그룹은 연예인이다. 즉 연예인 모방이 그들의 색조 니즈라 할 수 있다. 이러한 특징을 담은 색조 제품이 바로 '메이크업 아티스트' 브랜드다.

조성아 원장은 '메이크업 아티스트' 브랜드로는 최적이었다. 조성아 원장의 이미지는 메이크업 아티스트의 특성을 잘 반영하고 있고, 연예인 메이크업에 노하우가 있으며, 내추럴·투명 메이크업의 대가로 연예인 스타일 디렉터로서 널리 알려져 있었다.

따라서 제품 콘셉트는 홈쇼핑 채널의 구매를 선호하는 26~38세의 직장인 혹은 젊은 주부층을 대상으로 한 스킨케어 지향의 전문색조 메이크업 제품으로 방향을 설정했다. 왜냐하면 최근 홈쇼핑 색조 판매의 주력 품목이며, 연예인 메이크업의 대표 주자인 조성아 원장과의 연계성이 높은 베이스 메이크업이 핵심을 이루고 있었기 때문이다.

이름이 뭐예요?: 메이크업 아티스트 조성아와 만나다, 조성아 루나

메이크업 아티스트 '조성아'와 애경의 새로운 색조 브랜드 '루나'가 만났다. 절묘한 시점에 절묘한 역량이 한데 어우러졌다. 이러한 공동 브랜딩은 성공의 핵심이었다. 공동 브랜딩이란 하나의 제품에 둘 이상의 잘 알려진 브랜드를 결합하는 것으로 이를 적절히 이용한다면 강력한 브랜드를 구축하는 데 효과적인 방법이다.

루나: 내추럴의 투명 메이크업으로 탄생하다

'여성들의 미에 대한 소망과 꿈을 담은 빛을 향한 투명 메이크업'이 콘셉트다. 더불어 이미지는 세련된, 트렌디한, 투명한, 순도 높은, 고급스러운, 반짝이는 그런 느낌을 지향한다. 이런 콘셉트를 반영하여 제품은 피부를 투명하고 빛나게 만드는 메이크업 라인으로, 바르는 순간 촉촉하고 가벼운 느낌으로 한 가지 제품에서도 두 가지 특징을 지니며, 최소한의 아이템으로 개개인에게 맞는 완벽한 메이크업을 완성해준다.

또한 최신의 트렌디한 메이크업을 쉽고 무난하게 할 수 있는 제품으로 피부를 윤기 있고 촉촉하게 수분을 공급해주는 트리트먼트 메이크업 제품이다.

이러한 특징들을 담은 브랜드 네임으로 'LUNA'가 확정되었다. 이는 'LUCID+NATURAL'의 합성어. 내추럴·스킨케어 콘셉트를 반영한 메이크업으로, 빛을 발할 정도로 투명하고 맑게 표현되는 고급 메이크업으로 포지셔닝했다.

유명인 활용의 이점

성공한 브랜드는 반드시 신뢰의 요소를 지니고 있다. 이런 신뢰의 요소는 브랜드를 마케팅하는 데 늘 중추적 역할을 한다. 일반적으로 신뢰의 원천은 이렇다.

- 새로운 카테고리의 최초의 브랜드다.
- 새로운 기술을 처음으로 상용화한 브랜드다.
- 새로운 속성을 주장한 첫 번째 브랜드다.
- 권위 있는 제3자가 인정한 첫 번째 브랜드다.

특히 홈쇼핑의 경우 신뢰의 요소는 매우 중요하다. 채널 특성상 제품을 직접 만져볼 수가 없기 때문에 신뢰의 요소는 중요한 구매준거가 된다. 따라서 신제품 출시를 통한 홈쇼핑 진입은 소비자들로부터 신뢰를 얻기 위해서 신제품과 연계된 유명인 활용이 좋은 수단이 된다. 유명인을 활용하는 방법은 이렇다.[1]

첫째, 브랜드 홍보 측면에서 어떤 제품을 손에 들고 있는 유명인의 모습이 사진이나 영상으로 퍼질 때, 특히 그 모습이 일상적이고 자연스러울 때 그 제품의 매출이 치솟는다. 가령 유명인이 나와 "안녕하세요. 우리는 이것이 정말 좋은 제품이라고 생각해요"라고 말하는 광고를 우리는 많이 접한다. 난 소중하니까 연예인 화장품을 쓴다.

둘째, 의사 추천이나 피부전문의 승인과 같은 인증 마크를 쉽게 발견할 수 있다. 최근 많은 화장품이 피부과 의사가 만든, 혹은 인증한 제품으로 시장에 진출해 있다.

셋째, 브랜드가 된 유명인을 제품의 네이밍으로 활용한다. 유명인이 된 연예인이나 스포츠 선수의 경우 그들의 이름을 브랜드로 활용하는 것만으로도 신뢰를 제공해줄 수 있다. 이보다 더 좋은 수단은 그 분야의 전문가가 제품의 네이밍으로 활용하는 것이다. 물론 그 분야의 전문가는 유명인이어야 한다. 가령 화장품 색조의 경우 메이크업 아티스트가 만든 브랜드는 최고의 신뢰를 제공해준다.

공동 브랜딩: 메이크업 아티스트 '조성아'와 애경의 '루나'가 만나다

앞서 언급했듯이 홈쇼핑은 직접 보고 만지지 못한 채 쇼핑해야 하기에 신뢰성이 매우 중요한 요소다. 제품에 대한 신뢰의 결핍은 소비자들에게 큰 스트레스로 작동한다. 고민하지 않고, 시간을 들여 검토해보지 않아도 살 수 있는 제품과 서비스를 찾게 된다. 기존에 오프라인에서 성공했던 브랜드를 홈쇼핑에서 판매하는 것은 신뢰할 수 있다. 그래서 홈쇼핑 방송을 보면 쇼호스트는 "이 제품은 백화점에 있는 제품과 동일합니다"라고 외친다.

따라서 새로운 브랜드를 만들어 홈쇼핑에서 판매하는 것은 그리 쉬운 일이 아니다. 화장품의 경우, 그것도 색조 화장품의 경우 홈쇼핑에서 새로운 브랜드로 판매하는 것은 많은 위험이 따를 수 있다.

이를 극복하는 방법으로 잘 알려진 유명 메이크업 아티스트와 공동 개발한 제품을 메이크업 아티스트가 직접 방송에 출연해서 판매한다면 신뢰를 제공해줄 수 있을 것이다. 물론 이때까지는 메이크업 아티스트와 공동 브랜딩을 통해 홈쇼핑에서 판매하고 있는 경우는 없었다.

따라서 메이크업 아티스트로 조성아를 선택하게 되었고, 이렇게 해서 탄생한 것이 '조성아 루나' 브랜드였다. 조성아 루나의 공동 브랜딩을 통해 다음과 같은 이점을 확보할 수 있다.

조성아 루나는 유명 메이크업 아티스트 조성아의 실제 이름을 제시함으로

써 소비자들이 유명인이 보증하는 제품이라는 믿음을 가지게 되고, 믿음을 가지게 된 소비자들은 제품의 열렬한 지지자를 확보할 수 있다. 시장진입 초반부터 조성아라는 유명인을 따르는 추종자들을 조성아 루나의 추종자로 만들게 되는 이점을 제공한다.

또한 메이크업 아티스트 조성아와 공동 브랜딩은 신뢰의 요소만 제공하는 것이 아니다. 조성아 루나는 메이크업 아티스트 조성아가 직접 참여함으로써 일반 제조 메이커의 색조 제품보다 더 전문제품으로 인식할 수 있게 한다.

카메라 시장을 보자. 일반 시장을 위한 캐논Canon과 미놀타Minolta는 가족 사진 촬영이 손쉬운 제품이라는 이미지를 가지고 있다. 반면 니콘Nikon은 오랫동안 전문 사진작가를 위한 브랜드로 알려졌다. 니콘은 '전문 사진작가를 위한 바로 그 카메라'라는 이미지가 강하게 형성되어 있다.

이처럼 전문가는 자신의 전문적 지식을 차별화 전략으로 사용할 수 있다. 전문가의 신뢰를 파는 보증 효과로 그 분야의 전문가, 권위자가 제품을 제조하는 데 참여했다면 그 제품의 신뢰도는 다른 제품에 비해 월등히 높다. 단지 전문가나 권위자가 제품을 사용했다는 것만으로 신뢰감이 형성되기도 한다.

심리학자 빅맨은 권위적인 복장만으로 사람들을 순한 양처럼 만드는 것이 얼마나 쉬운지 증명했다. 빅맨은 평상복과 경찰복을 입은 실험 보조자를 내세워 행인들에게 쓰레기를 줍거나 잠깐 서 있으라는 지시를 내리도록 했다. 이 실험에서 평상복을 입고 지시를 하는 경우는 대부분의 사람이 지시를 따르기는커녕 오히려 이상한 사람 취급을 했다. 그러나 경찰복을 입은 실험 보조자의 지시에는 놀랍게도 많은 행인이 순순히 따랐다. 이처럼 권위를 상징하는 복장에 따라 사람들의 태도나 행동이 달라지는 것을 '권위의 효과'라고 한다.[2]

메이크업 아티스트 조성아: 마케팅 활동에 직접 참여하다

앞에서 유명인을 활용하는 세 가지 방법에 대해 설명했다. 그중에서 유명인을 제품의 브랜드로 활용했을 뿐만 아니라, 그는 마케팅 활동에 직접 참여했다.

메이크업 아티스트 조성아: 제품개발을 진두지휘하다

애경의 큰 강점은 홈쇼핑 전용 제품을 개발하는 팀이 있다는 점이다. 제품개발팀은 여성 팀장을 중심으로 4명이 근무하는 전문가 집단이었다. 이들은 홈쇼핑 전용 제품의 개발에만 주력했다. 특히 이들이 실무적으로 주축이 되고 메이크업 아티스트 조성아가 제품개발을 진두지휘하며 함께 콘셉트를 구체화해나간다.

한 팀으로 운용됨으로써 처음부터 마지막까지 모든 방향의 일관성을 유지할 수 있었다. 제품개발에 참여한 조성아는 홈쇼핑 방송에서 제품 특징이나 제품개발 과정에서의 스토리 등을 풀어놓으면서 소비자들에게 더욱 신뢰를 얻게 하는 동인으로 작용했다. 방송 멘트의 생생함을 느낄 수 있었다.

이처럼 메이크업 아티스트 조성아는 단순한 공동 브랜딩으로서의 역할만이 아니라, 제품개발을 진두지휘했다. 색조화장품의 특성상 시즌별로 새로운 패턴의 색조화장품을 개발해야 한다. 시즌별 특성을 고려한 화장 패턴의 개발이 홈쇼핑에서 성공을 좌우할 수 있는데, 이를 메이크업 아티스트 조성아가 직접 참여함으로써 제품의 트렌드를 이끌어나갔다.

메이크업 아티스트 조성아: 방송 게스트로 활동하다

유명 전문가가 직접 개발한 제품을 소비자들에게 권하며 판매하는 방식이야말로 제품의 전문성과 신뢰성 등 두 마리 토끼를 동시에 잡을 수 있다. 메이크업 아티스트 조성아는 직접 홈쇼핑 방송에 참여했다.

메이크업 아티스트 조성아는 제품 특징뿐만 아니라 개발 과정에서의 에피소드, 트렌드, 미용 지식 등 여러 소재를 활용하여 생생한 스토리텔링으로 방송을 진행할 수 있었다. 방송 자체가 재미있는 강의처럼 들리기도 하고 또한 현장에서 대면하면서 판매하는 생생함도 보여주었다. 이것이 가능했던 것은 자기 주도적으로 직접 제품개발을 진두지휘했기 때문이다.

조성아가 매 방송 출연하여 제품개발의 히스토리부터 제품 특징 그리고 가장 중요한 메이크업 아티스트로서의 화장법 등을 꼼꼼히 생생하게 설명해 주자 소비자들의 호응은 가히 폭발적이었다. 이야기 중심으로 풀어나가는 방송 멘토는 강력한 힘을 발휘했다. 그 누가 빨려들지 않을 수 있겠는가?

또한 방송 시 조성아 원장이 직접 게스트로 참여하면서 조성아 원장 프로필 소개와 함께 연예인 인터뷰, 성분 자료 제시, 뷰티 기삿거리 제공, 잡지사 및 신문사 인터뷰 등을 활용하여 신뢰의 강도를 한층 더 높여주었다.

대박! 대박! 대박!: 매진 행렬이 계속되다

루나 브랜드는 2006년 9월 출시 이후 단기간에 성장을 구가하며, 2007년 연간 240억 매출을 달성했다. 그 이후 조성아 루나는 GS홈쇼핑 기준으로 3년 연속 매출액 5위 안에 드는 최고의 브랜드로 자리매김했다. 특별 판매의 방송을 진행할 경우 2시간에 12억 원의 매출을 달성하기도 했다. 엄청난 위력을 발휘했다. 젊은 여성 소비자들 사이에서 '조성아 루나' 브랜드의 인지도는 매우 높은 수준에 이르렀다. 이들은 한 시즌이 끝나갈 무렵 다음 시즌의 패턴을 기다리는 고객을 뛰어넘는 '팬'이 되어 있었다.

이처럼 홈쇼핑 채널에서 단기간에 대박의 매진 행렬을 이루어 확실한 색조 전문제품으로 자리 잡게 한 요인은 무엇인가? 무엇보다 다음의 두 가지가 중요한 성공요인이었다.

첫째, 토요일에 진행하는 SBS 오디션 프로그램 〈K팝스타〉에서 배우는 한 가지의 지혜. 혼자일 때는 큰 능력을 발휘하지 못하지만 팀을 구성할 경우 굉장한 시너지 파워를 분출하는 경우를 볼 수 있다. 왜 그럴까? 혼자서는 평범하더라도 다른 상황context과 결합하면 독창성을 발휘할 수 있기 때문이다. 개인 혼자서는 눈에 띄지 않지만 그룹을 형성하면 엄청난 시너지와 독창성을 발휘한다.

이런 현상은 비즈니스 세계에서도 동일하게 적용된다. 조성아 루나의 성공요인은 무엇보다 메이크업 아티스트 조성아와 루나의 공동 브랜딩에서 그 이유를 찾을 수 있다.

메이크업 아티스트 조성아는 공동 브랜딩을 통해 직접 제품개발에 참여하고, 방송에 게스트로 참여하여 제품에 대한 진솔한 이야기를 통해 '루나' 브랜드의 신뢰를 굳건히 해주었다.

특히 전통 기업들은 고객에게 매스 커뮤니케이션을 통해 브랜드를 센뇌시키지만, 조성아 루나는 홈쇼핑 방송에 고객과 진솔한 커뮤니케이션을 통해 신뢰를 얻었다. 더불어 이러한 신뢰의 바탕 위에서 고객을 뛰어넘는 '팬'을 확보했다.

이러한 신뢰성은 바로 조성아의 장인정신에서 나왔다. 장인정신을 가진 건축가는 결코 모래 위에 집을 짓지 않는다. 반석 위에 짓든지, 모래밭이라면 반석이 나올 때까지 모래를 파서 집을 짓는다. 고려와 조선 시대의 도공들은 제대로 된 도자기를 만들기 위해 완성된 도자기들을 수도 없이 깨뜨려 내버렸다.

둘째, 적기에 제품을 개발할 수 있는 역량을 보유하고 있었다. 제품 특성상 매 분기 새로운 메이크업 룩을 개발하여 적기에 방송해야 한다. 또한 새로운 패턴으로 트렌드를 주도할 수 있어야 한다. 이런 모든 제품개발 체계가 다른 회사들에서는 거의 찾아볼 수 없을 정도로 홈쇼핑 전담 제품개발의 짜임새 있는 역량을 갖추고 있었다.

이제 메이크업 아티스트 조성아의 명성과 전문성을 활용한 '조성아 루나'는 색조 전문 브랜드로 소비자들의 마음에 확고히 자리 잡았다.

고객이 아닌 팬이 존재한다

앞에서 설명한 것처럼, 조성아 루나는 고객이 아닌 팬이 존재한다. '고객'이 아닌 '팬'임을 증명하는 것으로 매 시즌이 끝날 때쯤 미처 구매하지 못한 고객, 그리고 다음 시즌 제품에 대한 기대에 줄을 서 있었다. 이러한 욕구를 충족시켜 주기 위해 애경은 리얼스킨(www.realskin.co.kr) 쇼핑몰을 운영하여 이들의 요구에 응해주었다. 이것은 팬이 존재하기에 가능하다. 그러면 팬의 의미를 되새겨보자.

뮤지션은 고객이 없다[3]

"뮤지션은 고객이 없다"라는 말이 있다. 오로지 팬만 있을 뿐이다. 그렇다면 왜 뮤지션은 고객이 아닌 팬만 존재하는 것인가? 가령 뮤지션 '조용필'을 보자. 우리는 왜 뮤지션 조용필에게 끌리는가? 그가 탁월한 뮤지션이라는 점만으로는 그 이유를 설명할 수 없다. 그가 자신의 일을 즐기고 있는 모습에 매료되어 그를 좋아하게 된 것이다.

회사 역시 고객이 아닌 팬이 있다면, 회사가 다음에 출시하는 제품이나 서비스에도 팬들은 공감하고 지지해줄 것이다.

그렇다면 고객을 팬으로 만드는 방법은 무엇인가? 팬을 만들기 위해 가장 간단한 방법은 자신이 지금 하는 일을 마음속 깊이 즐기는 것이다.

"FUN = FAN"

모든 것은 이 말 속에 집약되어 있다. 자신의 일을 사랑하고 그 일을 즐기고 있다는 사실이 고객에게 전해진다면 팬은 반드시 생긴다. 일을 즐기고 있는 당신의 모습을 남에게 보일수록 당신의 팬, 회사의 팬은 늘어난다.

가령 A사, B사 중 선택해야 한다면 고객들이 함께하고 싶다고 생각하는 곳은 밝고 즐거워 보이는 회사다. 해바라기가 항상 해가 있는 쪽을 향하는 것과 마찬가지다. 고객은 밝은 회사, 즐겁게 일하는 사람에게 끌리고, 그런 회사의 팬이 되는 것이다.

작은 표적을 겨냥하고 넘치게 대접하라

이동연 한누리교회 목사의 저서 《JESUS CMO》에 허브 고객에 대한 얘기가 나온다. 책에서 허브 고객은 설득력을 가지며, 씨 뿌리는 사람으로 설명하고 있다.

예수는 사마리아 여인의 아픔을 어루만져 허브 고객으로 만들었다. 예수가 사마리아 지역에서 거둔 성공은 입소문을 낼 여인을 고객으로 만든 덕분이다. 예수가 여인 대신 그 마을의 과묵한 어른이나 체면을 중시하는 촌장을 만나 설득에 성공했다고 하더라도 마을 사람 전체를 고객으로 삼기는 어려웠을 것이다. 사마리아 여인처럼 입소문을 빠르게 퍼뜨릴 수 있는 허브hub 고객을 찾아야 한다.

허브 고객은 설득력을 가진다. 그들은 씨 뿌리는 사람seeder이다. 하지만 허브 고객이 유명인사이긴 하지만 거짓말을 자주 하는 사람이면 곤란하다. 허브 고객은 믿음직스러워야 한다.

예수는 처음부터 사마리아 한 마을 전체가 자신을 받아들이리라 기대하지 않았다. 우연히 우물가에 갔다가 거기 찾아온 여인을 한눈에 알아보고 그 여인을 허브로 삼았다. 예수가 의도적으로 허브 고객을 찾으려 했다면 아마도 사마리아 마을로 들어가 연장자나 촌장 정도를 만났을 것이다.

우물가는 인근 마을의 사람이라면 누구나 물을 길러 오는 곳이다. 예수가 일부러 사람이 다니지 않는 정오에 맞춰 우물가를 찾은 것은 아니다. 허브 고객은 우연히 만나게 되는 경우가 많다.

누가 사람들이 모두 낮잠을 자는 시각에 물을 길러 다니는 여인을 허브로 보겠는가? 그러나 예수는 사람을 겉모습으로 보지 않았다. 마케터는 평소에도 모든 사람을 허브 고객처럼 소중하게 대해야 한다. 우연히 만난 가련하고 아무 영향력도 없어 보이는 여인 한 사람에게 쏟은 작은 정성으로 예수는 큰 보답을 얻었다. 사람은 누구나 자신의 절실한 필요에 진실한 태도로 공감해주는 사람에게 마음을 열게 마련이다.[4]

기업이 고객과 깊은 관계를 맺는 방법은 고객과 함께 먹고 마시고 여행을 하는 등의 경험을 나누는 것이지만, 일일이 모든 고객과 그런 경험을 나누기란 현실적으로 불가능하다. 그래서 입소문의 허브 역할을 할 수 있는 광고나 홍보 또는 중요 인사를 집중적으로 공략해야 한다.

따라서 큰 욕심을 버리고 적은 수의 고객을 극진히 대접해야 한다. 이를 통해 이들을 회사의 대변인으로 육성해야 한다. 더욱이 디지털 세상에서 한 사람의 팬 고객은 10명과 동일하다. 가령 100명의 팬 고객을 확보하면 궁극적으로 1000명의 고객을 확보한 것이나 다름이 없다.

작은 표적을 겨냥하고 넘치게 대접함으로써 이들을 팬으로 확보할 수 있다. 이것은 단순 고객이 아니라 팬을 만드는 방법이다.

그러나 미래 대응의 부족: 오프라인의 전문 숍으로 진출하다?

단기간에 큰 성공을 거둔 루나 브랜드는 한편으로는 안정적인 성장을 확보하는 것이 최대의 화두가 되었다. 왜냐하면 홈쇼핑 채널에서 단기간에 성공한 많은 브랜드들이 반짝 나타났다가 곧 이내 사라지는, 즉 롱런화에 실패했기 때문이다. 따라서 루나의 핵심 과제는 세 가지에 초점이 맞추어져 있었다. 첫째, 프리미엄 이미지 확보를 통한 수익성 증대, 둘째 매출의 안정성 확보, 셋째 롱런화, 즉 장수 브랜드로 자리 잡는 것이다.

따라서 톱 메이크업 아티스트의 노하우를 통한 트렌드를 선도하는 메이크업 전문 브랜드로 온라인뿐만 아니라 오프라인 진출을 통해 국내 최고의 색조 전문 브랜드로 자리매김하는 것이 암묵적으로 요구되고 있었다. 생활용품 마케팅 본부장으로서 나는 이 점을 옆에서 항상 강조해주었다.

특히 2008년 이후 조성아 루나의 성공을 계기로 경쟁사들이 너 나 할 것 없이 홈쇼핑으로 진출해 경쟁이 심화되고 있었다. LG, 아모레퍼시픽, 엔프라니 등 여러 회사가 앞다퉈 홈쇼핑 시장에 진입하면서 유명 메이크업 아티스트와 손잡고 출시하는 공동 브랜딩이 하나의 트렌드로 자리 잡았다. 가령 현대홈쇼핑의 정선희 '세네린'(정선희를 내세운 '손쉬운 맞춤 화장' 콘셉트 강조), CJ홈쇼핑 김선진(심은하 메이크업 아티스트) '카렌' 등 여러 브랜드가 진입하기 시작했다. 따라서 한정된 홈쇼핑 고객의 한계를 극복하기 위한 채널 확장 및 중장기 롱런화를 위한 브랜드 활동이 요구되는 시점이기도 했다.

따라서 루나의 성공 핵심역량을 오프라인에 구현하자는 여러 논의가 시작되었다. 그동안 조성아 루나를 통해 획득한 성공 핵심역량은 세 가지로 압축된다. 이러한 세 가지 핵심역량은 색조 비즈니스에서는 엄청난 자산이라고 생각한다.

- 'Easy & Fast'로 메이크업 아티스트의 노하우를 쉽고 간편하게 소비자가 직접 구현할 수 있는 메이크업 제시
- 'Trend Provider'로 트렌드를 리드하는 메이크업 룩 제안. 따라서 매 시즌 메이크업 룩을 제안하여 고객이 아닌 팬을 확보했다. 하나의 시즌 메이크업 룩이 나오고 나면 다음 시즌의 메이크업 룩을 기대하는 팬을 확보하고 있었다. 최근의 아이폰이나 갤럭시 역시 고객이 아닌 팬을 확보하고 있지 않은가?
- 'Dramatic Look'으로서 비포앤애프터, 미용법 등의 동영상을 활용한 효과적이고 극적인 룩 전달

위의 세 가지 요소들은 특히 메이크업 영역에서는 매우 중요한 핵심역량이다. 이러한 역량을 조성아 루나의 성공을 통해 확보하고 있었다. 이 핵심역량을 오프라인의 백화점 전문매장 진입을 통해 강력하게 소구할 수 있을 것이다.

이러한 오프라인 연계의 비즈니스 진입을 주장하는 이면에는 공동 브랜딩의 불안정에서도 기인하고 있었다. 조성아와 공동 브랜딩은 홈쇼핑에서 성공의 최대 강점으로 위력을 발휘했지만, 항상 염려되었던 부분은 과연 홈쇼핑에서 메이크업 아티스트 조성아가 애경과 장기간 원윈을 할 수 있을 것인가였다. 메이크업 아티스트 조성아는 언제든지 독자 행보를 할 가능성이 있었다.

이러한 불안 요소를 극복할 수 있는 방법은 무엇인가? 그것은 오프라인으로의 진출을 모색해야 한다는 점이었다. 메이크업 아티스트 브랜드로 오프라인 매장, 특히 백화점 등을 거점으로 단계별로 매장을 구축하는 것이 미래의 불확실성에 대응할 수 있는 대안이기도 했다.

따라서 오프라인 진입을 위한 다양한 계획들이 제안되었지만, 결국은 실행에 옮기지 못했다. 그 이후 결국 조성아와 애경의 결별로 이어졌고 각자 독자적인 길을 걷게 되었다.

현재 메이크업 아티스트 조성아는 독자적인 회사를 설립하여 홈쇼핑을 중심으로 비즈니스를 왕성하게 전개하고 있다. 반면 조성아와 결별한 루나는 재기를 도모하며 홈쇼핑 진행을 시도하고 있다. 한 번 잃어버린 고객을 되돌리는 것은 그리 쉽지가 않아 보인다.

CHAPTER 12

[사소한 곳에서
차별화하기]

| 클로켄 | 패키지 디자인을 혁신하다

클로켄
패키지 디자인을 혁신하다

첫째 날 느낀 생각들: 전사적 조직에 마케팅 문화를 심다

남녀 간 미팅에서 첫 대면의 1초에서 상대방에 대한 호감이 결정된다고 한다. 마찬가지로 어떤 회사를 방문해보면 사무실 문을 여는 순간 들어오는 첫 느낌이나 분위기가 회사의 현재 수준을 진솔하게 보여준다.

사무실에 들어서는 순간의 느낌이 그 회사의 수준이다

설렘 반 걱정 반으로 2010년 1월 3일 주방생활용품 전문회사인 코멕스KOMAX에 힘찬 첫발을 내디뎠다. 출근 시간보다 약 1시간 늦게 출근을 했다. 이유는 직원들이 모두 출근한 상태에서 사무실의 첫인상을 느껴보고 싶었기 때문이다. 사무실에 들어서는 순간 직원들의 일하는 모습, 앉아 있는 자세, 표정, 보고 있는 자료 등을 한눈에 확인할 수 있었다. 첫 느낌은 이랬다.

얼굴 표정들이 뭔가 어둡고 침체되어 있는 듯했고, 복장 역시 그리 밝아 보이지 않았다. 그들의 얼굴에는 근심 어린 중압감 같은 뭔가로 가득 차 있는 것 같았다. 38년 된 회사치고는 모든 것들이 무겁고 어두워 보였다. 특히 소비재 산업의 사무실은 보통 시끄럽고 시장 장터 같은 분위기를 느낄 수 있다. 이는 조직이 현장과 함께 살아 있다는 모습을 보여주는 것이다. 그러나 코멕스의 사무실 분위기는 그러한 모습과는 다소 거리가 있어 보였다.

근무 첫날부터 무거운 분위기 속에서 직원들이 일하는 모습을 관찰하고 질문하면서 그들의 입을 통해 나타난 몇 가지 특징들을 찾아볼 수 있었다. 이는 여느 작은 중소기업들에서 나타나고 있는 특징들과 크게 다르지 않았다.

- 좋은 제품을 만들었는데 팔리지도 않고 고객도 찾아오지 않는다. 오히려 고객은 줄고 있다.
- 고객에게 메시지를 전달하는 것이 서툴러서 고객과 커뮤니케이션하는 데 애를 먹고 있다.
- 제품은 팔리지만 이익이 나지 않는다. 재방문 고객이 적고 일회성 매출로 끝난다.
- 인재가 모이지 않아서 유능한 직원이 없다. 우수한 인재가 있어도 금방 그만두고 나간다.
- "가격 좀 깎아주세요"라는 불합리한 클레임이 늘어났다. 일이 즐겁지 않고 언제나 고객과 전쟁을 치르는 기분이다.
- 바쁘기만 하고 꼭 해야 할 일에 착수하지 못한다. 1년 앞도 보이지 않고 뭔가 앞으로 나아가고 있다는 생각이 안 든다.
- 회사는 변하려고 하지만 직원들이 보수적이고 새로운 일에 도전하려 들지 않는다.

나는 이런 현상들을 보면서 깊은 고민에 빠졌다. 그 답은 흩어져 있는 힘을 한곳으로 모을 수 있는 모멘텀을 찾는 것이었다. 그 모멘텀은 바로 히트 상품 창출로 모아졌다.

전사적 조직에 마케팅 문화를 심다

어떤 시장에서든지 성공적인 제품들을 살펴보면 제품, 가격, 포지셔닝 그리고 유통의 제 요소가 갖추어져 있음을 우리는 잘 알고 있다. 그리고 이러한 마케팅 믹스가 계획대로 이루어지려면 기업 내의 여러 부서에서 일하는 사람들이 어떤 공통의 목표를 향해 열정과 참여를 보여주어야 한다.

그러나 자세히 들여다보니 코멕스의 조직은 사일로silo가 너무 많아 소통하기가 어려웠다. 사일로는 가축 사료인 사일리지를 만들어 보관하는 탑형의 저장소를 말하는 것으로 조직 각 부서가 다른 부서와 담을 쌓고 자기 부서의 이익만을 추구하는 현상을 말한다. 그래서 먼저 조직의 참여를 이끌어내도록 하는 것이었다.

예를 들어 신제품 개발 시에 브레인스토밍 회의를 개최하여 연구개발, 생산, 마케팅, 영업의 관계자를 참석하도록 한다. 현재 개발하고 있는 제품은 어떤 특징을 가지고 있는가? 그리고 그 제품이 과연 기존 제품보다 더 나을 것인가? 이렇게 모든 가능한 전략 대안들을 제시하고, 이에 대한 솔직한 의견 교환을 한 후에 회의에서 나온 의견들을 종합하여 결정을 내릴 수 있을 것이다.

마케팅 부문은 관여하는 일이 손으로 꼽기도 어려울 만큼 아주 많다. 특히 마케팅 부문의 역할은 '전체 조직을 잇는 연결 고리 혹은 조직이 매끄럽게 움직이도록 하는 윤활유'로 정의한다. 따라서 우선 전사적 조직에 마케팅 문화를 심으려고 애썼다. 마케팅은 지속적인 혁신과 변화가 필요하며, 고객의 요구에 즉각적이어야 한다. 따라서 조직 문화는 지시와 명령의 보수적이고 정체된 조직이 아닌, 토론이 활발하게 이루어지는 역동적 스타일이어야 한다.

반면 영업 부문은 가장 손쉽게 할 수 있는 방법만 추구하는 습성을 가지고 있다. 가령 매출을 올리기 위한 여러 판촉 중 가장 손쉬운 방법으로 가격 할인을 선택한다. 그래서 항상 가격 부문에 초점이 맞추어져 있다. 따라서 마케팅 부문과 항상 칼날을 세우고 있다. 왜냐하면 마케팅 부문은 브랜드력 강화에 힘을 쏟고 있기 때문에 가격 할인은 마케팅의 입장에서 최고의 해악이다. 또한 스태프 부서는 좀처럼 자기들의 프레임이나 원칙에서 벗어나려고 하지 않는다.

이런 특징들을 고려하여 모든 일상의 활동에 마케팅적 사고를 주문했다. 그래서 마케팅을 통해 전사적 차원에서 공동의 목표를 향해 함께 일할 수 있도록 여러 부서를 통합하려고 노력했다. 이러한 결과들로 기업 전체가 한 몸처럼 움직이는 전사적 마케팅의 조직 운영으로 변모할 수 있고, 더불어 기업 전체가 마케팅 부서처럼 고객 및 시장 중심적으로 되는 것이다. 따라서 다음과 같은 일들을 우선적으로 진행했다.

- 디자인, 상품기획 그리고 마케팅을 하나의 조직 단위, 즉 마케팅본부로 통합하여 운영
- 부족한 역량은 최대한 외부로부터 수혈. 즉 시장조사를 위한 모니터를 운영하고 모니터 중 우수자를 상품기획 및 개발에 직접 참여할 수 있도록 상품개발 TF팀을 상설 조직으로 운영
- 전 조직원의 아이디어 활용 및 각 분야에서의 전문성 활용을 위해 상품개발 과정의 초기 단계부터 참여
- 월례조회 등을 통해 전사적 마케팅 마인드 고취를 위해 내부 마케팅을 강화하기 위한 전문교육 실시

이제 전사적 마케팅의 조직 운영으로의 변화를 통해 단기적 목표는 히트 상품을 창출하는 것이었다. 히트 상품 창출만이 무겁고 어두운 조직 분위기를 단숨에 극복할 수 있는 유일한 방법이기 때문이었다.

코멕스는 '밀폐용기 전문회사'다?

1965년 창업한 코멕스는 국내에서 가장 오래된 밀폐용기 전문회사이지만, 어느덧 락앤락이 그 자리를 차지하고 있다. 밀폐용기 부문만을 고려한다면 락앤락이 900억의 매출을 올리고 있는 반면 코멕스는 고작 200억 정도에 불과했다. 오히려 코멕스는 다른 주방용품 영역인 고무장갑 등에서 더 많은 매출을 올리고 있었다.

사정이 이렇다 보니 코멕스의 사업구조는 밀폐용기뿐만 아니라 주방생활용품, 그리고 아웃도어 제품 등 사업 영역이 다양화되어 있었다. 따라서 코멕스는 밀폐용기 전문회사라기보다 주방생활용품 회사로서 인식되고 있었다. 물론 이것이 경쟁사인 락앤락보다 오히려 긍정적인 측면으로 작용하고 있었다. 왜냐하면 향후의 사업 확장성이 용이할 뿐만 아니라 사업의 포트폴리오 측면에서 오히려 유리했기 때문이다.

그러나 밀폐용기의 원조로서 코멕스는 취약해진 밀폐용기를 재건하는 일이 시급한 과제였다. 따라서 지금까지 회사를 있게 한 근간이 되는 밀폐용기 시장에서 다시 한 번 영광을 재현하는 것을 도전 과제로 설정했다. 다시 한 번 보령메디앙스에서의 성공 체험을 코멕스에서 재현해보겠노라고 다짐했다.

일반적으로 밀폐용기는 자칫 사양산업으로 인식하기 쉽다. 그러나 친환경 소재로의 진화 및 사용용도에서 다양화를 통해 시장이 세분화되고 있었다. 또한 보관만 하는 밀폐용기에서 탈피하여 투명하며 밀폐용기 그대로 식탁에

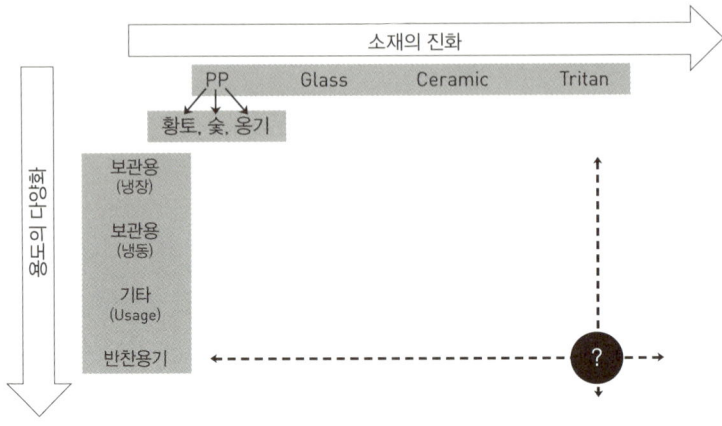

올릴 수 있도록 디자인된 테이블웨어table ware 개념의 제품으로 진화를 거듭하고 있었다. 특히 에코맘으로 대표되는 소비자들은 웰빙 트렌드에 따라 다음과 같은 친환경 제품에 대한 요구가 강했다. 에코맘Eco-mom이란 환경을 뜻하는 'Eco'와 엄마를 뜻하는 'mom'의 합성어로 일상생활과 육아에서 환경을 보호하고 친환경적인 생활을 실천하는 엄마들이다.

- 환경 호르몬은 배출되지 않을까?
- 무겁지는 않을까?
- 혹 깨뜨리지는 않을까?
- 열탕이나 스팀 소독에도 변형되지 않을까?
- 전자레인지에 사용해도 유해 성분이 나오지는 않을까?
- 내용물이 새지는 않을까?

이러한 요구에 따라 각광받고 있는 새로운 '트라이탄tritan' 소재로 한 제3세대 밀폐용기를 출시하기로 하고, 개발에 착수했다.

안정된 유통 경로와 제휴: GS홈쇼핑과 함께하다

락앤락은 미국의 유명 홈쇼핑에 진출하여 대대적인 성공을 거두었고, 이것이 오늘날 세계적인 밀폐용기업체로 성장하는 계기가 되었다. 코멕스 역시 새로운 방법을 모색하는 것이 필요했다. 우리는 국내의 홈쇼핑에서 성공 방정식을 찾아보는 것이었다.

국내 홈쇼핑은 주방용품이 매력적이다. 왜냐하면 방송 시청자들의 대부분이 주부들이기 때문이다. 코멕스의 고객들과 100% 일치한다. 이러한 환경에서 차별화된 제품을 전략적으로 밀어줄 수 있는 안정된 홈쇼핑과 제휴를 추진하는 것이 요구되었다. 밀폐용기의 원조로서 전통을 가지고 있는 코멕스와 홈쇼핑 1등인 신뢰의 GS가 공동 개발 및 판매를 추진하기로 했다. 때마침 홈쇼핑 업체에서 제조업자와 홈쇼핑 업체 간의 공동 브랜딩(혹은 제휴)이 하나의 유행처럼 자리를 잡고 있는 시기이기도 했다. 그 예로 앞서 살펴본 애경의 조성아 루나와 GS홈쇼핑이 제휴하여 큰 성공을 거두었다.

두 회사는 서로의 역할도 명확히 했다. 코멕스는 제품개발과 마케팅에 주력하고, GS홈쇼핑은 유통에서 판매에 주력하기로 했다. 그 결과 코멕스 입장에서는 안정적인 유통 경로를 확보했고, GS홈쇼핑에서는 제조 및 마케팅 파트너를 확실하게 확보하는 계기를 마련했다.

보관만 하는 밀폐용기는 이제 그만!

　그동안 나는 화장품, 생활용품, 유아용품의 비즈니스에서 몸담고 있었기 때문에 주방생활용품은 상대적으로 경험이 부족했다. 따라서 좀 더 밀폐용기의 활용 형태를 이해하는 것이 필요했다. 우선 여러 가정집을 방문하면서 냉장고와 식탁 위 반찬통을 유심히 관찰했다. 관찰을 통해 보여주고 있는 모습은 이랬다.

　일반적으로 대부분 가정에서 바쁘고, 귀찮고, 위생적이지 못하고 지저분해서 식탁에 그대로 내놓지 않는, 보관만 하는 밀폐용기일 뿐이었다. 어떤 가정집은 반찬을 보관하는 밀폐용기를 식탁에서 반찬 그릇으로 함께 사용하고 있다. 또한 어떤 가정집에서는 부피가 큰 반찬을 보관하는 밀폐용기를 반찬 그릇으로 함께 활용한다. 반면 부피가 작은 반찬을 보관하는 밀폐용기를 별도의 반찬 그릇에 내놓는다.

　이처럼 밀폐용기가 보관만 하는 밀폐용기로서의 고유 역할에서 점차 반찬 그릇을 겸하는 형태로 진화하고 있다는 사실이었다. 따라서 보관만 하는 밀폐용기를 탈피한 새로운 개념의 차세대 밀폐용기를 개발하기로 했다. 그것은 바로 새로운 개념의 원스톱 밀폐용기로 주방을 변화시키는 데 초점을 맞추는 것이었다.

　차세대 밀폐용기 개발을 위해 디자인은 GS홈쇼핑을 통해 미국의 유명 디자인 전문업체에 의뢰하여 작업을 진행했다. 특히 GS홈쇼핑 내부의 MD와 쇼호스트, 소비자들의 요구사항을 디자인에 충분히 반영하록 했다. 디자인 방향성은 네 가지 관점에서 진행되었다.

- 클린clean: 심플한 디자인과 세척의 편의성

- 프레시fresh: 단순, 기능적 접근의 보관용기에서 한 차원 업그레이드한 럭셔리 테이블웨어
- 휴먼human: 보관용기를 좀 더 식탁에 맞는 모양과 상냥한 색상으로 대체
- 인텔리전트intelligent: 안심할 수 있는 적재 시스템, 미끄러지지 않는 안전성

아울러 코멕스에서는 디자인 결과물을 바탕으로 기술적 설계 작업을 함께 진행해나갔다. 특히 기술적 설계 작업 과정에서 초기의 디자인적 문제점 등을 보완하면서 진행해나갔다.

이렇게 하여 새로운 테이블웨어 개념의 밀폐용기가 탄생하게 되었다. 새로이 탄생한 밀폐용기는 다음과 같은 특징을 가진 스마트한 테이블웨어 제품으로 세상에 선보이게 되었다.

첫째, 차별화된 럭셔리한 테이블웨어로 설계된 디자인이다. 고급 테이블 접시의 느낌을 그대로 살린 디자인은 테이블웨어뿐만 아니라 100% 밀폐력으로 보관용기로서의 장점을 최대한 살렸다.

둘째, 안심과 안전을 동시에 해소한 똑똑한 밀폐용기로서 이는 최근의 웰빙 트렌드에 맞춘 디자인이다. 특히 환경 호르몬인 비스페놀에 안심하고 사용하고, 제품 낙하 시 파손에 위험이 없는 안전한 밀폐용기로 디자인되었다.

셋째, 사용 시 그립감이 좋은 새로운 형태의 사각 디자인과 새로운 감각의 디자인이 장식된 다기능의 밀폐용기로서 기존의 밀폐용기와는 차별화된 디자인이다.

넷째, 새로운 소재의 밀폐용기로서 환경 호르몬에 무해하다. 신소재 트라이탄 밀폐용기는 유리처럼

투명하고 깨끗한 장점과 가볍고 단단한 플라스틱 장점을 동시에 만족시키고 있다.

이름이 뭐예요?: 클로켄

새로운 개념의 밀폐용기가 목표로 하는 타깃을 젊은 엄마(에코맘)로 설정했다. 이들은 웰빙 라이프를 추구하며, 친환경적이며 실용성을 갖추고 다소 비싸지만 감각적인 생활용품 소비 계층이다. 따라서 젊은 엄마들의 감성을 담아 외국 풍의 색다른 네이밍을 발상했다.

이렇게 해서 탄생한 브랜드 네임은 클로켄KLöKEN이었다. 클로켄은 스웨덴어로 '현명한, 똑똑한'이라는 의미로 가족의 건강과 안전을 책임지는 현명하고 똑똑한 밀폐용기를 표현하고 있다. KLÖKEN의 Ö는 유럽 브랜드 이미지를 주기 위해 디자인적으로 붙였다. 이는 기존의 네이밍 방식과는 확실히 차별화된 것이었다.

환경 호르몬은 물론 냉장·냉동고에서부터 식탁까지 한 번에 해결해주는 원스톱 친환경 밀폐용기가 바로 코멕스 '클로켄'의 핵심이었다.

- 친환경 Good
- 내열성, 내구성 Good
- 디자인 Good
- 편리성, 실용성 Good

이처럼 트라이탄을 소재로 한 가볍고 투명하며, 용기 그대로 식탁에 사용할 수 있는 혁신적인 친환경 테이블웨어 '클로켄'은 기존의 밀폐용기와는 차원을 달리했다.

한 끗의 차이: 패키지 디자인에 혁신을 담다

화장품 메이크업의 예를 보자. 메이크업은 개인 각자의 습관이다. 한 번 자리 잡은 자신만의 방법을 고치는 게 쉽지는 않지만, 사소한 차이가 메이크업의 큰 변화를 가져오기도 한다.

마찬가지로 비즈니스 역시 바로 그 한 끗의 차이를 통해 승리를 안겨줄 수 있다. 친환경 제품, 그리고 테이블웨어 개념의 고품격 밀폐용기를 표방한 클로켄은 차별화에서 2%가 부족했다. 한마디로 한 끗이 부족했다. 따라서 부족한 제품 차별화를 위한 극적인 반전이 요구되었다.

신선함과 순수함, 깨끗함의 미학[1]

한 실험에 의하면 호텔, 매장, 레스토랑의 여성 화장실에서 여성 중 5%만이 첫 번째 칸에 들어간다고 한다. 그 이유는 첫 번째 칸이 두 번째나 세 번째보다 더 더러울 것으로 짐작하기 때문이다. 신기한 현상이 아닐 수 없다. 여기서 중요한 사실은 청결(순수함)과 신선함에 대한 환상이 미묘하면서도 강력한 유혹이 될 수 있다는 점이다.

그러면 '신선함'이라는 단어가 들어가면 뭐가 제일 먼저 떠오르는가? 풀밭을 자유롭게 돌아다니는 소와 닭? 손으로 수확한 과일이나 꽃? 아직 줄기가 있는, 집에서 재배한 토마토?

이런 원리를 활용하여 대형마트의 식품매장에 들어서면 과일과 채소의 가격표는 칠판에 분필로 휘갈겨 쓴 모양을 하고 있다. 마치 농부가 자신이 수

확한 농산물을 싣고, 손에는 분필과 칠판을 들고 이마트 매장으로 와서 진열한 다음에 다시 트럭을 몰고 시골 농장으로 돌아간 듯하다.

이와 관련하여 마케터들은 '팜게이트farm gate'와 '팩토리게이트factory gate'라는 표현을 쓴다. 팜게이트는 소비자들의 마음속에 시골 농장의 (거짓)환상을 심어주는 마케팅 전략을 의미하며, 팩토리게이트는 실제로는 모든 것들이 공장에서 대량으로 생산된 것이라는 사실을 뜻한다.

하인즈 케첩은 특유의 붉은색을 통해 그것이 '진정한 토마토'라는 사실을 강조하고 있다. 토마토에서 추출한 물질로 만든 공산품임에도 마치 갓 따낸 토마토라는 인상을 전달하는 것이다.

신선함과 순수함의 환상을 심어줄 수 있는 또 다른 강력한 상징에는 '과일'이 있다. 주스 브랜드들은 포장 측면에 과일 이미지를 더 많이 집어넣을수록 소비자들이 더 신선하다고 느낀다는 사실을 오랜 경험을 통해 알고 있다. 키위, 오렌지, 망고, 딸기의 이미지들로 도배된 주스 제품들을 떠올려보자.

과일이나 채소의 이미지가 건강, 신선함, 청결과 관련하여 강력한 연상작용을 일으킬 수 있다는 연구 결과를 기반으로 기업들은 다양한 카테고리에서 과일이나 채소를 적극적으로 활용하고 있다.

밀폐용기의 패키지 디자인: 새로운 스타일을 만들다

디자인이 우리의 인식뿐 아니라 우리의 행동도 바꾼다. 어쩌면 "겉표지만 보고 책을 평가하지 말라"는 오래된 속담을 반복해서는 안 될지도 모른다. 표지가 중요하기 때문이다. 우리가 보고 느끼는 방식을 디자인이 바꾼다. 표지가 곧 책이며 포장이 곧 제품인 것이다.

제품을 진정으로 차별화하기가 점점 더 어려워짐에 따라 애플을 비롯한 기업들은 새로운 가능성을 깨닫게 되었다. 시각적으로 차별화된 제품을. 이처럼 우리는 외형의 시대에 살고 있다. 해리 벡위드의 저서 《언씽킹Unthinking》 중 '우리는 눈으로 생각한다'의 주제에서 다음과 같이 설명했다.

> 눈의 시대age of eye에 온 것을 환영한다. 짧은 시간, 수백 개의 선택, 그리고 뛰어난 품질이 지배하는, 순간적으로만 존재하는 이 새로운 삶 속에는 한 가지 놀라운 힘이 존재한다. 가장 밝은 섬광이. 무엇이 그런 섬광을 만드는 것일까? 비즈니스적 정의에 따르면 그것은 이미지요, 디자인이다.[2]

어느 날 매장 방문을 하면서 밀폐용기 매장에서 서성거리는 고객을 발견했다. 그 고객은 밀폐용기 내부에 제품 설명의 패키지가 제품 전체를 감싸고 있어서 제품 본래의 이미지를 시각적으로 파악하지 못하고 있었다. 순간 고객이 제품 자체의 특징을 시각적으로 확인할 수 있게끔 하는 패키지 디자인은 없는가 하고 생각하게 되었다.

그동안 기존의 제품들에서 왜 패키지 디자인을 소비자 관점이 아닌 메이커 관점에서 보여주었는가? 새로이 개발한 클로켄 제품은 유리에 준하는 투명성을 가지고 있기 때문에 소비자에게 제품 자체를 시각적으로 강력하게 보여주는 것이 필요했다. 이런 특징을 디자인에서 보여주고 싶었다. 이를 위해 새로운 패키지 디자인을 담당할 외부 업체와 함께 공동 작업을 진행하기로 했다.

그들에게 혁신적인 패키지 디자인을 요청했다. 우선 현장에서 관찰을 통해 패키지 디자인의 근본적인 문제점을 파악해보라고 요청했다. 그러고 난 후 그들에게 매장에서 가장 눈에 띄는, 그리고 제품의 특징을 가장 강력하게 시각적으로 눈에 띄게 보여주는 친환경적인 패키지 디자인에 초점을 맞출 것을 주문했다. 특히 디자인 방향성은 '신선함과 순수함의 환상을 심어줄 수 있는 패키지 디자인'에 초점을 맞출 것을 요구했다.

이런 조건에 부합하는 혁신적인 패키지 디자인이 탄생했다. 제품의 특징을 가장 잘 보여주면서도 신선함과 순수함의 환상을 심어줄 수 있는 디자인이 탄생한 것이다. 바로 채소(파프리카)를 소재로 하여 제품 본래의 투명성을 보여줄 수 있도록 기존의 획일적이고 답답한 패키지에서 탈피하여 채소의 모양을 본뜬 형태로 패키지를 만들었다.

패키지 디자인: 새로운 표준을 만들다

클로켄은 시장에서 아직 큰 성공을 거두지는 못했다. 그러나 클로켄 출시를 통해 내부적으로 디자인 및 마케팅 역량이 크게 향상되는 계기가 되었다. 또한 대외적으로 밀폐용기 시장의 패키지 디자인의 새로운 스타일을 만들었다.

첫째, 고객 가치에 충실한 혁신적인 패키지 디자인을 통해 밀폐용기 시장의 새로운 스타일을 만들었다. 기존의 제조업자 발상에서 보여준 답답한 패키지 디자인에서 탈피하여 소비자 가치에 기초하여 제품의 특징을 시각적으로 명확히 보여주는 패키지 디자인 스타일을 만들어냈다.

뒤이어 과일 혹은 채소 등의 소재를 활용한 동일한 형태의 디자인 스타일이 락앤락, 글락스락 등의 제품에 나타나고 있다. 이처럼 클로켄에 적용된 패키지 디자인의 스타일이 어느새 밀폐용기 시장에서 패키지 디자인의 새로운 표준으로 자리 잡았다.

둘째, 내부적으로 클로켄 출시를 통해 마케팅, 특히 디자인 등 내부 역량을 한 단계 끌어올렸다. 이러한 역량을 바탕으로 이후 바이오 킵스, 바이오글라스, 아쿠아 물통 등 기존 제품들의 리뉴얼을 통해 새로운 혁신적인 얼굴을 선보였다.

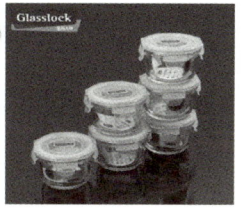

이처럼 성공 체험은 다음의 성공을 보장한다. 박세리를 보며 골프를 배운 '박세리 키즈'가 현재 세계 여자 골프계를 주름잡고 있듯이, 기업에서도 히트 상품의 체험은 다음의 히트 상품 창출의 디딤돌이 된다.

좋은 제품 출시한다고 저절로 히트되는 것이 아니다

아름다움이란 타고난 얼굴만을 가지고 보여주는 것이 아니라 끊임없이 가꾸는 데서 나온다. 마찬가지로 좋은 제품만 출시하면 저절로 히트 상품이 되는 것이 아니다. 히트 상품은 출시 이후 지속적으로 만들어가는 과정이 매우 중요하다.

인간의 성형과 마찬가지로 비즈니스에서도 출시 후 여러 번의 성형수술이 필요하다. 신제품을 개발하려면 거쳐야 할 단계가 있다. 이를 마케팅 용어로 표현하면 신제품 개발 프로세스NPD: New Product Development라 부른다. 소비자 이해를 바탕으로 아이디어를 수집하고, 콘셉트를 도출해서 상품화하고, 마케팅 활동 플랜을 수립해서 출시하는 과정이다. 그러나 이보다 더 중요한 것은 출시 이후의 활동이다. 그래서 기업들은 출시 후 관리PLM: Post Launching Management 단계를 추가하여 지속적인 관리 체계를 구축한다. 왜냐하면 히트 상품은 태어나는 것이 아니라 만들어가는 과정이기 때문이다.

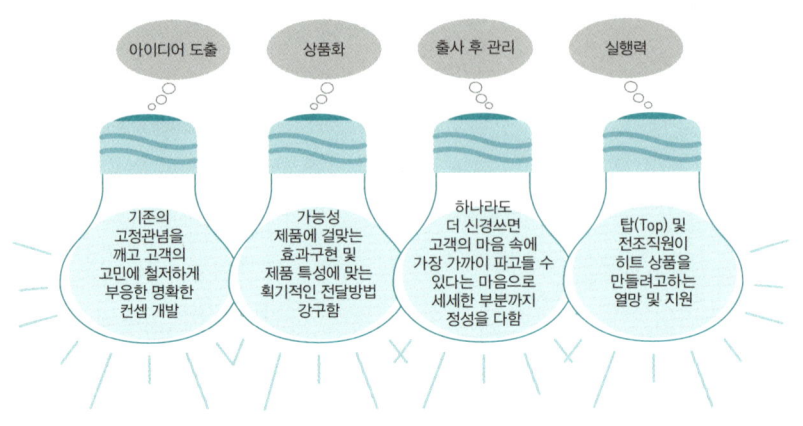

이렇게 본다면 클로켄은 출시 후 마케팅 활동이 미흡했다고 볼 수 있다. 제품개발의 의도는 좋았고, 출시 초기의 반응도 긍정적이었다. 그러나 출시 이후의 시장 정착 활동이 다소 미흡하고 차별적이지 못했던 것 같다. 그래서 아직은 큰 성공의 길로 들어서 있지 못하다. 그러면 빅 브랜드로 성장시키지 못한 아쉬운 이유를 세 가지 관점에서 생각해보자.

기꺼이 논쟁거리가 되다

마돈나가 의식적으로 자신을 논쟁거리로 만들려 했던 것은 아니지만, 자신의 생각을 전달하는 데 있어 확고한 신념은 그녀를 유명 인물로 만드는 데 한몫했다. 특히 자신의 음악이나 매체를 통해 섹슈얼리티를 이슈로 삼을 때는 더욱 그러했다.

1992년 굿하우스키핑이 그녀의 책 《섹스》를 소개했을 때 사회적으로 큰 논란거리가 되었다. 그녀는 MTV와의 인터뷰에서 이렇게 말했다.

"쇼 비즈니스에 뛰어든 이유는 내가 정말 멋진 목소리를 가지고 있다고 생각했기 때문은 아닙니다. 그보다는 무언가를 얘기할 게 있다고 생각했기 때문이었죠."

《섹스》는 반어적이고 퇴폐적인 책이 아니었음에도 포르노 문학의 일종일지 모른다는 심리 때문에 엄청난 입소문 효과를 불러일으켰던 것이다.

그녀는 음악을 통해 자신의 생각을 전달하는 것을 중요하게 생각했다. 예컨대 〈아빠, 설교하지 마세요 Papa Don't Preach〉는 낙태를 직접적으로 다룬 것이었고, 〈라이크 어 프레어 Like a Prayer〉 비디오는 십자가를 태우는 장면 때문에 종교단체의 비난을 받기도 했다.[3]

무엇인가 대상을 놓고 경쟁하거나 싸우는 일은 쉽게 뉴스거리가 된다. 그러나 단순히 누가 어떻고 무엇을 하는지는 뉴스거리가 되지 못한다. 이는 언론계나 방송계의 속성상 그럴 수밖에 없다.

따라서 논쟁에 휩싸이는 것을 두려워해서는 안 된다. 적극적으로 논쟁을 이용해야 한다. 광고계의 거목인 데이비드 오길비 David Ogilvy는 언젠가 다음과 같이 말했다. "보통 사람들은 광고보다 뉴스 기사를 6배 이상 더 많이 읽는다. 뉴스 편집자가 광고 만드는 사람보다 전달력이 더 뛰어나다는 증거다." 뉴스 기사에는 대항과 논쟁을 이용해 무언가를 전달하려는 경우가 많고 광고는 그렇지 못하기 때문에 이와 같은 전달력의 차이가 발생하는 것이다.[4]

출시 후 2년이 흐른 뒤 1위 및 2위의 경쟁업체들이 동일한 형태의 패키지 디자인으로 시장에 내놓았다. 선도자로서 디자인 표준을 만들었지만, 오히려 후발주자들에게 빼앗기고 말았다. 원조의 이점을 활용하지 못했다. 가령 홍보를 통해 새로운 패키지 디자인 스타일을 부각시켰어야 했다. 즉 원조라는 단어를 거듭 반복해서 선점 효과를 극대화했어야 했다. 또한 후발주자들의 모방 행태를 강하게 비난했어야 했다.

이렇듯 새로운 표준을 만들어주었지만 정작 클로켄 자신은 매출이 정체되었고, 결국 남 좋은 일만 해준 꼴이 되고 말았다.

지속적인 제품 혁신을 소홀히 했다

애플이 1990년대 암흑기를 벗어나 오늘날의 영광을 누리고 있는 것은 아이맥, 아이팟, 아이폰으로 이어지는 혁신적인 제품을 꾸준하게 선보였기 때문이다. 애플과 전 세계 스마트폰 시장의 1위 자리를 다투고 있는 삼성 역시 갤럭시라는 대표적인 브랜드와 제품군을 갖추고 있다.

새로운 틈새제품을 끊임없이 발굴하여 히트화시켜 클로켄 하면 어떤 특정의 아이템이 떠오르게 했어야 한다. 이처럼 현재 클로켄 브랜드에는 깃발제품 flagship product 이 없다. 따라서 깃발제품을 발굴하여 육성해야 한다. 그래야만 클로켄 브랜드의 위상을 확보할 수 있다.

언더독 효과를 활용하다

미국 보험업계에서 한 보험자가 실적이 월등히 뛰어났다. 왜 그런가 보니 가입자와 상담 시 말을 더듬고 있었다. 상대방이 답답하고 무슨 말을 하는지 몰라서 그냥 OK라고 했는데, 사실은 언더독 효과다.

이처럼 언더독 효과 underdog effect 는 약자가 이기기를 바라는 심리를 의미한다. 소비자들은 절대 강자에 대한 견제 심리가 있는 반면 어려운 상황에 처해 있는 언더독이 자신과 유사하다고 느끼기 때문에 상대적으로 언더독과 쉽게 공감대를 형성하게 된다.

이러한 언더독의 예로는 시카고컵스, 자메이카 봅슬레이팀, 사우스웨스트 항공 등이 있다. 이들은 각각 뉴욕양키스, 노르웨이 봅슬레이팀, 아메리칸 항공 등 절대 강자가 있다. 이른바 톱독 top dog 못지않은 성공과 인기를 구가하

고 있다.[5]

《조선일보》〈위클리비즈〉에서 해리 백위드는 자신을 낮추어서 성공한 예들을 이렇게 설명했다.

> 우리는 루저를 사랑합니다. 거대하고 완벽한 것은 경계 대상이 돼요. 애플은 이를 잘 파악했고 '맥Mac 대 PC'라는 광고를 내보냈습니다. 광고에서 '맥' 캐릭터는 저스틴 롱이라는 배우가 연기했습니다. 헝클어진 갈색 머리에 172센티의 키로 교실에서 존재감이 없는 학생 같은 캐릭터죠. 반면 PC 캐릭터는 롱보다 훨씬 덩치가 큰 배우 존 호지먼이 맡았어요. 애플의 광고는 '골리앗'과 '다윗'을 연상케 했고 사람들은 작은 루저에 열광했습니다.
> 스티브 잡스도 명품이 아닌 빛바랜 청바지에 뉴발란스 운동화만 신습니다. 단정한 셔츠와 슬랙스(캐주얼한 정장바지), 빛나는 가죽 구두를 신는 MS CEO 스티브 발머와 비교되지요. 잡스는 우리 시대 마케팅 천재예요.[6]

마찬가지로 코멕스는 주방생활용품 업체에서 언더독 효과를 충분히 활용할 수 있다. 밀폐용기의 원조로서 장인정신을 강조하면서 착한 품질을 내세우는 것이다. 어떤 제품보다도 독보적인 밀폐용기의 명인임을 강조해보자.

에필로그

마케팅, 그 여정은 계속된다

그동안 함께 일하면서 열정을 불살랐던 마케팅 현업에 있는 후배들에게 출간 전 원고를 먼저 보여주었다. 그들의 느낌을 보고 싶었기 때문이다. 그들은 조금은 거친 초고를 읽고 난 후 그 느낌을 메일로 보내왔고 이들이 보낸 글들이 큰 응원이 되었다. 그들의 코멘트 하나하나를 귀담아듣고 수정하면서 이 책이 완성되었다. 그들이 없었다면 아마 출간이 어려웠을지도 모른다.

지금 그들은 각자 맡은 곳에서 기업의 성과에 큰 기여를 하면서, 또한 중요한 의사결정권자로서 역할을 하는 위치에 우뚝 서 있다. 참으로 보기 좋고 든든하다.

그동안 LG생활건강으로부터 시작해서 애경, 보령메디앙스 등을 거치면서 마케팅 디렉트로서 생활해왔다. 도전 자체가 즐거워 새로운 영역에 계속 진출했다. 이런 과정에서 수행한 성과들을 중심으로 나의 생각과 지혜들을 담아 다큐멘터리처럼 생생하게 정리해놓고 보니 지나온 여정들이 주마등처럼 스쳐 지나간다.

나는 늘 후배들에게 만약 마케팅이 재미가 없고 즐기지 못한다면 절대 마케터의 길로 걸어가지 말라고 한다. "즐기는 사람 못 이긴다"는 말이 있다. 마케터는 그냥 시킨다고 다 되는 것은 아닌 듯하다. 열정을 가지고 즐기면서 일을 해야만 창의적 아이디어가 솟구쳐 나온다. 그렇지 않고는 절대 창의적 아이디어가 생산되지 않는다. 그뿐만이 아니다. 마케터는 항상 의사결정의 중심에 서 있다. 따라서 매 순간 미로를 빠져나오는 의사결정을 해야만 한다. 즐기지 않고는 올바른 의사결정을 할 수가 없는법이다.

이제 그동안 마케팅 현장에서의 여정을 다큐멘터리로 정리해 이 땅의 마케터 혹은 마케터가 되려고 하는 사람들에게 도움이 되었으면 하는 바람을 가져보면서 끝을 맺는다.

지금도 마케팅 현장에서 여정은 계속된다.

주석

프롤로그
1 《DBR》, "소비심리 꿰뚫고 새롭게 포지셔닝 '요리 에센스' 신(新)시장 열었다", 제143호 2013.12.19.
2 네이버캐스트, 킨들
3 《매일경제》, "경쟁사와 다른 이미지 만들라… 후발이라도 독점 브랜드 될 것", 2010.10.14.
4 하마구치 다카노리·무라오 류스케 지음, 이동희 옮김, 《작은 회사의 브랜드 파워》, 전나무숲, 2009, pp.84-85.
5 《매일경제》〈매경시평〉, "결핍에서부터의 창조", 2013.11.24.
6 《매일경제》〈매경춘추〉, "관심과 관찰", 2013.8.4.
7 이동연 지음, 《JESUS CMO》, 스마트비즈니스, 2008, p.72.
8 블로그〈생각의 탄생〉, "하늘 아래 새로운 것은 없다", 2013.2.5.
9 《매일경제》, "P&G는 어떻게 승자가 되었나", 2009.9.11.

1장 고객을 향해 전문가 선언하기
1 하마구치 다카노리·무라오 류스케 지음, 이동희 옮김, 《작은 회사의 브랜드 파워》, 전나무숲, 2009, pp.97-98.
2 하마구치 다카노리·무라오 류스케 지음, 이동희 옮김, 《작은 회사의 브랜드 파워》, 전나무숲, 2009, pp.102-103.
3 잭 트라우트·스티브 리브킨 지음, 이정은 옮김, 《차별화 마케팅》, 더난출판사, 2012, p139.
4 게리 켈러·제이 파파산 지음, 구세희 옮김, 《THE ONE THING》, 비즈니스북스, 2013, pp.21-23.
5 《조선일보》, "두 번째 디지털 세상… 콘택트(contact·고객 접촉)가 王, 소비자는 神", 2014.1.11.

2장 경쟁의 판을 바꾸어 새로운 표준 만들기
1 문영미 지음, 박세연 옮김, 《디퍼런트》, 살림Biz, 2011, p.35.
2 로버트 프랭크 지음, 안진환 옮김, 《이코노믹 씽킹》, 웅진지식하우스, 2007, pp.162-163.
3 잭 트라우트·스티브 리브킨 지음, 이유재 옮김, 《리포지셔닝》, 케이북스, 2011, pp.53-54.
4 데이비드 루이스, 대런 브리저 지음, 삼성전자 글로벌 마케팅 연구소 옮김, 《디지털 시대의 新 소비자 혁명》, 위즈덤하우스, 2001, pp.47-49.
5 《서울신문》, "아이들도 미녀를 더 신뢰한다〈美 하버드 연구〉", 2013.10.29.
6 인드라짓 신하·토마스 포슈트 지음, 홍정희 옮김, 《역심리 마케팅》, 리드리드출판, 2008, p.50.

7 《모아진》, "모방에 빠지는 소비자", 2013년 9월호.
8 하워드 슐츠·조앤 고든 지음, 안진환·장세현 옮김, 《온워드》, 세계사, 2011.

3장 끈질기게 한 놈만 패기
1 《미디어스》, "드라마〈응답하라 1994〉가 남긴 세 가지 메시지", 2014.1.4.
2 《조선일보》〈위클리비즈〉, " 酒店 와라와라, '27세 오피스 여성'만 공략했더니 남성 고객도 몰려오더라", 2013.7.20.
3 이동연 지음, 《JESUS CMO》, 스마트비즈니스, 2008, p.127.
4 하마구치 다카노리·무라오 류스케 지음, 이동희 옮김, 《작은 회사의 브랜드 파워》, 전나무숲, 2009, pp.105-107.
5 이동연 지음, 《JESUS CMO》, 스마트비즈니스, 2008, pp.107-108.
6 제이 잉그램 지음, 박태선 옮김, 《TV를 켜라 빅뱅이 보인다》, 2003, 휘슬러, pp.103-109 요약정리.
7 박용후 지음, 《관점을 디자인하라》, 프롬북스, 2013, pp.267-268.
8 마틴 린드스트롬 지음, 박세연 옮김, 《누가 내 지갑을 조종하는가》, 웅진지식하우스, 2012, p.200.
9 마틴 린드스트롬 지음, 박세연 옮김, 《누가 내 지갑을 조종하는가》, 웅진지식하우스, 2012, pp.219-220.

4장 대안제품 콘셉트 만들기
1 《현대경제신문》, "부자들이 일반인의 과소비를 부추긴다고?", 2012.3.21.
2 임정섭 지음, 《글쓰기 훈련소》, 경향미디어, 2009, pp.64-65.
3 인드라짓 신하·토마스 포슈트 지음, 홍정희 옮김, 《역심리 마케팅》, 리드리드출판, 2008, p.5.

5장 작은 시장에서 빅 브랜드 만들기
1 하마구치 다카노리·무라오 류스케 지음, 이동희 옮김, 《작은 회사의 브랜드 파워》, 전나무숲, 2009, pp.104-105.
2 잭 트라우트·스티브 리브킨 지음, 이정은 옮김, 《차별화 마케팅》, 더난출판사, 2012, p.128.
3 애플

6장 사용자가 아닌 구매자의 심리 자극하기
1 《매일경제》〈MK M BA〉, "천재가 범재를 이기는 법? 정면승부하지 말라", 2013.10.5.
2 《매일경제》〈MK MBA〉, "PL의 맹공격서 브랜드를 살리고 싶나… 그렇다면 유통업체를 절대 떠나지 말라", 2014.1.24.

7장 낡은 브랜드에 새 생명력 불어넣기
1 하마구치 다카노리·무라오 류스케 지음, 이동희 옮김, 《작은 회사의 브랜드 파워》, 전나무숲,

2009, p.109.
2 《조선일보》, "그들이 '이름'을 불러줬을 때, 매출이 쑥쑥 올랐다", 2013.4.15.
3 알 리스·로라 리스 지음, 최기철·이장우 옮김, 《경영자 vs 마케터》, 흐름출판, 2010, p.166.
4 디자인 트렌드 2010.11.14, cafe.naver.com/cpg2/347 한양여자대학 컴퓨터그래픽(2) 카페

8장 틈새 브랜드의 시장규모 키우기
1 번트 H. 슈미트 지음, 박성연 외 옮김, 《체험 마케팅》, 세종서적, 2002, p.34.
2 구인환 지음, 《고사성어 따라잡기》, 신원문화사, 2002.
3 에릭 슐츠 지음, 이창식 옮김, 《마케팅 게임에서 승리하라》, 넥서스, 2000, pp.138-139.

9장 새로운 틈새시장 개발하기
1 알 리스·로라 리스 지음, 최기철·이장우 옮김, 《경영자 vs 마케터》, 흐름출판, 2010, p.218.
2 마틴 린드스트롬 지음, 박세연 옮김, 《누가 내 지갑을 조종하는가》, 웅진지식하우스, 2012, p.278.
3 파리 AFP-연합뉴스, 200.4.17.

10장 이전에 없던 새로운 속성 만들기
1 하마구치 다카노리·무라오 류스케 지음, 이동희 옮김, 《작은 회사의 브랜드 파워》, 전나무숲, 2009, pp.84-85.
2 《일요신문》, "제2의 싸이? 논란 속 인기 크레용팝 너흰 누구냐", 제1111호, 2013.8.26.
3 잭 트라우트·스티브 리브킨 지음, 이정은 옮김, 《차별화 마케팅》, 더난출판사, 2012, p.158.
4 알 리스·잭 트라우트 지음, 박길부 옮김, 《마케팅 불변의 법칙》, 십일월기획출판, 2008, p138.
5 잭 트라우트·스티브 리브킨 지음, 이유재 옮김, 《리포지셔닝》, 케이북스, 2010, p.81.
6 이동연 지음, 《JESUS CMO》, 스마트비즈니스, 2008, p.80..

11장 공동 브랜딩을 통한 시너지 창출하기
1 마틴 린드스트롬 지음, 박세연 옮김, 《누가 내 지갑을 조종하는가》, 웅진지식하우스, 2012, pp.254-268.
2 이민규 지음, 《끌리는 사람은 1%가 다르다》, 더난출판사, 2005, p.40.
3 하마구치 다카노리·무라오 류스케 지음, 이동희 옮김, 《작은 회사의 브랜드 파워》, 전나무숲, 2009, pp.162-163.
4 이동연 지음, 《JESUS CMO》, 스마트비즈니스, 2008, pp.81-83.

12장 사소한 곳에서 차별화하기
1 마틴 린드스트롬 지음, 박세연 옮김, 《누가 내 지갑을 조종하는가》, 웅진지식하우스, 2012, pp.73-78.
2 헤리 벡위드 지음, 이민주 옮김, 《언씽킹》, 토네이도, 2011, p.218.

3 마르시아 터너 지음, 송옥현·최우원 옮김, 《마케팅의 귀재들》, 좋은책만들기, 2001, pp.66-67.
4 잭 트라우트·스티브 리브킨 지음, 현용진·이기헌 옮김, 《포지셔닝 불변의 법칙》, 이상미디어, 2012, p.201.
5 《DBR》 인사이트피디아
6 《조선일보》〈위클리비즈〉, "소비자를 움직이는 건 내밀한 본성·욕망이다", 2011.4.30.

히트 상품은
어떻게 만들어지는가

1판 1쇄 발행 | 2014년 3월 15일
1판 2쇄 발행 | 2017년 6월 12일

지은이 김재영
펴낸이 김기옥

프로젝트 디렉터 모민원, 정경미
영업 박진모
경영지원 고광현, 임민진, 김현주
제작 김현식

디자인 제이알컴
인쇄 | 제본 민언프린텍

펴낸곳 한스미디어(한즈미디어(주))
주소 121-839 서울특별시 마포구 양화로 11길 13(서교동, 강원빌딩 5층)
전화 02-707-0337 | 팩스 02-707-0198 | 홈페이지 www.hansmedia.com
출판신고번호 제 313-2003-227호 | 신고일자 2003년 6월 25일

ISBN 978-89-5975-599-8 13320

책값은 뒤표지에 있습니다.
잘못 만들어진 책은 구입하신 서점에서 교환해 드립니다.